流众传播

——数字传播主体的崛起、困境与前景

葛自发　著

中国国际广播出版社

图书在版编目（CIP）数据

流众传播：数字传播主体的崛起、困境与前景／葛自发著．—北京：中国国际广播出版社，2019.3
ISBN 978 - 7 - 5078 - 4441 - 2

Ⅰ. ①流… Ⅱ. ①葛… Ⅲ. ①数字技术—应用—传播学—研究 Ⅳ. ①G206 - 39

中国版本图书馆 CIP 数据核字（2019）第 050241号

流众传播：数字传播主体的崛起、困境与前景

著　　者	葛自发	
责任编辑	杜春梅	
装帧设计	人文在线	
责任校对	有　森	

出版发行	中国国际广播出版社［010 - 83139469 010 - 83139489（传真）］
社　　址	北京市西城区天宁寺前街 2 号北院 A 座一层
	邮编：100055
网　　址	www. chirp. com. cn
经　　销	新华书店
印　　刷	廊坊市海涛印刷有限公司

开　　本	710 ×1000　1/16
字　　数	248 千字
印　　张	15. 25
版　　次	2019 年 5 月　北京第一版
印　　次	2019 年 5 月　第 1 次印刷
定　　价	66. 00 元

序

我依稀记得，这是第二次为他人作序。第一次是为北京市一所重点中学的期刊写卷首语，主题是读书，最后的题目是："能读书""会读书""读好书"。这三句话，代表着三个层次、三种境界。"能读书"说明是有机会；"会读书"表明的是个人的读书技巧；"读好书"是一种价值选择取向。这一次是为我的学生博士论文出版作序。

我曾经以工作太忙为由，推拖了好几次。我不愿作序有三个原因，第一，作序往往意味着年纪稍大的人为年轻人写一些激励的话，在一定程度上，表明：自己已经老了；第二，作序常常是学术造诣深厚的大师为后生写上一些文字，在一定意义上显示：自己是某一领域的专家了；第三，上级领导为下级部门的同事作序，以显示领导的重视，以及上下级关系的融洽。

但是我的学生还是执意要我写序。我思索再三，决定以"研究"为主题写这个序。我之所以选择以"研究"为主题，是因为当下社会在社会科学研究上存在许多误区。一是从大数据来看，整个社会十分重视研究，无论是科研经费的增长速度，还是科研成果的数量，都呈现出异常繁荣的景象；二是从科学发展来看，具有创新的成果不多，独有特色的话语体系尚未建立，与国际强国相比仍有不小差距。正是基于这样的考虑，我把题目定为："能研究""会研究""好研究"。

所谓"能研究"就是作为一个个体，能做研究是一个非常幸运的事情。在人类社会中，从事某项事业，不仅表明自己的爱好与兴趣，而且也体现一定的心智差异。从政需要的是协调能力、沟通能力。从商需要的是精明的头脑与商业运作能力。从事研究工作，需要的是对未知与真理的探究精神、能坐冷板凳的毅力、爬格子的耐心。

所谓"会研究"就是指研究者掌握研究的方法与技能，达到预期的研究目的，取得一定的成效。在高等学校，培养学生，尤其是硕士生、博士生，最关键的是要培养他们对学术的兴趣与研究问题的能力。现在，社会上出现的师生关系紧张问题，除了道德因素之外，比较多的是学生对学术的兴趣不足与研究能力不够的问题。目前，有些学生选择考研，并不是建立在个人对科学研究的兴趣上，而是为了现实的需求，需要一张体现自己价值的文凭来证实自己的身份，为未来获得一张通行证。由于缺乏对科学研究基本的学术兴趣，再加上社会上急功近利和浮躁氛围的影响，一定程度上导致部分学生仅满足于完成学位要求，很难提升研究的真实能力。

所谓"好研究"就是指一项研究达到了较高的水准，可以是在研究内容上有突破，可以是在研究方法上有创新，也可以是在呈现方式上有新意。

如果说，"能研究"是能力判断，"会研究"是过程判断，那么"好研究"就是结果判断。

我经常讲：博士研究生的培养，其衡量的标准有两条，一是学术的基本训练，二是学术的初步创新。学术的训练体现为研究的方法与规范；学术的创新体现为科学研究的创新性，即研究内容、研究方法、研究结果等方面的创新。

现在，让我们回到《流众传播——数字传播主体的崛起、困境与前景》本身。本书是葛自发在博士学习阶段之后，经过认真思考与修改之后呈现给读者的一部著作。基于我上述提到的研究主题，从"能研究""会研究""好研究"三个层面加以评述。

葛自发是我到中国传媒大学工作之后招收的第一个博士生。他考取了受众与传媒生态研究方向的博士生，实现了"能研究"的机会。他凭借一股肯吃苦、不服输的精神，勤于学习、乐于学习，再加上他有比较好的悟性。通过一段时间的学术训练，在学习期间，就在新闻传播学核心期刊上发表了学术论文。

在《流众传播——数字传播主体的崛起、困境与前景》这部著作中，也充分展示了葛自发"会研究"的一面。对于众多的研究生而言，选题是做好研究的关键。"会研究"就是要求研究者善于从熟悉的现实生活、众多的理论研究领域中发现有价值的选题。他硕士毕业后，分配到国家互联网应急中心工作。工作性质决定了他要了解和掌握互联网与受众的发展变化规律。正是鉴于此，他选择了受众变迁的话题。这个选题对他而言是熟悉的研究领域，研究的内容涉及到流众研究的方方面面：流众的崛起、流众的解读、流众传播、流众传播的效果、流众传播的困境、流众传播的前景。可以说是流众研究的一种全方位图景研究，在一定程度上丰富了受众研究的内容与视野，也可以说是一种创新之举。

在《流众传播——数字传播主体的崛起、困境与前景》这部著作中，也比较全面地显示了葛自发研究的成果是一个"好研究"。主要体现在以下几个方面：

第一，研究的规范性。首先是研究内容的聚焦，研究对象十分的清晰，主要是对流众本体的研究。其次是研究方法的合理运用，他比较好地使用了文献研究方法、文本分析方法和访谈方法，增加了研究的现实感。

第二，研究结果的创新性。主要体现在他提出了一个较新的概念——流众。这是区别于传统受众的一个新概念。另外，作者还比较系统地梳理了流众的现状、困境，并展望了流众的未来发展前景。

综上所述，《流众传播——数字传播主体的崛起、困境与前景》一书在我看来：是一部值得所有关注传播研究领域的研究者一读的学术著作。当然，本书只是作者研究起步阶段的著作，还比较稚嫩，从学术探索的角度而言是值得充分肯定的，但是仍然还有不少问题值得进一步深入研究：如流众概念能否被学术共同体所认可？流众随着科学技术的快速发展在内涵与外延方面有何新的表现，流众未来发展的前景究竟如何等都期待有进一步新的研究发现。

是为序。

中国传媒大学教授 博士生导师

王保华

二〇一八年五月六日

目　　录

导论：数字技术引发的传播革命

第一节　研究缘起

一、现象：数字时代的降临

在 21 世纪的今天，数字通信技术是最重要的技术变革之一。弥散在我们周围的数字信息，像空气一样，无所不在，无所不及，甚至无所不能。而我们像鱼儿一样，置身于数字的海洋，或徜徉遨游，或悄然无息。生活中随处可见这样的景象：在办公室、咖啡厅、大街上、地铁中，数字终端与人形影不离，人们的目光注视着屏幕上那闪烁的光符，沉浸其中，不舍游离。令人既兴奋又深感忧虑的是，随着穿戴技术的进步，就连我们的肉身也难以抵挡数字技术的侵袭，人的数字化和媒介化已然在逐步成为现实。

"每一项技术都是人类意志的一种表达。我们通过工具扩展我们的力量，控制周围的环境——控制自然，控制时间，控制距离，控制彼此。"[①] 关于技术对人类历史的影响，马克思写道："风力推磨带来了封建地主社会，蒸汽机磨坊带来了资本家社会。"面对当下变幻莫测的数字媒介奇观，我们不禁要问，数字技术到底给人类带来了什么？

这是一个来不及作答的问题。麦克卢汉曾警示，面对新技术与传统的冲突，"我们又聋又哑，浑然不知。"数字时代的车轮迅疾碾来，当我们刚意识

---

① ［美］尼古拉斯·卡尔. 互联网如何毒化了我们的大脑. 刘纯毅，译. 北京：中信出版社，2010. 47.

到应该对这一切作些忖量，甚至是我们还没有丝毫察觉的时候，变化就早已发生。当然，后知后觉中，总有些人较早地嗅到了数字技术带来的异样气息。早在1995年，传播科技领域最具影响力的大师尼古拉·尼葛洛庞帝就旗帜鲜明地指出，人类的未来是"数字化生存"。尼葛洛庞帝写道，"信息的DNA"——比特正迅速取代原子成为人类社会的基本要素。"数字一族……正在逐渐创造出一种真正的生活方式，而不仅仅是知识分子的故作姿态，这些网上好手结缘于电脑空间。他们自称为比特族或电脑族，他们的社交圈子是整个地球。"① 伴随数字化而来的"数字化生产……让弱小孤寂者也能发出他们的声音"②，"信息高速公路不只代表了使用国会图书馆中每本藏书的捷径，而且正创造一个崭新的、全球性的社会结构。"③

是的，数字时代已经降临！且带来了传播革命。正如麦奎尔所言，"真正的'传播革命'所要求的，不只是信息传播方式的改变，或者是受众注意力在不同媒介之间的时间分布上的变迁，其最直接的驱动力，一如既往，是技术。"④ 对于人类的传播活动而言，数字技术改变的不单是信息的存储方式和传递方式，更是人们的思想观念、生活习惯、行为方式、人际关系，乃至社会结构的变化。

导致上述改变的不仅仅是数字化。对人类而言，如果只有数字化，只以比特存储信息，仅仅是相当于家里多了一间无限量的储物间而已。信息的流动才是传播，让比特自由流动的关键，是由数字化衍生而来的网络化。正是数字技术与网络技术的完美结合，才催生了数字媒体⑤。只有在数字媒体时代，信息的流动才会畅通无阻。

如果说传统媒介时代，信息的流动是一条奔涌的滔滔大河，那么数字时代的信息流，则是汹涌澎湃的汪洋。这里光荣与毁灭共存，波澜与宁静同在。你

① ［美］尼古拉·尼葛洛庞帝. 数字化生存. 胡泳，范海燕，译. 海口：海南出版社，1996. 255.
② ［美］尼古拉·尼葛洛庞帝. 数字化生存. 胡泳，范海燕，译. 海口：海南出版社，1996. 7.
③ ［美］尼古拉·尼葛洛庞帝. 数字化生存. 胡泳，范海燕，译. 海口：海南出版社，1996. 255. 15.
④ ［英］丹尼斯·麦奎尔. 受众分析. 刘燕南，李颖，杨振荣，译. 北京：中国人民大学出版社，2006. 156.
⑤ 因表述需要，本书所说的新媒体与数字媒体、数字新媒体概念等同，也不严格区分数字媒体与网络媒体的概念。

我都漂流在这数字的海洋里，你我身边都飘荡着一种"轻盈、透明、无质无形连人手也难以把握的力量"①，这种力量来自电脑、手机、平板电脑、图书阅读器、可穿戴设备……它们将个人串联，传递信息，生产内容和体验，协助人类建立社会关系。对于眼前正在发生的种种变化，开始时我们浑然不觉、惊奇诧异，现在我们乐此不疲、追新逐异，而对于未来，却又毫无方向、茫然无知。

我们正生活在这个捉摸不定、难以精确认知的数字世界。中国互联网络信息中心（CNNIC）发布的《中国互联网络发展状况统计报告》（简称《报告》），或为我们勾勒出当下中国数字媒体的发展面貌。CNNIC 第 41 次《报告》显示，截至 2017 年 12 月，我国网民总数达 7.72 亿，普及率达到 55.8%，超过全球平均水平（51.7%）4.1 个百分点，超过亚洲平均水平（46.7%）9.1 个百分点。其中，手机网民规模 7.53 亿，手机上网使用率达 97.5%，手机作为第一大上网终端的地位更加巩固。毫无疑问，数字媒体的这一趋势还将持续下去。伴随这一趋势持续增长的并非只有数字，麦克卢汉曾说："人们对任何传播媒介的使用所产生的冲击力，远远超出这个媒介所传播的特定内容"。由此可以推断，数字媒介的影响，远不止数字化那么简单。

当下的数字媒介已经难以精准认识，其未来更难以把握。无论将来数字媒体如何发展，其用户数量如何增长、用户行为如何改变，可以肯定的是，数字时代发生的这一切，与我们息息相关。关注数字技术，就是关注我们在数字时代的命运。正因如此，关于数字媒介与人、与社会关系的摸索、研究，也就有了价值和意义。

二、问题：数字时代受众内涵的改变

受众既是考察传播效果的立足点，也是研究媒介、社会与人三者关系的交叉点。长久以来，受众就被视为传播学研究的重要领域，吸引了大批研究者的目光。发展至今，形成了一系列多彩纷呈的受众理论。

我们先回顾一下受众概念的起源。英文中，"Audience"一词，源自拉丁

---

① ［美］保罗·莱文森. 软利器——信息革命的自然历史与未来. 何道宽，译. 上海：复旦大学出版社，2011. 序 1.

语 "audire"，最原始的词义是"倾听"，指听的状态。这与丹尼斯·麦奎尔认为最早的受众，可追溯到古希腊时期聚集在城邦内倾听演讲的民众的说法遥相呼应。受众（Audience）一词，与社会科学领域中其他诸如社会（society）、公众舆论（Public Opinion）等一些看似简单的概念一样，是一个抽象的、众说纷纭的概念。① 大陆地区将"Audience"译为"受众"，作为对读者、听众、观众等群体的统称，从字面上看，单"受"字就显示出"受众"的被动意味。我国台湾地区将"Audience"译为"阅听人"，这一表述更为确切。

受众的内涵经历了漫长的演变过程。麦奎尔说："受众是社会环境和特定媒介供应方式的产物"②，从最初的广场演出和竞技的观看者，到现代传媒环境下的信息接收者，受众的内涵在不断演变。观众、听众、读者、网民等称谓的变化，反映出不同媒介时代受众观念的变化。

进入数字时代，数字媒体在政治、经济、文化和社会领域展现出巨大的整合潜力，逐步消解了受众单向被动的意味，信息控制权向受众转移，使受众成为整个传播活动堪与传播者分庭抗礼的一极。受众的积极性通过数字和网络技术得以施展，传统意义上"传者"与"受者"的界限变得模糊。除能动性的文本解读外，自主选择信息、与传播者进行互动、参与媒介内容的生产、自我形象的呈现、社会关系的虚拟映射成为受众的新特征。相应地，受众研究开始向受众的生产性、互动性、参与性、社会性等方向进行转移。因此，越来越多的研究者开始认为，传统的受众内涵不合时宜。有评论家指出："正在发生的情况是，无论在人文科学还是社会科学领域，传播研究中受众一词的所指对象正在消解。"换言之，我们仍在沿用熟悉的词语与指称事物，而事物本身却正在消逝。③ 英国著名受众研究学者麦奎尔也说："如此单一且简单的术语却被用来概括一个不断多元化和复杂化的现实，并且还被应用于另类的、对抗性的理论模式。"④ 从中我们可以看出麦奎尔对受众指称对象无限扩张的忧虑。

---

① ［英］丹尼斯·麦奎尔. 受众分析. 刘燕南，李颖，杨振荣，译. 北京：中国人民大学出版社，2006. 2.

② McQuail, D·（1997）·Audience Analysis·London：Sage Publications，pp. 5.

③ ［英］丹尼斯·麦奎尔. 受众分析. 刘燕南，李颖，杨振荣，译. 北京：中国人民大学出版社，2006. 2.

④ ［英］丹尼斯·麦奎尔. 受众分析. 刘燕南，李颖，杨振荣，译. 北京：中国人民大学出版社，2006. 2.

激进者主张抛弃受众的概念，另立门户。他们提出，与其名之为"受众"，不如"信息消费者""信息用户"，或其他更为新颖的表述更为合适。审慎研究者并不赞同对经典概念的反叛。麦奎尔认为，只要"大众媒介"依然存在，关于受众的传统含义和传统现实，也将继续存在并且仍然适宜。① 麦奎尔分析称：

既然这个概念能够流传下来，被人们使用并形成习惯，而且候选媒介的范围还在不断扩大，那么就没有必要详细罗列这个定义中究竟包括了一些什么含义。乍看起来，将各种互动媒介的使用者说成是受众似乎没有太大意义，尤其是当过去常用的标准——根据时间、空间、对固定目标的注意力进行划分——不再适宜或不再清晰可见时。在各种语言中，受众（audience）一词仍然没能摆脱其关于人们坐着、观看、聆听的明显内涵。受众这一名词的经典含义总是与讯息相关联的（message related），而理论和实践已经表明，受众的媒介使用——在不同环境下媒介使用过程中所获得的内在愉悦和满足——在行为（behavioral）以及在社会（social）、情绪（emotional）、感情（affective）等方面所显示的意义几乎是相同的。②

麦奎尔还认为，"在面对所有这些变化和技术发展时，有一个相当大的惯性力量制约着受众的形成和受众行为的根本性转变。"③ 纽曼（Neuman）在《大众受众的未来》（The Future of the Mass Audience）中将其中一股力量描述为"媒介使用的社会心理"，并且用"根深蒂固的消极的、心不在焉的媒介使用习惯"来表述，并称另一股力量是（美国的）大众传播工业。

受众概念的分化，是媒介渠道不断丰富的结果，也与受众作为传播参与者的行为、心理，以及社会形态的变化密切相关。这一过程中，受众概念也不断地被赋予新的含义。数字技术不仅产生了新的媒介形式和社会现象，也加大了受众研究的不确定性。正如瑞典学术评论员彼特·达尔格伦（Peter Dahlgren）

---

① ［英］丹尼斯·麦奎尔. 受众分析. 刘燕南，李颖，杨振荣，译. 北京：中国人民大学出版社，2006. 176.

② ［英］丹尼斯·麦奎尔. 受众分析. 刘燕南，李颖，杨振荣，译. 北京：中国人民大学出版社，2006. 180.

③ ［英］丹尼斯·麦奎尔. 受众分析. 刘燕南，李颖，杨振荣，译. 北京：中国人民大学出版社，2006. 177.

所说，"过去的确定性理解已经消失了，不再会有统一的'受众理论'，不再会有对于'受众'含义以及受众研究方法的一致意见。无论我们在从事研究工作时遵循什么样的传统或理论框架，我们都对着受众实践的多维度特性，以及影响观看活动的不断变化的语境因素——并推断着受众理解的意义"。①

基于受众内涵的不断丰富，并出于对经典和传统的尊重，作者认同受众概念的存在价值和长远意义，但同时认为有必要在数字媒介环境下，对受众的概念作进一步的深化和发展。

三、研究：新媒体用户及其传播

本书致力于数字技术与新媒体用户、与社会现实的关系研究。一方面，考察数字技术引发的受众内涵嬗变，新媒体用户参与传播方式的变化，以及新媒体用户行为对现实的影响；另一方面，着眼于批判视角，分析数字技术的意识形态属性，研究新媒体用户的主体困境、传播困局及发展前景。

本书的研究对象为新媒体用户及其信息传播行为。《现代汉语词典》将"用户"一词解释为，某些设备、商品的使用者或消费者。本书所说的新媒体，特指以比特（二进制）为信息传播载体的网络化媒介②。这里强调网络化，意在说明非互联互通的数字介质不属于本书的研究范畴，如只用来存储数据的光盘、硬盘，未联网的电脑等。因而，本书所涉的新媒体（数字媒体）用户，特指数字化网络媒体的使用者。即所有使用过数字化网络媒体的组织和个人，所有的数字化、网络化传播，都是我们的研究对象。

作者力求创新，而创新本身就是一个危险的过程。关于受众观念的创新，本书并不是第一个尝试者，但作者依然胆战心惊。

麦奎尔说，"毫无疑问，新的更准确的术语，会因为特定目的的需要而产生。"③ 这给了作者冒险的勇气和理由。

---

① [瑞典]彼得·达尔格伦.评论：难以揣摩的受众.[英]罗杰·迪金森，拉马斯瓦米·哈立德拉纳斯，奥尔加·林耐.受众研究读本.单波，译.北京：华夏出版社，2006.332.
② 如手机使用数字信号作为上网终端时，本书视其为新媒体；使用模拟信号作为通信终端时，不属于本书界定的新媒体范畴。
③ [英]丹尼斯·麦奎尔.受众分析.刘燕南，李颖，杨振荣，译.北京：中国人民大学出版社，2006.182.

第二节　研究综述

"流众"及"流众传播"，是作者根据数字媒介的特点，大胆创造的一组新概念。为明确"流众"及"流众传播"在媒介发展历程中的对应位置，我们有必要对新媒体用户的研究情况，传统的受众概念、受众研究的新动向，及已有的新媒体用户概念创新作一番回顾。

一、新媒体用户研究综述

当前，国内关于"新媒体受众"的研究尚处于起步阶段，大致分为三类：

一是沿袭传统的受众观念，直接采取"新媒体＋受众"的研究方法。此类观点认为新媒体环境下，传者与受者的角色对立泾渭分明——受众总体上依然处于被动接受的地位；或承认在新媒体传播生态下，"传者"和"受众"之间的关系发生了根本性的变化，"受众"主体地位得到提高，但传受双方的权力场域没有改变，受众指代传播对象的基础依然牢固，故依然主张采纳"受众"的概念。

二是以中性概念描述新媒体传播对象，多以"新媒体用户""新媒体使用者""网民""手机用户""微信用户"等词语进行对象描述。此类研究力图跳出受众与传者的对立之争，以客观视角看待新媒体传播行为，多为从媒介使用或营销角度出发的应用性研究。但客观上讲，远离争执也在一定程度上注定了与创新无缘。

三是尝试进行观念革新。这一观点与前两者最明显的区别是直接抛弃"受众"概念，结合新媒体的传播特性，尝试创造更加准确的表述或称谓，以便更好地阐述、解释新媒体时代的传播参与者。

以上研究可分为：

（一）沿袭传统的受众概念

"新媒体受众"研究。CNKI 文献中，明确以"新媒体受众"为题的文献不多，典型标题如董森的《移动"新媒体受众"满意度测量与分析——以北京市公交移动电视为例》、包凌雁的《新媒体受众：不能少了农民工——从宁波市农民工媒介使用调查谈起》、虞宝竹的《移动传媒携手CTR新媒体受众测量标准有望出台》。其中，董淼和包凌雁的文章偏重测量和调查，董淼通过问卷调查的方式，研究受众对公交移动电视的满意度；包凌雁从媒介使用角度，分析了农民工的新媒介使用行为对媒介消费及农民工自身文化和现代化意识的影响。《中华新闻报》记者虞宝竹报道的则是"新媒体受众"测量标准有望出台的消息。此外，康彬的《新媒体时代的受众研究》也涉及"新媒体受众"，指向新媒体时代受众研究的变化。该文分析了新媒体时代结构性、行为性和社会文化性受众研究的发展情况，提出"受众"概念已不适应新媒体时代传播环境的变化，认为受众分析应该寻找更为契合新媒体特质的研究路径。其他研究则多偏重新媒体环境及其影响，捎带涉及新媒体与受众之间的关系研究。

专著方面，方雪琴主编的《新兴媒体受众消费行为研究》和李馥岺等人所著的《复杂传播网络下的电视新媒体受众研究》是作者搜集到的国内仅有的明确以"新媒体受众"为关键词的研究论著。前者虽以"新兴媒体受众"为题，却以"IPTV受众"为主要研究对象，总结出IPTV消费行为变化的三大特征：即受众群体从分化走向分裂、收视模式从"仪式性收视"转向"工具性收视"、IPTV群体划分更多地以其生活方式和个人的品位为标准，探讨了使用者采用IPTV的关键因素及由此带来的消费行为变化。后者以数字电视用户的收视分析为基础，检视传统电视的收视和广告价值评估体系在数字电视新媒体领域实际应用中的不足，并试图构建一套新的数字电视新媒体价值评估体系。这两项研究的对象IPTV（数字电视）仅为众多新媒体形式中的一种，研究本身也于"新媒体受众"的概念革新无突出贡献。

"网络受众"研究。与"新媒体受众"比较，有关"网络受众"的研究稍多。CNKI中以"网络受众"为关键词的文献有52篇。可作如下分类：

一是关于"网络受众"主体及传播机制研究。如郭佳楠的《网络受众的媒介素养培育浅析》，申雪凤的《网络受众反馈运用研究》，蒋卓然、赵淑华的《网络受众特质新探》；二是有关"网络受众"调查与测量的研究。如匡文波的《网络受众的定量研究》，彭兰的《网络受众调查的意义及其实施》，方德运、孟金芝的《常见的几种网络受众调查手段浅析》；三是关注"网络受众"心理及行为的研究。如盛志宏的《网络受众的心理特征与失范行为》，杨晓玲的《基于网络受众心理的网络思想政治教育有效性研究》，孟鸿、何燕芝的《受众心理分析视角的网络谣言治理》；四是特定内容、特定地域的"网络受众"研究。如张国良、江潇的《上海网络受众的现状及发展趋势——"上海市民与媒介生态"抽样调查报告》，张文锋的《新疆少数民族网络受众调查分析》，曹淑慧的《网络快餐文化的受众心理分析》，李月宁的《美国电视剧的中国网络受众分析》等。

据作者查阅，国内明确以"网络受众"为研究对象的专著只有巢乃鹏的《网络受众心理行为研究》。该研究有明显的心理学偏向，且将研究重点放在了"网络受众"的信息查寻行为上，与本书选题并无多少交集。此外，部分研究网络传播的专著也辟出章节研究"网络受众"。如杜骏飞在《网络传播概论》一书指出网络传播中传受身份的双重性和传播对象的小众化和个人化特征；彭兰的《网络传播学》也研究了"网络受众"的需求、总体特征、代际差异、类别划分及受众心理，并结合实际，分析了我国网络媒体的受众构成及网民的典型特点。《网络传播学》还分析了"网络受众"由受者向传者转变过程中发生的两个变化：信息消费者和新闻生产力。彭兰还在《网络传播案例教程》一书中，以案例的形式研究了央视大火与公民新闻的关系、超级女声的粉丝群体等问题，重点分析了生产性受众、"迷"现象；严励也在《网络传播学概论》中论述了"网络受众"的总体特征、心理特征和行为特征，指出信息获取的自主性、信息消费的个性化、虚拟性和参与性是"网络受众"的独有特质，对本书选题具有一定的借鉴意义。

"手机受众"研究。国内关于"手机受众"的研究并不多见，裴兆远的《新媒介环境下的手机受众研究》是"手机受众"研究的代表性文献。通过对手机文本和符号进行解读，该研究指出感知环境下的"手机受众"心理：信息交流与情感联系、娱乐与宣泄、追求时尚与个性，并探讨了社会环境下"手机受众"的自由与束缚，以及"手机受众"的人际交流效果，算得上是国内关于"手机受众"研究较为体系化的研究成果。其他有关手机用户的研究也专注于行为和心理两个方面，突出集中于特定内容的"手机受众"研究、特定地域的受众研究、通信技术发展与"手机受众"研究等。作为手机与传统媒体融合的最佳表现形式，手机报成为重点研究对象，比较常见的是研究某一类型手机报的特点、市场开发及受众阅读习惯等。

"微博受众"研究。与前几种受众研究形式相比，关于"微博受众"的研究与本选题的研究偏向更为一致。传受一体，生产性文本，受众的草根性、创造性，去中心化、碎片化与网络化，这些特征直接决定了受众对信息发布、内容及意义解读，乃至对传播过程的主导权。有关"微博受众"的研究多从受众的媒介使用视角出发，强调受众在信息传播过程中的主导地位。也有研究者认识到微博传播的负面效应，强调媒介素养、政府管制及个体自律在微博传播中扮演重要角色。还有一些研究从营销角度，探究行为习惯、个体心理等因素对"微博受众"的影响。

"微信受众"研究。国内关注微信与受众关系的研究不是很多，典型题目如刘颖娇的《从微信的新媒体平台功能探寻受众需求》，该文以微信功能为切入点，探索微信对受众的生活、情感及需求带来的种种变化；张炜薇、柯赟的《浅析微信公众平台对受众选择行为的影响》，从受众动机和需求出发，对比了微信与新浪微博的优势，以及自身的局限性，提出微信平台或可改进的方向；郑晓华的《微信营销：传统媒体受众聚合新路径》，通过分析微博的传播特征和营销优势，论证了传统媒体借助微信营销的可行性和具体策略。

（二）"新媒体＋用户"研究

有关"新媒体＋用户"的研究多是外延式的。"心理""素养""体验""需求""增长""数量"多为此类研究的关键词，这一定程度上反映出"新媒体＋用户"研究的营销性和策略性倾向。此类研究以产品、服务销售和媒介企业的发展为目的，与"受众"内涵发展，与新媒体传播的学理性规律关系不强，对本选题的借鉴意义不大。

（三）国外研究情况概述

作者通过对 JSTOR（英文过刊全文数据库）进行检索，发现国外关于"新媒体受众"的研究主要集中在以下几个方面：一是借助"积极受众"理论，探究新媒体环境下受众能动性的变化；二是分类别对用户的媒介使用行为进行研究；三是分析新媒体用户的心理及行为特点。相关研究在领域分布上与国内有一定的相似性，但比较而言，西方国家的"新媒体受众"研究分化严重：经验性调查与思辨式批判的分野明显。除期刊外，英国文化研究学派的受众研究，英尼斯、麦克卢汉的媒介思想，尼葛洛庞帝的"数字化生存"，莱文森的新新媒介研究，曼纽尔·卡斯特的"信息三部曲"，舍基的《未来是湿的》，尼古拉斯·卡尔反思《浅薄：互联网如何毒化了我们的大脑》等理论和著作，均是媒介研究的经典，对本书写作启发很大。

二、受众研究的嬗变

（一）传统受众的三种表述

澳大利亚学者英·昂（Ien Ang）将受众分为两类：制度观点的受众和实际的受众。[①] 制度观念下的受众，是出于某种便利因素的考虑，被人为构建出来的、一个有待控制和研究的想象共同体。制度受众被人为地赋予一定的确定性，能被人们认知。实际的受众，则是传播过程中实实在在的彼此互动的个人或群体，始终处于动态的变化中。实际的受众具有一定的复杂性和流动性，他们是无数有着不同媒介经验、心理活动和行为模式的个体的集合。显然，传播研究中关于受众的多种表述，均属于制度观点的受众，是人为抽象的概念和对社会现实的概括和总结，是特定信息传播方式的产物。

依照受众接触的媒介及信息传播方式的不同，传统媒体的受众可分为听众、观众、读者。他们分别指向不同的注意力偏向——听众，强调声音信息的接收；读者，强调视觉注意力的集中；观众，以观看为主，兼顾听力与视觉的再平衡。从漫长的人类传播史看，听众出现的时间最早。荒蛮时期，人类在狩猎、劳作时发出的"咿呀""呼嚎"等类语言，即为含有特定目的的信息传递。音节语言产生后，氏族、部落集会的参加者成为较早的听众群体。现代的听众概念更多地指代以广播为代表的，以音频为信息形式的受众群体；按照麦奎尔的说法，最早的观众起源于古希腊或古罗马城邦都会的剧场或竞技场，他们聚在一起观看体育比赛以及早期的公共戏剧或音乐表演。电视、电影等电子媒介产生后，观众的外延得到进一步扩展，聚在屏幕前或现代剧场观看光影信息的人群都可被称为观众。读者的概念诞生于文字产生之后，是指具有阅读能力与阅读行为的个人或群体。近代印刷书籍、报刊以及大众教育事业的普及，

---

① 卢岚蓝．媒介消费：阅听人与社会．台北：扬智文化出版公司，2005.72.

则打破了知识垄断阶层的"读写专利",逐渐培育、塑造出一个关于文字和知识接收的"阅读公众"。

严格来说,传统意义上的"听众""观众""读者"概念,将长久以来形成的通用表述引入到传播领域加以使用,并没有对其内涵作系统化的建构,导致上述词语被直接用来指代信息接收者,而很少有人去剖析这些既定概念的主体意义,因而,"听众""观众""读者"等表述陷入被简单"对象化"的境地:一方面,沦为市场话语支配下的"统计数字"和"媒介向广告商兜售的商品";另一方面,成为主体性哲学视域下的"主—客"对立的"被动的信息接收者",沦为被文化工业物化和工具化的"单向度"的"他者"。

(二) 受众研究的转向

传统的经验范式研究中,受众研究与效果研究属同一枚硬币的两面。从"魔弹论"到"有限效果论",再到回归"强大效果论",研究者赋予受众的地位在不断提高。这一过程中,具有转折性意义的是"使用—满足"理论,"这一理论把受众需要的产生和满足作为信息传播活动的出发点和归宿,把受众的媒介接触活动看作基于特定需求动机来使用媒介,从而使这些需求得到满足的过程,把受众看作传播活动的积极主动的参与者和传播效果的反馈者、显示器。至此,作为传播对象的受众第一次受到重视,被称为'受众的发现'。"①此后,越来越多的研究者开始将受众视为传播的中心,强调一切传播活动必须以受众的需求为出发点,受众研究也逐渐由"传者中心"转向"受者中心"。但使用与满足理论的缺点也十分明显:过于强调个体因素,忽视了社会背景及社会结构的影响,难以从宏观层面揭示媒介使用与满足的原因。

批判范式和文化接受学派对"读者"和"观众"的主体性研究,在一定程度上弥补了上述不足。这一学派研究受到文学诠释理论的启发。在文学诠释领域,安伯托·艾柯(Umberto Eco)提出"标准读者"的概念,既承认了文本的开放性,又肯定了读者在阅读过程中的创造性。罗伯特·耀斯(Hans Robert Jauss)的接受美学理论肯定了读者阅读活动的重要性,认为读者对文本的解读不是被动的行为,而是一种充满了主动性和能动性的行为。汉斯-格奥

---

① 黄蓓蕾. 简述受众观念发展史. 东南传播. 2007(4).

尔格·伽达默尔（Hans-Georg Gadamer）也认为，理解就是能存在和"可能性"。在传播学中，法兰克福学派和文化研究学派采用批判的研究方法，将传统受众观念由"物化"和"他者"的境地解救出来，揭示出"读者""观众"对文本的判断力和对现实的批判力。法兰克福学派眼中的受众，是文化工业中商业化、标准化的"受害者"。霍克海默（M. Max Horkheimer）等人认为，文化工业的单面性、操纵性和控制性压制了受众的主体意识，压制了受众的创造性和想象力，削弱了受众的批判精神，助长了受众的工具理性，导致了受众的非个性化和单一化，导致了受众的一成不变，受众被"无限制地调节成娱乐工业所期望的那类人"①。伯明翰学派也在受众研究领域作出了卓越贡献，其代表人物霍尔（Stuart Hall）认为，"进入电视传播流程的'受众'不是白板一块，他先已为'话语'所构造并将这些话语带入他的接受活动"②。霍尔提出了著名的"编码/解码"模式，由此将受众研究带入了"一个新的和令人激动的阶段"。戴维·莫利验证了"编码/解码"模式的合理性，进一步丰富了"受众能动性"概念。约翰·菲斯克对大众传媒受众在意义建构方面的主体性和反抗性持更积极和乐观的评价，他认为，"解读电视文本实际上是一个对话过程，当观众话语与文本话语相遇时，带着不同利益的话语就会产生冲突，社会力量便在其中产生作用。在这个过程中，主动权偏向受众，而不是受众向文本屈服。"③

上述研究中，莫利认为的"受众之作为有待建构的社会主体"，本雅明坚信的"'大众'中蕴藏的革命性潜质"，哈贝玛斯（Jurgen Habermas）的"交往理性"概念，伊恩·昂在研究《达拉斯》的基础上提出的观众带着对美国意识形态的反感，在对电视文本的"悲剧性建构"过程中获得快感等观点，都对传统受众研究告别主客对立的研究模式，转向对受众的主体性和"主体间性"（Intersubjectivity）的关注起到了重要推动作用。他们"一方面坚持主体间存在的差异性和多元性，另一方面强调交往、对话和理解是弥合主体间差异的基本方式。正是在这种意义上，人的传播活动向社会历史文化开放了，传

① ［德］马克思·霍克海默. 批判理论. 重庆：重庆出版社，1989. 275.
② 金惠敏. 积极受众论——从霍尔到莫利的伯明翰范式. 北京：中国社会出版社，2010. 4. 12.
③ 路俊卫. 电视文本的意义建构与传输——约翰·费斯克电视文化理论解读. 东南传播. 2010（4）.

者和受众都从抽象的单一主体转向处于社会交往过程中的有生命的主体。"①
这一转向，为数字媒体时代的"真实受众"的再发现奠定了基础，指明了
方向。

（三）数字时代的受众概念

互联网普及以后，"网民"被用来指称网络传播的参与者。"网民"，英文
为"Netizen"，是网络（Net）和公民（Citizen）组成的复合词，有"网络公
民"之意。"网民"最早由米切尔·霍本（Michael Hauben）创立，霍本原先
是用这个名词来意指那些非以地理区域为依据所形成的、具有社区意识的、相
互发生行为联系的一群网络使用者。② 显然，"网民"一词凸出网络传播参与
者的积极性和能动性的意味明显。随着使用频率的提高及意义的转变，"网
民"逐步泛化为一切网络媒体的使用者。当然，CNNIC对我国"网民"群体
提出了媒介使用时长的限制，初将"网民"限定为"每周上网不少于1个小
时"，后修正为"半年内使用过互联网的6周岁及以上中国公民"。

除"网民"外，商业领域的"用户"概念也被引入到研究领域。法规意
义上，《中华人民共和国计算机信息网络国际联网管理暂行规定实施办法》规
定，"用户"指通过接入网络进行国际联网的个人、法人和其他组织。传播意
义上的"用户"，"指的是当今社会中那些积极的媒介使用者，他们以跨越各
种媒介形态的信息传播技术（ICT）为中介，与其他媒介使用者相互联接，构
成融合信息网络与社会网络的新型网络"③，是网络信息、网络服务的使用者、
体验者和创造者。

互联网发展进入Web2.0阶段以后，新媒体概念开始大行其道，诞生了多
种关于新媒体用户的新概念。

何威提出"网众"概念，认为"网络化用户"既包括由ICT中介的信息
网络彼此联结，又形成了一张动态变化的社会网络。其"网络化用户"强调

---

① 武汉大学新闻与传播学院组. 新闻与传播评论·2001年卷. 武汉：武汉大学出版社，2002.
138－139.

② 郭玉锦，王欢. 网络社会学. 北京：中国人民大学出版社，2009. 32.

③ 何威. 网众传播———种关于数字媒体、网络化用户和中国社会的新范式. 北京：清华大学出
版社，2011. 13.

的是人与人的联结（经由 ICT 帮助），而"网众"则是由"网络化用户"组成的群体，"三个或三个以上的存在联结关系的'网络化用户'，就可以被称作'网众'"。"网众"对应"网络社会"的降临。这一概念较为恰当地表现了社会化网络传播背景下人与人之间的信息传播状态，但也存在几点不足：一是过分强调人与人的联结，将研究对象局限于社会化网络，忽略了网络传播中依然大量存在的大众传播现象；二是将"网众"界定为"三个或三个以上'网络化用户'"，视为"大众"的子集，但作者又将"网众"与"大众"的概念相对，前后存在一定的矛盾之处；三是将社会性媒体与大众媒体相对，忽视了社会性媒体的大众传播属性；四是缺少对"网众"及"网众传播"局限性的反思。

夏德元提出"电子媒介人"概念，认为"电子媒介人"是指生活于媒介化社会，拥有各种电子媒介，具备随时发布和接受电子信息便利，成为媒介化社会电子网络节点和信息传播主体的人。夏德元分析道："作为新的传受合体，电子媒介人不再仅仅被动地接受来自外界的信息，其自主传播信息的冲动得到更大满足，其传播能力也有了空前提升。"[①]"电子媒介人"集信息的传受角色于一身，"以往媒体自上而下由传者向受者传播新闻的广播模式，已经开始向传者与受众点对点的传播即互动传播模式转变。而传统传播格局中被动接受信息的受众，也蜕变为新的传播者与信息接收者合二为一的互播者。"[②] 这一概念，指出了"电子媒介人"社会交往的主体性，分析了其历史地位、现实困境与未来发展，展现出作者的敏锐性、前瞻性和深厚的理论功底。但"电子媒介人"概念也存在明显的偏颇之处。或许是有意为之，作者将数字媒介和网络媒介纳入了电子媒介的范畴，而对真正的电子媒介——广播、电视、电影等却着墨甚少，从这一角度讲，将"电子媒介人"换作"数字媒介人"或"网络媒介人"或许更为合适。

李沁提出"沉浸人"和"泛众"概念。这两个概念建立在"沉浸传播"基础上，李沁将"沉浸传播"视为与原始传播、单向传播、互动传播并列的

---

① 夏德元. 电子媒介人的崛起——社会的媒介化及人与媒介关系的嬗变. 上海：复旦大学出版社，2011. 103.

② 夏德元. 电子媒介人的崛起——社会的媒介化及人与媒介关系的嬗变. 上海：复旦大学出版社，2011. 104.

递进概念，认为"沉浸传播（Immersive Communication）是一种全新的信息传播方式，它是以人为中心、以连接了所有媒介形态的人类大环境为媒介而实现的无时不在、无处不在、无所不能的传播。它是使一个人完全专注于个人的动态定制的传播过程。它所实现的理想传播效果让你看不到、摸不到、感觉不到的超越时空的泛在体验。"[①] "沉浸传播中的人"，即为"沉浸人"，"沉浸人"是"一种终极媒介状态下的人，是真正的超媒介"。而"泛众"基于"泛在网"而存在，"泛在网"是"无时不在""无处不在""无所不能"的网络，"泛众"则代表着"一人成众，处处皆众"。"泛众"的传播分为多对多和一对一两种。其中，多对多指所有人对所有人的传播，而一对一则指"在对单个服务对象实行定位的基础上，提供个性化的信息服务，也是任何时间、任何地点，对任何人提供任何服务实现后的一种效果体现。"[②] "沉浸传播"为我们描绘了信息社会和传播媒介发展至终极状态下的传播现象，揭示了"沉浸"对人类信息接收方式，对人类的生产和生活方式的影响，极具想象力和前瞻性。但目前来看，"沉浸传播"的现实基础还不是很成熟，当前的网络环境，距"无所不在""无所不及""无所不能"的"泛在"网，还有一定的路程要走。此外，"沉浸传播"专注于个体，无视大众传播和公共议题，与当前大众传播和公共话语依然占据人类传播行为的绝大部分比例的现实相背离；忽视"一对多"和"多对一"传播，也是注众传播的不足之处。

第三节　理论取向与研究方法

一、理论取向

（一）唯物辩证观

唯物辩证法是一种认识事物发展规律的世界观和方法论，马克思认为，"在对现存事物的肯定的理解中同时包含对现存事物的否定的理解，即对现存事物的必然灭亡的理解；辩证法对每一种既成的形式都是从不断的运动中，因

---

① 李沁. 第三媒介时代的传播范式——沉浸传播. 北京：清华大学出版社，2013. 43.
② 李沁. 第三媒介时代的传播范式——沉浸传播. 北京：清华大学出版社，2013. 119.

而也是从它的暂时性方面去理解；辩证法不崇拜任何东西，按其本质来说，它是批判的和革命的。"① 在认识数字传播时，也需要遵循辩证的研究取向。要辩证地认识人、技术、媒介在数字时代中的意义和作用，必须通过主体之间、主客之间、客体之间的辩证分析，去解释数字传播时代人的特征、心理及行为，揭示数字用户传播的产生、变化和发展过程。

本书的辩证研究取向体现在：

一是客观认识数字传播的主体——人在数字时代的能动性和局限性。本书认识到人既是技术的驾驭者，又反过来被技术驱使、裹挟，既可以享受数字媒介带来的传播体验，也会被数字媒介的意识形态和娱乐化浪潮所淹没。同时，本书还坚持唯物辩证法对主体因素的凸显作用，认识到数字主体认识规律、把握规律，充分发挥主观能动性在数字时代的作用和效果。

二是对数字技术作辩证的认识。"任何一种技术都既是负担又是福音；不是非黑即白，而是利弊共存。"② 同样，数字通信技术也是把双刃剑：一方面，它刺激了人们的传播欲望，赋予人以空前的传播能力；另一方面，却又使人陷入数字海洋的虚无，让人沉迷于技术主义所引导的懒惰、麻木、无意识之中，使人在迅猛发展的数字媒介前"产生一种难以言状的挫败感，甚至造成了巨大的心理创伤。"③

三是对数字媒介作辩证的思考。数字媒介增强了信息传播的广度和速度，却依然难摆脱意识形态的控制。与传统媒体相比，数字新媒体的确显现出更多的民主、多元、草根、开放等特点，但这依然无法否定政治和经济因素对数字传媒行业的控制。从现实角度讲，数字新媒体依然是现有意识形态和社会秩序的维护者，它带给人们的依然是"戴着镣铐的舞蹈"。

（二）弱技术决定观

长久以来，关于技术与社会的关系始终处于争议的状态。学术界对于技术

① 《马克思恩格斯选集》第 2 卷. 北京：人民出版社，1995. 112.
② ［美］Neil Postman. 技术垄断——文明向技术投降. 蔡金栋、梁薇，译. 北京：机械工业出版社，2013. 3.
③ 夏德元. 电子媒介人的崛起——社会的媒介化及人与媒介关系的嬗变. 上海：复旦大学出版社，2011. 44.

与社会的认识有两种影响较大的观点：一种观点是强技术决定论（或称硬技术决定论，strong or hard technological determinism）。持这一观点的学者认为，技术是决定社会发展的唯一重要因素，技术的进步将使人类社会不可避免地趋向同一个特定的结果。总结起来，强技术决定论有几个特点：

（1）技术是导致社会变迁的唯一因素，多种因素的复杂作用被简化为技术这一单一因素的结果，这也是所谓的"单因说"（mono-causality）或"简化论"（reductionism）。（2）技术对社会的影响是单向的。"自治"的技术塑造社会结构和人类行为，而不会被社会所塑造。（3）由技术所引发的社会变迁是一种机械化的变迁，是一种"变迁的机制"（mechanism of change）。（4）技术是中立的，没有价值偏向，其本身无所谓好坏。[①]

强技术决定论肯定了技术对社会进步的影响，有一定的真理性。但其忽略了技术的进步是在大的社会环境下完成的，社会也会对技术进步产生一定的制约，因而该论调存在很大的片面性。

弱技术决定论，又称社会制约的技术决定观（weak or soft technological determinism）。这一观点认为，"技术是在政治、经济、文化多重因素的包围下对社会变迁产生影响的。某种特定的传播技术的出现为特定社会或特定时期内人们的某种行为提供了潜在机会与可能。"[②] 但它并不导致某种必然的结果。如美国学者李·怀特（White，L. Jr）所言，"一种新的技术仅仅只是为人们打开了一扇门，但它并不强迫人们必须要进入"[③]。怀特认为，作为人类生存方式的文化是一个具有内部结构的大系统，这个系统由居于结构底层的技术系统、居于结构中层的社会系统和居于结构上层的观念系统这三个亚系统构成。[④] 他写道："我们可以把文化系统分为三个层次……这些不同的层次表明了三者在文化过程中各自的作用：技术的系统是基本的和首要的；社会系统是技术的功

---

① Short，J.，Williams，E.，&Christie，B.（1976）. The Social Psychology of Telecommunications. London：John Wiley&Sons；Sproull，L.，&Kiesler，S.（1991）. Connections：New Ways of Working in the Networked Organization. Cambridge，MA：MIT Press.

② Finnegan，R.（1988）. Literacy and Orality：Studies in the Technology of Communication，p. 38. Oxford：Basil Blackwell.

③ White，L. Jr.（1978）. Medieval Technology and Social Change，p. 28. New York：Oxford U niversity Press

④ 转引自百度百科. 技术决定论. http：//baike. baidu. com/view/1376197. htm.

能；而哲学则在表达技术力量的同时反映社会系统。因此，技术因素是整个文化系统的决定性因素。它决定社会系统的形式，而技术和社会则共同决定着哲学的内容与方向。当然，这并不是说社会系统对技术活动没有制约作用，或者说社会和技术系统不受哲学的影响。事实恰恰相反。不过制约是一回事；而决定则完全是另一回事。"①

本书赞同怀特的理论取向，认可传播技术的发展是媒介更迭、社会进步的重要因素。同时认为，社会进步是多因素综合作用的结果，人与数字技术、与数字媒介，数字技术与数字媒体、与社会的关系也处于复杂的交互作用中。

二、研究方法

（一）文献研究

文献是学术研究的养分，是构建理论大厦的基石。进入信息社会以来，信息社会和数字媒体研究成为传播学科的一道亮丽景观。经过长时间的搜集，作者广泛查阅了图书及网络资源中有关信息社会、后工业社会、新媒体研究、网络媒体研究的中英文文献，广泛吸收了社会学、哲学、心理学、政治学、传播学等跨领域的研究成果。梳理完已有文献后，作者发现专门的受众研究，特别是新媒体受众研究明显不足。为弥补这一缺憾，作者广泛从法兰克福学派、接受分析、文学阐释、传播政治经济学等领域汲取营养，以避免研究陷入"浮光掠影""浅尝辄止"的困境。作者还广泛收集微博、微信等新媒体应用中传播的行业动态、研究前沿及数据报告，为研究提供支撑。此外，国内外有关新媒体及其受众的研究成果，也给作者以有益启发。

（二）民族志

民族志是人类学研究的常用方法，被用来对异质民族文化进行研究和思考。该方法要求研究者深入"田野"，对被观察对象进行"深耕细作"，周密观察、记录和参与"他文化"，遵循"进入—出来"的研究过程。当然，研究者必须与研究对象保持适当的距离，以便能够以旁观者的视角阐释和描述所观

---

① 转引自百度百科．技术决定论．http：//baike.baidu.com/view/1376197.htm.

察的对象。传播学中的"新受众研究",是借用民族志研究受众的典型代表。在民族志方法主导的受众研究中,研究者以自身作为研究工具,将受众视为有待建构行为意义的主体,按照传统民族志研究人员的观察对象日常行为的方式,分析、诠释受众的媒介接触、使用、理解、互动等行为的社会意义。这一范式起源于电视受众研究,斯图亚特·霍尔1973年发表的《电视话语的编码解码》首次提出了接受分析应在特定社会文化语境中考察受众接受行为的观点。此后,莫利、洪美恩、菲斯克等人有关电视受众的研究都采用了民族志的研究方法。

近年来,部分学者将民族志研究与网络受众研究结合起来,形成所谓的"网络民族志"。"网络民族志"又称"在线田野",是民族志方法在互联网上的映射,"一般是指将传统的民族志方法转移到互联网上,研究与网络活动相关的用户行为和网络现象。"① 它要求研究者必须具备一定的网络素养和使用经验,熟知网络语言、符号及信息传播规律,了解用户的网络使用行为和使用心理,并对研究对象做长时间的观察和思考。研究者可以与网民进行虚拟交流和互动,以便更全面、清晰地认知研究对象。

为保证研究的顺利进行,作者还借助 QQ、微博、微信、论坛、APP 等网络应用形式,观察其他用户的信息发布、转帖、浏览及线下活动等行为;与其他新媒体用户进行互动,了解其使用新媒体的心理动机及体验。

(三) 文本分析

文本分析是媒介研究的常见方法,文本分析有符号学、精神分析、话语分析和框架分析等诸多传统。其中的符号分析和话语分析,常被用于受众研究。法国学者罗兰·巴尔特最早使用结构主义符号学方法分析大众文化,他称自己的研究为"神话(Myth)分析",即使用符号学方法来揭示大众媒体所塑造的"神话"。伯明翰学派将受众视为"有待构建的主体"的观点就建立在受众与文本的互动关系之上。新媒体传播形态下的文本形式多样,符号与意义的指代关系也发生了一定的偏移。即时通信、论坛发帖、微博消息、微信朋友圈、博客评论等,都记录了新媒体用户传播行为和传播印记,是本书的重要研究对

---

① 刘燕南,史利. 国际传播受众研究. 北京:中国传媒大学出版社,2011. 240 – 241.

象。作者还长期跟踪了水木论坛、天涯、新浪微博和微信等网络应用中的网帖、评论、留言，从中搜集了大量具有鲜明网络特色的网络语言和表达方式，并抽象出新媒体用户对于热点话题、社会现实及政治事件的共性观点和看法，用于解释数字用户传播与政治、社会、文化之间的相互关系。

（四）访谈

对新媒体使用的体验，作者筛选了十位有着十年以上新媒体使用经验的用户，就他们使用数字新媒体的原因、习惯、体验、目的、心理及困惑等方面进行了深入访谈，研究他们的新媒体使用经验、对国内外新媒体规制做法的了解、对于数字新技术新应用的采纳情况，对网络游戏、色情、赌博等问题的态度，了解其对新媒体的政治、经济、文化影响等方面的看法，为流众的特征、媒介接触习惯，流众传播的模式、困境及规制等章节积累研究材料。

第四节　文章结构

本书共分八个部分。

首先是导论。论述了研究的背景、意义，介绍了研究方法和思路。

第一章主要论述数字传播的主体——"流众"。先对"流"的传播学意义进行了阐释，分析了"流众"传播的动力来源——"信息力"和"信息势能"。将"流众"界定为"比特网络化流动的发起者和参与者，数字媒介的传播主体"，对比分析了流众与传统受众概念的联系和区别，指明了流众概念的合理性。借助国内外研究机构的调查，总结了流众的统计学特征，分析了流众的辩证特征：单向度与反抗、抵制，理性与非理性，专业性与草根性，个人主义与协作分享。最后，论述了流众的多重自我、肤浅、自私、寂寞、交流困境等特征。

第二章从哲学视角对流众进行解读。首先分析了流众的主体间性。其次，分析了流众的"重新部落化"。本书认为，新媒体较好地实现了人的"感官再平衡"，有助于数字传播主体回归麦克卢汉所说的"重新部落化"。随后，对流众的角色偏向进行了分析，按照生产者、消费者、娱乐者、表演者和交往者等角色偏向，对流众进行了深入解读。

第三章阐释了流众传播的内涵、模式及类型。将流众传播界定为所有人对所有人的传播；从自我管理、社会资本获取和社会资本交换三个角度分析了流众传播的动因；研究了流众传播发展阶段和发展模式：广播独白模式、社会交互模式和自由传播模式；最后从主体视角、机制视角等角度分析了流众传播的特征。

第四章研究了流众传播的效果。首先论述了流众传播与大众传媒的关系演变，预测了后传媒工业时代传播的特点及发展趋势；其次分析了流众传播与政治革新之间的相互关系，论证了技术赋权、对网络公共领域和民主走势的影响；再次剖析了流众传播在经济领域产生的影响，以及流众传播时代传媒经济和宏观经济发生的变化；最后分析了流众传播与文化革新的关系，包括知识生产方式的变化和网络亚文化的产生等。

第五章讨论了流众传播的困境。分四个方面：其一先分析了数字技术的负面效应：对思维模式、大脑机能和社会创新的负面影响；后分析了数字技术的脆弱性和非人性，指明数字技术的双刃性对流众传播的危害。其二分析了数字传播过度互联引发的危险——过度互联的弊端、意义的"内爆"和网络成瘾的危害。其三论述了流众素养的不足，包括由于素养缺失导致的个体流众行为失范、群体极化和组织流众行为失范、数字媒介责任缺失的负面影响等内容。其四论述了流众传播外部环境和机制的弊端，包括政治因素、商业主义、制度规范和数字鸿沟等引发的不良后果。

第六章分析流众传播的前景。谈及了中国语境下网络规制的必要性，提出坚持流众主体性的重要意义，并预测了流众传播的未来走势。

最后是结论和余论。先是总结结论，归纳了本书对受众研究可能的贡献；后反思研究存在的不足，探讨了进一步建构物理传播学以及自由传播等概念的可能性。

第一章　流众的崛起

第一节　"信息流"与"信息势"

一、"流"的传播学阐释

古汉语中，"流"字属水部，水的特性是"不平则流，以趋于平"，"自高趋低，至平方息。"[①] 汉代许慎在《说文解字》中释为：流的初字是𣹳，加"水"𣲑另造"流"𣹭，代替𣹳的"大量羊水排出"的本义，后引申有"风行""传播"之意。《孟子·公孙丑上》载："其故家贵俗，流风善政，犹有存者。"这里的"流"就是信息散布、扩散的意思。《诗经·大雅·荡之什》篇也有"文王曰咨，咨女殷商！而秉义类，彊御多怼。流言以对，寇攘式内。侯作侯祝，靡届靡究。"的记录，其中的"流言"，指"散播"没有根据的话的意思。现代汉语中，"流传""流行""流芳""流俗"等词语，更是蕴含"传播"的释义。可见，从字源、字义上看，"流"与传播就有颇为深厚的渊源。

传播研究也将"流"（flows）看作信息的传播状态。传播学先驱威尔伯·施拉姆（Wilbur Schramm）曾这样描述："我们是传播的动物；传播渗透到我们所做的一切事情中。它是形成人类关系的材料。它是流经人类全部历史的水

---

① 殷寄明. 说文解字精读. 上海：复旦大学出版社. 2009. 194.

流，不断延伸我们的感觉和我们的信息渠道。"① 创新扩散理论提出者埃弗雷特·罗杰斯（E. M. Rogers）在《创新及普及》一书中把大众传播过程区分为两方面：一是作为信息传递过程的"信息流"，二是作为效果或影响的产生和波及过程的"影响流"。② "信息时代三部曲"的作者曼纽尔·卡斯特（Manuel Castells）宣称："我们处在空前的信息爆炸社会，信息有如流动的活水……"③ 卡斯特认为，信息化的本质就是"虚拟空间""流动空间""网络社会"的重组。其中，"流动空间具有三个层次：电子化的互联网构成了流动空间的第一个物质基础（对应技术）；节点与核心构成了流动空间的第二个层次（对应地点）；占支配地位的管理精英的空间组织构成了流动空间的第三个层次（对应人）。"④ 保罗·莱文森（Paul Levinson）认为，赛博空间里涌动的是"信息流"，真实空间里涌动的是"人流"，而这"信息流"必须与"人流"保持适度的平衡，因为如果天平"向信息流而不是人流倾斜得太厉害，就可能给人带来伤害。"⑤ 美国学者尼古拉斯·卡尔（Nicholas G. Carr）在反思"互联网如何毒化了我们的大脑"时说："我现在获取信息的方式都是互联网传播信息的方式，即通过快速移动的粒子流来传播信息。以前，我戴着潜水呼吸器，在文字的海洋中缓缓前进。现在，我就像一个摩托快艇手，贴着水面呼啸而过。"⑥ 著名社交网站 Facebook 创始人扎克伯格（Zuckerberg）也表示，Facebook 网站的信息传播，就像是"一股由生活中发生的点滴事件聚合而成的涓涓细流"。

众多国内学者也将"流"看作传播的核心要素。胡正荣在界定"传播"的概念时，认为最普遍意义上的传播必须包含两大要素："信息"（传播的材料）和"流动"（传播的方式），进而认为，"所谓传播，就是信息的流动过程。"他论述道："这个广义的'传播'概念不仅能包括人类社会的信息流动，

---

① Will Schrammm and Will E. Porter: Men, Women, Messages, and Media: Understanding Human Communication (second edtion), 1982, Pearson Education, Inc., p. 17.

② 转引自朱海松. 网络的破碎化传播——传播的不确定性与复杂适应性. 北京：中国市场出版社，2010，74.

③ ［美］曼纽尔·卡斯特. 网络社会的崛起. 北京：社会科学文献出版社，200. 505.

④ 胡泳. 众声喧哗. 桂林：广西师范大学出版社，2008. 11.

⑤ 转引自［美］林文刚编. 媒介环境学：思想沿革与多维视野. 何道宽，译. 北京：北京大学出版社，2007. 285.

⑥ ［美］尼古拉斯·卡尔. 互联网如何毒化了我们的大脑. 刘纯毅，译. 北京：中信出版社，2010. 5.

而且能涵盖非人类社会的信息流动，如自然界中的信息流动。更进一步讲，因为信息是事物运动的存在或表述形式，信息无时无处不存在，只要有信息存在，便有信息的流动，便有了传播。"① 刘燕南认为，新媒体传播是以数据流的方式呈现的。她写道："新媒体数据流所承载的信息是一种不同于任何物质产品的精神产品，带有明显的文化意识形态色彩。"② 胡泳在《众声喧哗：网络时代的个人表达与公共讨论》中表示："生活在网络时代的人们能够清晰地体察信息流的汹涌之势。"③ 沈阳论述称，微博用户的闲言碎语可汇成宏大信息流。④ 何威在《网众传播》中也表示："一切人类传播行为或传播现象中，信息的发送、扩散、接收，都可视为信息流动的过程；意义的共享或冲突、关系的维持与破裂、文化的传承与宰制，无不伴随信息流动而发生。"⑤ "社会性媒体对内容'源'的聚合，形成内容'流'，极大地改变了人类传播行为中信息传受的习惯。"⑥ 丁正洪在分析数字化媒体的信息传播时，更是将社会化媒体的信息比作"按照时间轴串联成一条流动的数字洪流"⑦，并对信息流与时间的关系作出三点分析："第一，原创流、推荐流都有时间刻度，而且固定不变；第二，信息流和时间轴之间具有有意思的关系；第三，信息流是流动的，像时间一样。"⑧

媒体自身的发展也显现出"流"的特征，新近几年出现的"流媒体"（Streaming Media）就是例证。当前，学界公认的"流媒体"特指在网络空间里以流式方式传输信息的媒体，作者以为，整个数字媒体都是广义上的"流媒体"。广义"流媒体"与狭义"流媒体"的区别仅限于数据是否压缩、数据的流动是否有时间间隔，实际上二者的本质是一致的，都是信息的流动、比特的流动。

①　胡正荣，段鹏，张磊．传播学总论．北京：清华大学出版社，2008. 52.
②　刘燕南，史利．国际传播受众研究．北京：中国传媒大学出版社，2011. 120.
③　夏德元．电子媒介人的崛起——社会的媒介化及人与媒介关系的嬗变．上海：复旦大学出版社，2011.
④　参见微博客研究论文．http：//www. docin. com/p-87564350. html.
⑤　何威．网众传播——一种关于数字媒体、网络化用户和中国社会的新范式．北京：清华大学出版社，2011. 155.
⑥　何威．网众传播——一种关于数字媒体、网络化用户和中国社会的新范式．北京：清华大学出版社，2011. 159.
⑦　丁正洪．社会化生存——社会化媒体十大定律．北京：中信出版社，2014. 27.
⑧　丁正洪．社会化生存——社会化媒体十大定律．北京：中信出版社，2014. 30.

可见，"流"是信息社会的常态。我们生活在"流"的空间里，我们制造（信息）"流"，传播"流"，改变"流"，也被"流"改变。正如卡斯特所指出的："我们的社会是围绕一系列的流动而组成的：信息流动、资本流动、技术流动、影像、声音和象征的流动、组织性互动的流动。流动不仅充当社会组织里的一个要素，流动性更是支配了我们的政治、经济与生活过程的表现。"①

二、"信息势能"：因动成势　因势而流

为更好地理解"流"，有必要解释"势"。正所谓"因动成势"，因势而流，"流"与"势"互倚互生，关系辩证。"势"，是中国传统文化用于描述万物联系和变化的核心概念之一。《老子·五十一章》说："道生之，德畜之，物形之，势成之。"《孙子》说："激水之疾，至于漂石者，势也。"两位圣贤均对"势"与人、与环境的关系做了辩述。《春秋谷梁传》载："道之贵者时，其行势也"，也表明了"势"的变化特点。现代意义上，"'势'大多因为事物有量和形态，位置的差别而产生，是事物的不同部分、不同个性在相互比较参照中显示出来的：地位有高低，人有多寡，力有大小，物态有动静，以及所处形势便利与否，等等，总之'势'产生于不平衡的格局中。"② 格局不平衡，形成"势"；信息不平衡，便为"信息势"。青年学者马宁③曾对传播研究作了一次"非主流视角的思考"，提出了"传播势能"的概念。他认为，可以通过"造势"的方式提升传播效力，当"造势"过程中聚积的能量达到"传播爆发点"时，即形成"传播势能"。马宁认为，聚集起来的"传播势能"并非一定能达到想要的传播效果——传播势能又分为"正势能"、"负势能"和"虚假势能"，分别导致的结果为积极效果、负面效果和"泡沫效果"。马宁的"传播势能"强调的是"传播能量累积"后的横向传播效能，偏指信息传播的空间广度。

"势"往往有力的内涵和变化的特点。信息之间的"势"，也会产能"信息能量"。"信息势能"是由"信息力"所引发的信息能量，偏指信息的纵向差别。信息论创始人香农（Shannon）认为，"信息是用来消除随机不确定性

---

① ［美］曼纽尔·卡斯特. 网络社会的崛起. 北京：社会科学文献出版社，2001.1.

② 涂光社. 因动成势. 北京：百花文艺出版社，2001.3.

③ 马宁系中国传媒大学传播研究院2012级博士，现为北京工业大学青年教师。"传播势能"为其在一次学术研讨中提出。

的东西"，我们所说的"信息力"①，类似重力概念，是指因不同信息所包含的消除不确定性能量大小的差别和指向的不同，而产生的不确定性位差，并由此产生传播能量。其中，"力不过是作用的一种抽象"，是"联系中的差别"②，"联系和差别"是构成"信息力"的条件，也是信息流动的必备因素。联系需要介质，差别便是信息，信息借助媒介流动便是传播。反之，有联系无差别，或有差别无联系，均不能形成"信息力"，遑论"信息势能"和传播了。

在现实传播过程中，信息、媒介与人的差别成为产生"信息势"的三大因素。信息消除不确定性程度的不同、信息指涉对象的不同，是产生"信息势"的直接原因；媒介传播信息能力的不同是产生"信息势"的重要原因，如覆盖范围的不同、信息传播与呈现方式的不同、媒介传播者素养和能力的不同、信息把关的标准不同、主旨和目标不同，等等，均是"信息力"产生的来源；对于传播的主体——人而言，所处环境、所处时代、个人偏向、文化素养、记忆理解能力、媒介接触驾驭能力等，均是造成不同个体间存在"信息势"的重要因素。现实世界中，人与人之间对信息的渴求，才是"传播力"和"信息力"得以产生的根本动力。因而，不同主体对信息渴求程度的不同，也是影响"信息势"的重要因素。

第二节　流众的定义

一、流众产生的条件

信息如流水。因势而流，是水的运动规律，也是信息的传播规律。一切传

---

① 郭玉锦和王欢在《网络社会学》一书中提出"信息压力"的概念，主要指信息超载、信息污染、信息焦虑对传播参与者带来的心理压力。郭玉锦和王欢认为，信息压力并不是在互联网出现以后才有的现象。在现代通信技术和交通发达以后，就出现了人口密度增加、交往频率增加的现象。早期的信息压力现象主要包括电话频繁和资料搜集过程，还有社交频繁。这些过程中所感到的紧张和不适就是信息压力的典型表征。电视出现后，人们接收外界信息刺激增加，于是信息压力也就明显了。如今，互联网的出现和发展大大改变了人类对信息的接收、加工、获取和利用方式。互联网带来了大量信息的出现，众多信息刺激像潮水般冲击着人类的感官，冲击着人们的心理过程，于是，更强的信息压力形成了。由于信息量过大或者信息质性强度过强超出了个人的接收和处理能力，主要表现在生理上和心理上超过阈限从而产生的焦虑与不适。"信息压力"与本书所说的"信息势能"和"信息力"概念完全不同。

② 李德昌．信息人社会学——势科学与第六维生存．北京：科学出版社，2007.4.

播活动，都是信息流动的结果。若据此推论，似乎一切传播活动的参与者，都可归为本书即将界定的"流众"群体中来。其实不然。传播是信息的流动，媒介是信息的载体，但并非所有的媒介都能让信息自由流动，也并非所有的媒介主体都是流众。数字媒介时代以前的传统媒介，或由于技术偏向，或由于人为规制，均未能实现信息的全时空、全自由传播。口语传播，受制于声音传递的范围和转瞬即逝；文字传播和印刷传播受制于运输成本和读者的文化素养；电子传播时代的广播、电视则受制于政府的控制和媒介内部的把关制度。因而，传统媒体均不是能使信息自由传播的自由媒介，传统媒体的受众在很大程度上仅仅只是受众而已。

美国微软公司对数字社会的未来有如下四条判断："所有信息数字化，发达的信息高速公路，互联网的带宽无限增加，互联网的芯片无处不在。"据此，我们认为：数字媒介的数字化、网络化、去中心化、开放性等特性是流众产生的必要条件。当然，数字终端的高普及率也是让信息能够自由流动的重要现实因素。

数字化是数字媒介的根本技术特征，数字传播中，任意的信息都以 0 和 1 的字符串（即比特）存在，比特成为一切信息的载体，文本、图像、音视频信息也都可以以比特的形式呈现。正因如此，尼氏在《数字化生存》一书中才将比特作为"信息的 DNA"，看作信息社会的基本要素。信息比特化的直接结果是信息的标准化，标准化带来的，则是信息存储的模式化和传播的规范化。前者使信息得以突破时间的限制，长久保存，不会失真；后者则可保证信息的自由流动，打破空间的束缚。

由数字化衍生而来的网络化，则为信息的自由流通架设了桥梁，修通了道路。如前所述，对人类而言，没有网络化的数字化媒介，只是相当于多了一间仓储室而已。只有数字存储和数字通信技术相结合，才能打开信息自由流动的阀门，也为"流众"的产生提供了前提。

去中心化是数字媒介的重要特征。无中心，意味着管控的难度大幅增加，也意味着信息流通自由度的大幅提升。从法律意义上讲，自由是相对的，"没有绝对的自由"，现实也的确如此。数字媒介的技术导向，却是真真切切的"自由化"和"去中心化"。即便当下的数字媒体依然受到政治、经济和科技等诸多因素的限制，但其终极目标依然是趋向自由的。数字媒介的自由性首先体现为，信息的任意转换，任何信息、事件、事物都可以自由转换成比特流动；其次是传播参与者的自由度空前提升，随时、随地、随心、随行地参与传播成为可能；再次是媒介脱离了时空的束缚，变换空间的移动传播和不同时间的异步传播，都成为数字传播环境下的常见景观；最后是数字时代的媒介文化更为开放、自由，人的传播欲望被无限激发，数字意义的内爆和"超真实"的建构也成为常态。

开放性造就了数字媒介的包罗万象。任何人、任何信息、任何应用，只要符合数字化的标准和接口，熟悉数字媒介的使用规则，都可以融入数字媒介所蕴含的纷呈世界中来。数字通信技术为信息自由流动打开了阀门，开放性则保障了这一阀门的持续畅通。不仅如此，开放性还为数字媒体的演化生长提供了动力和保障。

数字媒介普及率和影响力的提升也是"流众"群体产生的必要条件。如果没有在社会大面积普及和流行，再好的数字媒介也只是试验品。技术、媒介只有与人结合，才能焕发出真正的生命力，才会对现实世界产生持续、深远的影响。对于"流众"而言，倘若没有数字技术的高速发展，没有联网带宽的快速增加，没有数字终端的迅速普及，真正的信息时代不会到来，"流众"群体也将不复存在。

二、流众的定义

那么，到底什么是"流众"？为何要用"流众"来界定"数字传播主体"？

前文已论述，比特是数字技术的根本特征，是数字信息的存储方式；数字媒介传播过程，即比特的网络化流动过程。据此我们认为，"流众"（英文"Bitizen"①）是数字媒介的传播主体，是比特信息网络化流动的发起者和参与者。流众既包括参与数字传播的个体，也包括组织和群体。

结合对"流"与"势"的分析，"流众"的内涵可具象为图 1-1。

---

① 系作者仿照 Netizen 一词，将 Bite 与 Citizen 组合形成的复合词，用来指称"流众"对应的英文词汇。

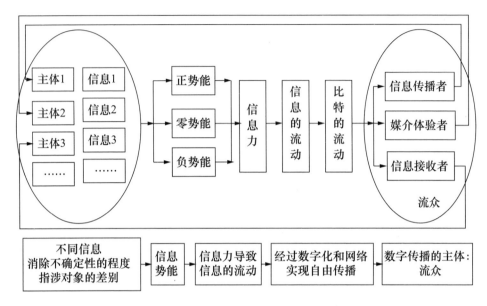

图 1-1　流众的内涵示意图

图 1-1 可描述为：由于不同信息消除不确定性程度和指涉对象的不同，而产生"信息势能"。"信息势能"通过数字网络媒体产生联系，形成"信息力"，并转化为信息的流动过程，信息流经过数字技术转化为比特的流动。流众，即为这一过程的参与者和主导者。

信息传播总是在特定的主体之间进行。传统媒介时代，信息的流动在传者和受众之间进行；数字媒介传播，比特的流动则在两个或两个以上的主体间完成。就特定的传播而言，流众在数字传播中扮演多重角色：一是一部分流众所传播的信息量大于其他流众，传播的信息势能大于他人，这部分流众就成为信息的传播者；二是一部分流众所传播的信息量与其他流众等同，与他人之间的信息势能为零，或其参与新媒体传播并不以信息传播为目的，就可视这部分流众为媒介体验者或服务的提供者或接受者；三是一部分流众所传播的信息量小于其他流众，传播的信息势能小于他人，这部分流众就成为信息接收者。据此，我们认为，流众既可以是信息传播者，也可以是信息接收者，还可以是媒介体验者和服务的提供者或接受者。在实际的新媒体传播过程中，几乎是所有的传播主体均在对某一话题表达观点、传递信息，每个人都或多或少地同时扮演了信息传播者和信息接收者的角色，并产生特定的媒介体验。因而，流众通常并非是传播者和受传者非此即彼的状态。大多数情况下，流众都处于传受一体的复合状态中。

三、流众与传统受众

作为数字时代的传播主体，流众与报纸、广播、电视等大众传播时代的受众概念有何区别？流众在不同维度下的内涵又有哪些？本书从媒介、信息、传受关系、情境、模式等多个维度，对比了流众与听众、观众、读者之间的异同（表1-1），以期为读者呈现更全面、清晰的流众内涵。

表1-1　流众与传统受众的异同

受众概念/影响因素	听众	观众	读者	流众
媒介类型	广播	电视、电影、戏剧	书本、报纸、杂志等	社会化网络、自媒体、协同创作媒体、智能终端等数字媒介
信息类型	音频	视频、音频、图像	文字、图像	文本、图像、音频、视频、体感信号
传受关系	信息接收	信息接收	信息接收	传受一体
参与情境	独处、共同收听、开车过程中	个体、家庭集体收看、公共场所观看	多为个体阅读	碎片化、随时随地参与
传播模式	一对多、一对一（接听热线）	一对多	一对一（信件）、一对多	一对一、一对多、多对一、多对多
空间范围	国家、地区，部分为全球范围	国家、地区，部分为全球范围	国家、地区，部分为全球范围	全球范围
媒介接触能力	听力	视力或听力	一定的阅读能力	一定的读写能力，掌握上网技能

受众概念/ 影响因素	听众	观众	读者	流众
接触话题	公共话题和个人情感	公共话题	公共话题	所有话题
群体状态	分散、匿名、隐秘，群体内兴趣趋同，群体间差异大	分散、匿名、隐秘，家庭观众群状态稳定	分散、匿名、隐秘，群体松散	部分实名，部分匿名，积极、活跃，群体联系紧密，互动程度高
个体间联系	基本不联系，少数通过听友活动联系	家庭观众联系紧密，与其他观众联系松散，通常以"粉丝"群体联系	联系少，部分以"笔友"方式联系	在线互动与线下交流并存
移动性	移动性好	不可移动	有一定的移动性，但多为静止接触	移动性好
能动性	被动选择收听或不收听，可有限地选择收听内容，对媒介的能动性理解能力弱，可通过电话、短信、信件等形式向传者反馈	被动选择收看，可有限地选择收看内容，可对内容作选择性，甚至抵抗性理解，可通过电话、短信、信件等形式向传者反馈	被动选择阅读，可对内容作选择性，甚至抵抗性理解，可通过书信等形式向作者反馈	参与、分享、生产、互动、即时反馈
群体特征	开车族、学生群体、民工群体和老年群体	多为中老年群体，低文化层次群体接触	知识阶层	以拥有一定计算机技能和经济基础的中青年群体为主
个体特征	有一定的情感依赖倾向	存在一定的盲从心理	理性	孤独、计算机人格、非社会性格、多元性格
主体性	主客对立，主体性被抹杀，但情感主体性得以突出	主客对立，主体性被抹杀	主客对立，主体性被抹杀，但作为理解者和研究者的主体性得以突出	主体性强

受众概念/ 影响因素	听众	观众	读者	流众
介入程度	情感介入程度高	介入程度低	智力介入程度高	沉浸其中，综合感觉介入程度高
传播效果	短期直接 长期涵化	短期直接 长期涵化	短期直接 长期涵化	一对一传播互动良好，效果明显；一对多、多对一、多对多效果不定
感官平衡	作用于听觉，感官不平衡	作用于听觉和视觉，感官趋向平衡	作用于听觉，感官不平衡	作用于视觉、听觉和部分触觉，感官更趋向平衡
传播效应	二级传播 意见领袖 沉默的螺旋 涵化效果等	二级传播 意见领袖 沉默的螺旋 涵化效果等	二级传播 意见领袖 沉默的螺旋 涵化效果等	无影灯、自组织、蝴蝶效应等
传播动因	情感依赖、信息获取、寻求娱乐	信息获取、娱乐	信息获取、娱乐、传承文化等	信息获取、社交、娱乐、自我麻痹、成瘾、追求时尚、晒客心理、哄客心理等

对比表1－1可以发现，流众与传统受众各有偏向，行为特征和信息传播模式也有显著的区别。流众最大的特点在于实现了主体性的回归。具体表现为：

流众是数字媒体传播的主体，其产生的必要条件是特定的数字媒介行为。因而，流众的内涵与数字媒体传播的特点息息相关。一是随着新媒体的不断发展，基于小世界理论的社交网站、基于知识共同创新的协同生产和基于用户生产内容的自媒体等新媒体形式的不断产生，流众的能动性才能得到极大的激发，才可能产生高度互动、人人共享、传受一体的主体形态。二是由于新媒体集文本、图像、音视频等多种信息形式于一体，实现了所有人对所有人的传播，流众才会有高度沉浸的状态，才可能趋向感官平衡。三正是因为数字网络的复杂结构和广泛渗透性和吸引力，流众才表现出较强的媒介依赖特征，他们也才借助数字媒介产生了诸多传统媒介难以企及的传播效果。

四、流众定义的合理性

本书以为，用"流众"来定义"数字媒体用户"，更为恰当地描述了数字环境下信息传播主体的生存状态，有助于我们再现数字媒介时代的"真实受众"。

流众定义的合理性在于：

一是抛弃了传受二元对立、受众被动接收的传统受众观念，实现了流众主体性的回归。传统的受众观念，将传者与受者"主—客"对立，造成传播过程中的"单一主体论"。即传播是由传者向受者传递信息的过程，传播的主体是传播者，客体是传播对象（受众）。单波在《在主体间交往的意义上建构受众观念》一文中，准确地指明了传统研究对传者和受者关系的误读："'主—客'思维方式歪曲了事实，使我们错误地认为，人的传播活动，就是传播主体向作为传播对象的传播客体传达信息以期达到某种影响的活动；大众传播就是一种媒介指向性交流，在这种媒介指向性交流中，传者与受众之间的'人际关系'不复存在……这就使我们常常把传播的假象当真相，把自我建构的传播当做普遍存在的传播。"[①]

我们界定的"流众"，将传播主体从"传受对立"的二元视角中解放出来，受众不再是大众传媒的"靶子"和"被物化的商品"，传者也不再仅仅是文化工业的标准化生产者。我们认为的"流众"，先是活生生的主体，是渴望信息自由传播的无数个体。流众，既可以是传者，也可以是受者，或者是传受一体。流众与流众之间的关系，是基于自由、平等、分享、参与等目标而建立的主体互动关系。流众是数字传播的主体，他们在比特的自由流动中，相互交流，相互分享，相互理解，相互建构；他们在比特的流动中，实现价值，传播

---

① 单波. 在主体间交往的意义上建构受众观念——兼评西方受众理论. 中国社科院新闻研究所，河北大学新闻传播学院. 解读受众：观点、方法与市场——全国第三届受众研究学术研讨会论文. 石家庄：河北大学出版社，2001. 81 - 98.

意义。

　　对于传受一体，学界早已有认识。屠忠俊和吴廷俊将传受关系的演进划分为五个阶段：第一阶段：传者本位——无视受众（以"靶子论"为代表）；第二阶段：传者中心——重视受众（以"联合御敌论"为代表）；第三阶段：传者服务——受众中心（强调传受的平等和互动性）；第四阶段：传者仆役——受众本位（以"使用与满足论"为代表）；第五阶段：传受一体（传受极限整合的最佳传播状态）。① 其指出的第五阶段，即为流众主体的存在状态。

　　那么，流众如何能够实现传受一体的极佳传播状态？作者以为，传受关系的转化主要通过两种途径实现。一种是受众理解能动性的解放，即接受分析学派所提倡的，受众对开放文本的能动性解读。如约翰·菲斯克在《电视文化》（Television Culture）一书中提出的，电视文本是"生产性文本"，受众能够根据自己的社会经验重新解释文本，生产自己的文化。当然，这种观点下的受众的能动性解读，依然是在传者主导下的受约束的能动性。另一途径为技术对人类的解放。正如波兹曼所言，"技术变革不是加法，也不是减法，而是生态上的变化。"② 首先，数字技术打破了传统因素（政治、经济、知识阶层）对媒介的信息流动的垄断权，降低了流众参与传播过程的门槛，使大众开始掌握传播的主动权，开始成为信息的传播者；其次，数字网络的去中心化，一改大众传播的"中心—发散"模式，外部力量干预信息传播的成本和阻力大大增加，信息传播的"自由度"显著提高；再者，数字媒介营造出一种明显区别于传统媒体、鼓励参与、分享的媒介文化，更是提升了流众自我呈现、参与传播的热情和动力。流众传受一体、自由自在的传播状态最终导致"能够享有网络服务的人发现他们每个人都可以是新闻最广泛的传播者，他们的观察和观点可以通过网络来发表，而无需再经过单向度、超真实、内爆'守门人'的检阅。言论自由从来没有像互联网时代这样得到媒介技术如此强大的支持。网上聊天室的畅行仿佛17世纪产生于咖啡屋的'公共领域'再次出现。"③

---

　　① 屠忠俊，吴廷俊．网络新闻传播导论．武汉：华中科技大学出版社，2002.162.
　　② ［美］Neil Postman．技术垄断——文明向技术投降．蔡金栋，梁薇，译．北京：机械工业出版社，2013.15.
　　③ 石义彬．单向度、超真实、内爆：批判视野中的当代西方传播思想研究．武汉：武汉大学出版社，2003.40.

二是更加契合数字媒介传播的本质。进入信息社会以后，数字化就成为数据、通信和虚拟关系等构成的新媒体网络中的固定结构。有学者将比特流比作是"信息变压器"①：数字传播过程中，比特成为一切信息和行为的基础语言，原子化的信息、媒介、文化和社会，裂变为内爆、超真实的比特世界。所有的信息传播都转化为比特的流动，所有主体的信息传播行为，都建立在对比特流掌控的基础之上。将比特流视为数字时代最根本的传播方式，恰好指出了信息社会的两大核心要素——数字化（比特）和网络化（流）。对于数字传播的主体而言，比特的流动也改变了社会组织、人类信息活动以及日常生活的基本形态——流众相隔万里，联系却异常紧密。新媒体传播，一改大众传播的中心发散模式，传统大众传播理论视域下的"意见领袖""二级传播""议程设置""创新扩散""涵化效果"等理论均发生了不同程度的改变，流众行为更多地表现出碎片化、互动性、分享性、生产性、去中心、网络化等新特点。因而，用流众来表述新媒体传播主体，弃用"用户""消费者""新媒体受众"等表述，更为符合新媒体传播环境下的信息传播方式。

三是更加贴近数字时代的传播景观。不同的信息媒介，产生不同的传媒奇观。古希腊、古罗马时期，一场壮观的古代奥林匹克运动会或一场勇士间的角斗表演，即为当时盛况空前的媒介图景；从美国《华盛顿邮报》记者鲍勃·伍德沃德（Woodward B.）和卡尔·伯恩斯坦（Bernstein C.）借助报纸跟踪报道所引发的"水门事件"，到罗斯福总统就任后接受美国广播公司等录音采访的"炉边谈话"，现代奥林匹克运动会、足球世界杯、美国总统大选等全球瞩目事件的电视转播，再到互联网兴起后，德拉吉报道（Drudge Report）对克林顿与莱温斯基的性丑闻的曝光，均反映出某一媒介鼎盛时期的传播影响力。

数字媒体时代的媒介景观，议题更为广泛，流众的参与性更强，信息的传播机制也更为复杂。既有引起网上舆论沸腾的"天价香烟""房叔""表叔""微博开房""我爸是李刚""贾君鹏，你妈喊你回家吃饭"等中微观议题，也有"奥巴马网络竞选总统""中东、北非颜色革命""棱镜门事件"等全球性话题。这些数字传播图景背后，隐藏着深刻的传播革命。新的传播现象——"用户生成内容"（User Generated Content）、集体智慧（Collective Intelli-

---

① 乔同舟. 复杂性理论视野下的互联网涌现现象. 四川大学硕士学位论文. 2006.

gence）、众包（Crowdsourcing）、众筹（Crowdfunding）、"无组织的组织力量"、"网络亚文化"……都是由流众创造出来的媒介奇观。新媒体传播更为私人化、平民化、自主化，信息生产、共享和交互更为自由开放，所有的社会群体和阶层都能够通过数字媒体发出自己的声音。这一背景下，流众及流众传播表现出的碎片化、生产性行为，流众之间的集体协作、众筹效应、极化行为和信息传播效应，能够更好地揭示上述图景，更有助于我们理解这个变幻莫测的数字世界。

第三节　流众的"数字画像"

流众始终处于动态演化的过程中。从个体角度看，流众在新媒体空间异常活跃，善于表达、乐于表现，却常隐藏在幕后，以文本符号的形式来呈现自己，难以辨识其真实面目。从群体角度看，流众是流动的群体，其数量和结构始终处于变化中。流众数量众多，却隐匿于世界的各个角落，没有组织归属，也无统一的行动准则，其行为模式和心理特征各有特点，难以从整体层面对其进行清晰和准确的认识。那么，现实生活中的流众到底有多少？其结构和规模呈现出怎样的统计学特征？流众的媒介行为会在统计学意义上呈现怎样的特点？国内外研究机构的统计调查①，为我们回答了上述问题，描绘出一幅清晰的流众"画像"。

一、全球流众的"数字画像"

据 Miniwatts Marketing Group② 在世界互联网统计数据网站发布的数据显示，全球流众的数量已经由 1995 年的 1600 万，增长至 2017 年 12 月的 41.56

---

①　这里借用国内外相关机构的网民调查数据来描绘流众"画像"。一是考虑到流众与网民只是在内涵方面存在差别，其在数量上是一致的；二是相关机构的调研，是基于互联网的使用行为而进行的。他们在调查过程中，并未严格区分互联网、数字媒体、新媒体等概念，他们进行的是广泛的数字媒体使用行为调查，因而，相关数据也适用于流众研究。

②　Miniwatts Marketing Group 成立于 1997 年，致力于全球互联网统计数据调查，并提供全球互联网数据服务。www.internetworldstats.com 为其发布全球互联网数据的官方网站，本书引用的世界互联网发展数据均来自该网站。

亿，增长近 26 倍；全球网民的人口渗透率由 1995 年的 0.4% 增长至 2017 年底的 54.4%，增长了 10 余倍。特别是进入新世纪以来，全球流众的规模和渗透率增长更加迅速，每年的流众数量以亿级增加，人口渗透率每年以 2%—3% 的速度快速增长，这种增长势头依然在持续，显示出互联网新媒体的强大的渗透性和旺盛的生命力。

从地域分布上看，亚洲的流众数量最多，但普及率偏低；北美的网络媒体普及度最高，欧洲和澳洲次之。非洲和中东地区的流众数量和普及率不高，但增长迅速，如表 1-2 所示。

表 1-2　世界互联网用户和人口统计情况（2017 年 12 月）

WORLD INTERNET USAGE AND POPULATION STATISTICS
DEC 31，2017 – Update

World Regions	Population (2018 Est.)	Population % of World	Internet Users 31 Dec 2017	Penetration Rate (% Pop.)	Growth 2000—2018	Internet Users%
Africa	1,287,914,329	16.9%	453,329,534	35.2%	9,941%	10.9%
Asia	4,207,588,157	55.1%	2,023,630,194	48.1%	1,670%	48.7%
Europe	827,650,849	10.8%	704,833,752	85.2%	570%	17.0%
Latin America / Caribbean	652,047,996	8.5%	437,001,277	67.0%	2,318%	10.5%
Middle East	254,438,981	3.3%	164,037,259	64.5%	4,893%	3.9%
North America	363,844,662	4.8%	345,660,847	95.0%	219%	8.3%
Oceania / Australia	41,273,454	0.6%	28,439,277	68.9%	273%	0.7%
WORLD TOTAL	7,634,758,428	100.0%	4,156,932,140	54.4%	1,052%	100.0%

各大洲用户占世界互联网用户比重，如图 1-2 所示。

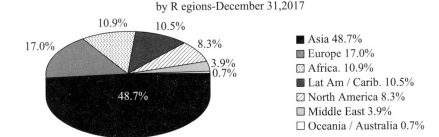

Internet Users in the World
by R egions-December 31,2017

- Asia 48.7%
- Europe 17.0%
- Africa. 10.9%
- Lat Am / Carib. 10.5%
- North America 8.3%
- Middle East 3.9%
- Oceania / Australia 0.7%

Source: Internet World Stats-www.internetworldstats.com/stats.htm
Basis: 4,156,932,140 Internet users in December 31, 2017
Copyright © 2018, Miniwats Marketing Group

图 1-2 各大洲用户占世界互联网用户比重（2014 年第二季度）

各大洲流众占大洲总人口的比例，如图 1-3 所示。

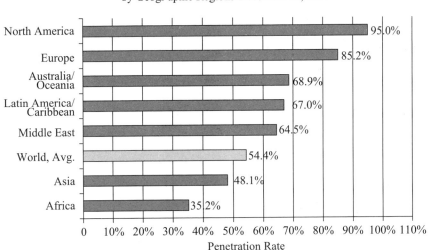

Internet World Penetration Rates
by Geogr aphic Regions-December 31, 2017

图 1-3 各大洲流众占大洲总人口的比例（2017 年 12 月）

　　在互联网快速发展的背景之下，数字技术、新应用迅速崛起，用户绝对数量和人口渗透率呈爆炸性增长态势。以全球著名社交网站 Facebook 为例，2004 年该网站创建时，在哈佛大学的注册用户仅以万计。到 2007 年 7 月，Facebook 活跃用户已达三四百万，其在全美网站中的排名由第 60 名上升至第 7 名。到 2010 年，Facebook 已跻身世界 500 强企业，网站访问量在美国网站总访问量中占比 7.07%，跃居美国第一。2017 年，Cereja Technology 发布报告显示，Facebook 在全球用户数已达 19.78 亿。

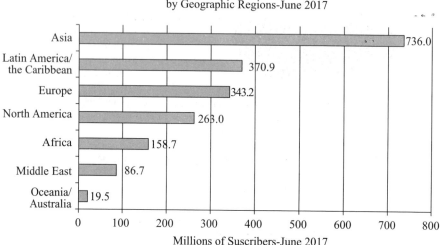

FACEBOOK Subscribers in the World
by Geographic Regions-June 2017

Source: Internet World Stats-www.internetworldstats.com/facebook.htm
Basis: 1,978,243,530 Facbook subscribers estimated in June 30, 2017
Copyright © 2017, Miniwats Marketing Group

图 1-4 全球各地区的 Facebook 用户数量

中国人口基数大，流众数量多，占世界流众总量比重较大。Miniwatts Marketing Group 统计数字显示，全球中文流众数量占世界流众总数比为 19.4%（如表 1-3 所示）。我国的流众总量占全球流众量比为 18.57% 左右。尽管中国的流众数量占人口比例为 55.4% 左右，但与日韩等发达国家将近 90% 的渗透率相比，还有很大的差距。

表 1-3 中文网民数量占全球网民数量的比例

LANGUAGE	Population (2018 Est.)	% Pop. of World	Internet Users 31-Dec-2017	Penetration (% Population)	Users % World	Facebook 31-Dec-2017
Chinese Speakers	1,452,593,223	19.0%	804,634,814	55.4%	19.4%	29,680,000
Other Languages	6,182,165,205	81.0%	3,352,297,326	54.2%	80.6%	2,089,380,152
WORLD TOTAL	7,634,758,428	100.0%	4,156,932,140	54.4%	100.0%	2,119,060,152

MANDARIN SPEAKING INTERNET USERS AND POPULATION –2018

表 1-4 世界前十语言的互联网用户统计情况

Top Ten Languages Used in the Web – December 31，2017

（Number of Internet Users by Language）

TOP TEN LANGUAGES IN THE INTERNET	World Population for this Language （2018 Estimate）	Internet Users by Language	Internet Penetration （% Population）	Internet Users Growth （2000 –2018）	Internet Users % of World Total （Participation）
English	1,462,008,909	1,052,764,386	72.0%	647.9%	25.3%
Chinese	1,452,593,223	804,634,814	55.4%	2,390.9%	19.4%
Spanish	515,759,912	337,892,295	65.5%	1,758.5%	8.1%
Arabic	435,636,462	219,041,264	50.3%	8,616.0%	5.3%
Portuguese	286,455,543	169,157,589	59.1%	2,132.8%	4.1%
Indonesian / Malaysian	299,271,514	168,755,091	56.4%	2,845.1%	4.1%
French	127,185,332	118,626,672	93.3%	152.0%	2.9%
Japanese	143,964,709	109,552,842	76.1%	3,434.0%	2.7%
Russian	405,644,599	108,014,564	26.6%	800.2%	2.8%
German	94,943,848	84,700,419	89.2%	207.8%	2.2%
TOP 10 LANGUAGES	5,135,270,101	3,206,613,856	62.4%	1,091%	77.1%
Rest of the Languages	2,499,488,327	950,318,284	38.0%	935%	22.9%
WORLD TOTAL	7,634,758,428	4,156,932,140	54.4%	1,051%	100.0%

二、中国流众的"数字画像"

CNNIC 第 41 次中国互联网发展报告显示，截至 2017 年 12 月，我国流众规模达 7.72 亿，全年共计新增网民 4074 万人。互联网普及率为 55.8%，较 2016 年底提升了 2.6 个百分点。

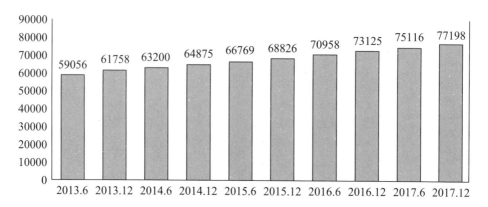

图1-5　2013年—2017年中国网民规模和互联网普及率增长情况（单位：万人）

数据来源：中国互联网络信息中心（CNNIC）

流众的地域（城乡）和学历分布，如图1-6所示。

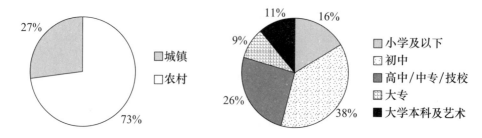

图1-6　中国网民地域（城乡）和学历分布（2017年12月）

数据来源：中国互联网络信息中心（CNNIC）

流众的年龄和收入分布，如图1-7所示。

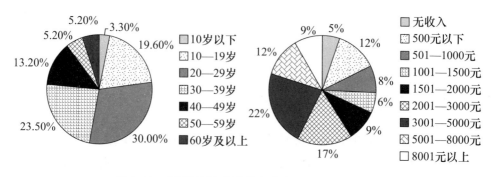

图1-7　中国网民年龄和收入分布（2017年12月）

数据来源：中国互联网络信息中心（CNNIC）

流众的网络应用接触分布，如图1-8所示。

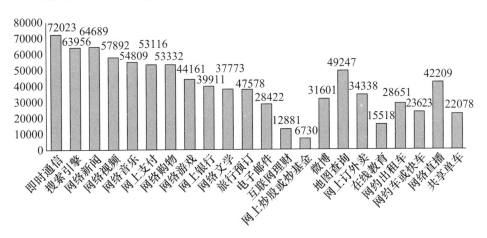

图1-8　中国手机网民使用最多的10大应用（2017年12月）

数据来源：中国互联网络信息中心（CNNIC）

流众的职业情况分布，如图1-9所示。

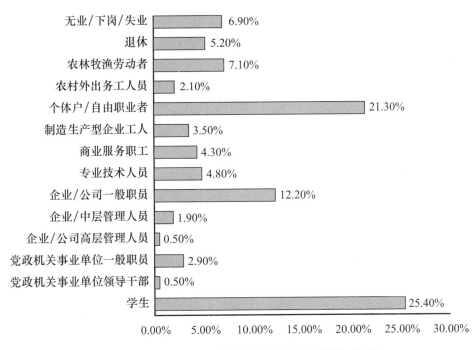

图1-9　中国手机网民的职业分布情况（2017年12月）

数据来源：中国互联网络信息中心（CNNIC）

三、流众的统计学分析

我们可以从以上统计数据中得出以下几点结论：

网络新媒体发展迅速，流众整体规模稳步增长。

世界范围内，发达国家和发展中国家的网络普及率和流众规模存在较大的差距；发达国家的网络新媒体占据了大部分发展中国家的新媒体市场。

与传统互联网相比，网络新技术、新应用增长异常迅速。无论从全球著名社交网站 Facebook 的发展轨迹，还是国内互联网发展状况来看，网络即时通讯、网络视频、网络游戏、网络购物、在线支付、在线社交等网络应用形式，均位于新媒体使用率的前列。

我国的流众绝对数量庞大，但与发达国家相比，我国流众的结构和媒介行为有待于进一步优化。

我国的网络新媒体已经入普及化阶段，我国大部分流众的基本社会特征为：10—50 岁之间、初中以上学历、月收入在 3000—5000 元之间，城市居民较多，以学生、个体从业者/自由职业者、公司职员为主。

我国大部分流众接触数字媒体以实用目的为主，如休闲娱乐、信息浏览等，其次才是个人意见表达和利益诉求。

第四节 "流众"的类别与特征

一、流众的类别

流众数量庞大，种类繁多。依照不同的视角，可对流众作不同的划分。传统研究对网民类别的划分已经比较成熟。按照媒介接触时间的长短分为：轻度上网者、中度上网者、重度上网者、职业上网者或网络成瘾者；按照参与传播的目的分为：信息获取者、娱乐休闲者、网络学习者、网络社交者、职业工作者。按照参与网络应用形式的不同，又可分为门户网站用户、论坛网民、自媒体用户、社会化网络用户、在线协作用户等。

有学者已尝试对数字媒体用户做了新的类别划分。胡泳将数字媒体用户分为"数字化土著"（digital natives）和"数字化移民"（digital immigrants）①。他认为，"数字化土著"与科技一起诞生，也一起长大，通过同化，孩子们早就视科技为他们生活环境的环节之一，与周遭的其他事物融为一体。"数字化移民"对科技却必须经历截然不同且较为艰难的学习过程。他们好像现实世界中新到一地的人，必须想出各种办法来适应面前的崭新数字化环境。还有一类人被称为"数字难民"（Digital refugees），指的是"那些因为经济、社会、文化等原因更远离数字文化的群体。"② 祝华新认为，依托于网络新媒体，中国已经出现了一个"新意见阶层"。当前我国网络空间的舆论力量可分为：草根民粹、大网络社群（左翼、右翼）、有影响力的个体网友等③。沈阳将微博粉丝分成四类："钢丝"、"弱丝"、"恶丝"和"僵丝"。"钢丝"通常基于稳定的情感支持，关注博主自身的情感生活；"弱丝"则能够对博主的观点进行相对客观的评价，给出较多的不同意见，砥砺博主的言论；"恶丝"则言辞激烈，恶言恶语锤炼博主挨骂的能力，考验博主的修养，让博主"越挫越勇"；"僵丝"则是滥竽充数的。④ 丁正洪根据扮演角色的不同，将社会化网络用户分为：常规网人——他们数量庞大，他们是广袤宇宙空间中的绚烂群星，默默地按照既定规则待在各自的星系文明里，被动地成为了宇宙波澜壮阔的主背景，在时间流逝中，经历酸甜苦辣的一生，是社会化媒体时代最可爱的人。草根红人——他们可能在现实生活中默默无闻，但是却能在网络上大放异彩。认证达人——他们依附于组织机构，有着体面的社会身份和受过较好的教育，在微博上针对某些熟知的领域积极发言，有时候甚至能左右话题的走向，并带来一定的价值影响。围观路人——网络世界的静静围观者。非自然人——企业、媒体、政府等机构。⑤

上述维度的网民划分标准依然适用于流众。同时，为了揭示流众行为的复

---

① 胡泳.信息渴望自由.上海：复旦大学出版社，2014.59.

② 参见百度百科.数字难民.http：//baike.baidu.com/link？url＝j8iCEa8Iqo4rXzUBfLaLLZC0g9NsU0cCeqL8DI4Ksv6ogTEKY93Zod－Qp5IVAQLFbcA7kIjESCLNp9h9sYBIza.

③ 参见http：//mp.weixin.qq.com/s？＿＿biz＝MzA4MjMwODUwNQ＝＝&mid＝201046727&idx＝3&sn＝6f80e9409bb98e60e21a9e19f91db2ee&scene＝0#rd.

④ 朱海松.微博的碎片化传播——网络传播的蝴蝶效应与路径依赖.广州：广东经济出版社，49.

⑤ 转引自丁正洪.社会化生存——社会化媒体十大定律.北京：中信出版社，2014.21－23.

杂性缘由，有必要对不同流众类别的支配性力量稍作分析。流众总是以特定的符号面貌出现在数字媒体中，对于隐藏于流众身后的支配性力量的辨别，有助于我们更好地理解受众的主体性和行为特征。流众并非总是以个体的面貌呈现在数字生活中。正如丁正洪关于网络"非自然人"所描述的，政府、社会组织、商业力量、大众传媒等诸多非个人的力量，以多种名义参与到数字媒介传播过程中来，他们也是流众的重要组成部分。如政府部门通过设置官方网站、官方账号等形式与广大流众沟通；社团和商业组织也设立官方渠道，借助线上推广、广告宣传，来提高自身的影响力，或达到某一目标；大众传媒通过将自身内容的网络化或直接在新媒体空间内搭建传播平台，实现特定信息传播和赢利的目的。比较而言，当前个体流众仍然占据了流众总体的绝大部分比例。特别是新媒体发展进入 2.0 阶段以后，受制于体制、审核等多重因素的影响，与个体流众相比，非个体流众的活跃程度和频度明显偏弱。

比照社会学"三缘"（血缘、业缘、地缘）对群体的划分，流众的群体还可分为地缘群体、业缘群体和趣缘群体。地缘群体多出现在网络社交过程中，如某一地域的网上交友社区。还有一些地缘流众，因为同乡的关系而结成群体，他们多在同乡群、同乡社区中聚集。业缘群体通常以学业和工作相关为"缘"结合在一起，这一群体因学习、工作性质相同或相近，在网上交流互动。趣缘群体是数字空间中数量最多的群体，趣缘群体因拥有相同的兴趣、爱好聚集在一起的聚集用户，如音乐网站、新闻网站、围棋网站、影迷网站及各种游戏网站等。"趣缘"与克莱·舍基"湿"的概念有异曲同工之妙。胡泳在翻译舍基的《未来是湿的》一书时说："未来在本质上是湿乎乎的……人与人之间可以凭一种魅力，相互吸引，相互组合……凭感情、缘分、兴趣快速聚散；而不是像机关、工厂那样'天长地久'地靠正式制度强制待在一起。"[①]"'湿'的概念的确能够非常形象地说明现在人们的关系，特别是互联网时代的技术发展所带来的一种趋势——人和人可以超越传统的种种限制，基于爱、正义、共同的喜好和经历，灵活而有效地采用多种社会性工具联结起来，一起分享、合作乃至展开集体行动。这种关系是有黏性的，是湿乎乎的。在可以预

---

① ［美］克莱·舍基. 未来是湿的——无组织的组织力量. 胡泳，沈满琳，译. 北京：中国人民大学出版社，2009.5.

见的未来，能否察觉和利用这种关系和力量的改变，有着至关重要的意义。"①胡泳在看到"湿"的优点的同时，也敏锐地意识到"湿"对现实社会的挑战性："人们拥有了在机构之外组建群体、共同行动的能力，这是巨大的变化，它不是对当今社会的一种改进，而是一种挑战。"②

二、流众的特征

数字技术是信息时代的主导隐喻。数字技术不仅是一种技术方式，还是一种传播方式，它改变我们的社会关系和公共意识，模仿我们的思维，学习我们的习惯，并迎合我们的欲望。换言之，数字媒介正在创造流众思考的工具，设置流众的兴趣点，改变流众的思考和表达习惯，进而改变流众的感觉、心理和行为。数字技术和新媒体正在改变世界，也在改变流众，当然也包括流众的个性和特征。

（一）"单向度"—反抗、抵制

马尔库塞在《单向度的人》一书中批判了当代工业社会的弊端，同时提出了"单向度的人"这一著名命题，意谓发达工业社会在利用技术发展生产的同时，也在利用技术压抑人的否定性、批判性、超越性的向度，使人丧失批判思维的能力，从而沦为资本主义制度统治下的"单向度的人"。在这一过程中，媒介是"单向度传播"的基本手段，也是人丧失自由和创造力的重要推手。媒介借助意识形态操控和"催眠"的手法，营造出虚假的社会景象和大众需求，使受众失去个性和自主性，成为麻木屈服于媒体和既有社会秩序的"单向度的人"。虽然"单向度"的观点有些夸大其词，与实际情况有一定的出入，但不得不承认，既有社会体制下的大众传媒的确在社会秩序的维护方面，扮演了重要的"卫道士"角色，受众已然在大众传媒的"催眠"下，至少是部分丧失了原有的批判力。

信息时代的数字媒介依然难逃意识形态的控制，继续扮演着既有秩序守护者的角色，流众也依然承受着来自数字技术、数字媒介的迷惑和压迫，被迫屈

---

① ［美］克莱·舍基. 未来是湿的——无组织的组织力量. 胡泳，沈满琳，译. 北京：中国人民大学出版社，2009.7.
② ［美］克莱·舍基. 未来是湿的——无组织的组织力量. 胡泳，沈满琳，译. 北京：中国人民大学出版社，2009.11.

服于技术的合理性，走向"单向度"的一面。但数字技术在被用来"压服那些离心的社会力量"的同时，也为流众的"反抗"和"抵制"创造了条件。流众通过制造"快感"①来表示"反抗"，并通过以下途径获取"快感"：

一是通过表演获取。流众刻意编排、包装生活中的事物和行为，并分享到特定的网络社群，在与他人的互动、分享中获得。

二是通过生产内容获取。主要表现在流众主动参与某一内容的创作或对某一内容的解读过程中。数字媒体的低门槛，使流众可任意就某一主题深入创作，对特定内容作任意的解读，并将之分享于众。流众就在这些受人关注的UGC和DIY之间获取建设、分享的快感。

三是通过直接反抗获取。对世俗、主流、权威、陈规观念的反抗，也是流众获取快感的重要途径。比如近些年流行的对正规影像的拼贴、对传统文化的戏仿和恶搞等，都是流众反抗的重要表现形式。流众通过上述手法，将原有的文本去背景化和语境化，在拼贴的新语境中缔结新的能指与所指的关系，建立新的逻辑与意义，实现对原有意义的反讽。在政治领域，更为真实、直接的流众反抗，还表现为对现有政权的颠覆和社会秩序的重建等。

流众对现实社会中的丑恶、阴暗面进行鞭挞和讽刺，打破既有社会秩序和观念，他们"不但善于破坏一个旧世界"，"还善于建设一个新世界"，最终形成了带有"边缘""草根"特征的网络文化和网络文化群体。令人欣喜的是，在霸权与反霸权的斗争中，流众的"反抗"愈发占据上风。

（二）理性—非理性

哲学观点认为，理性是人类的本质，是人之所以是人的本质特征。理性表现为一种超现实的批判能力，这是人区别于动物的重要标志。在批判研究中，理性成为重要的概念，工具理性成为传媒批判的重要研究对象。法兰克福学派认为，工具理性倡导工具崇拜和技术主义，过分强调功效和实用目的，漠视人文情感和精神意义，最终导致人的精神与事件分离，使人产生顺世主义的思维方式，

---

① 费斯克将大众的快感分为两种类型：一种是躲避式的快感，它们围绕着身体，而且在社会意义上，倾向于引发冒犯与中伤；另一种是生产诸种意义时所带来的快感，它们围绕的是社会认同与社会关系，并通过对霸权力量进行符号学意义上的抵抗，而在社会的意义上运作。

沦为文化工业的"操纵品"。霍克海默尔在《工具理性批判》一书中写道，由于人的思维服从于机器工业生产体系，人们习惯于像机器人一样对各种指令作出反映，这种程式化的思维使人越来越像机器一样生活。显然，法兰克福学派片面强调技术对理性的消极影响，忽略了技术追求客观、真理的本质，但他们对工具理性的批判依然对于揭示传媒工业操控下的受众状态有重要的推动意义。

在理性与非理性之间游离成为流众的重要特征。人类进入媒介社会以后，工具理性在媒介意识形态的操控下更为盛行。传媒工业通过操控大众意识形态，削弱受众的批判意识和人文精神，使受众沉迷于文化工业所营造的娱乐氛围中，弱化了其反抗和批判的能力。当然，必须承认，传统媒介时代的受众理性依然存在，只是受众表达和行动的能力受到了一定的限制。在数字传播时代，流众身上的理性和非理性特征共存，且表现出更加明显的极化特征。一方面，数字技术赋予了流众前所未有的传播参与权，提升了流众的个人价值感。流众不再是"乌合之众"和"沉默的大多数"，而是成为抵抗"霸权"、消解文化工业的中坚力量。他们借助自媒体等多种表达形式，掀起了一场盛况空前的反"霸权"抗争。另一方面，数字技术又比以往传媒技术表现出更多的技术主义特征。就纯技术层面来讲，数字媒介更加趋向于推崇工具理性的发展。借助数字媒介，更容易实现对流众群体的意识形态控制。以计算机和通信网络为基础的数字媒介，是完全遵从数字逻辑的"冷冰冰"的指令机器。数字媒体技术整个运作、发展的过程，与人文精神几乎没有关联。相反，数字媒体还引导流众走向一条相反的道路：遵从规则、秩序，尊重理性，顺从计算机硬件和软件的工作原理。有学者担心，随着这一趋势的不断发展，"也许人类将变成半机械人，也就是一半计算机一半人类生物。"①

（三）精英主义—草根②文化

现代社会是由精英主导的社会，倡导对权威性、专业性的尊重和崇拜。从

① ［荷］简·梵·迪克. 网络社会——新媒体的社会层面（第二版）. 蔡静，译. 北京：清华大学出版社，2014. 285.

② "草根"一词，源自英语"Grass roots"。据称始于19世纪处于"淘金热"之中的美国，当时盛传山脉土壤表层草根生长茂盛的地方，下面就蕴藏着黄金。于是"草根"就有了"基层、基础"之意，并引申为"群众"。被社会学引用后，"草根"成为与主流文化精英或精英阶层相对的弱势阶层的代称。引自：风君. 网络新新词典，北京：新世界出版社，2012. 10. 43

批判角度来讲，作为现代社会的重要"霸权装置"①，大众传媒被作为统治集团的精英所控制，也必然倡导专业化的采编、把关原则。现代国家借助报纸、广播、电视等大众传播形式控制"市民社会"②，以维护既有社会秩序。从现实角度来看，人类社会的发展、科技的进步，很多时候也是由精英主义和专业主义所推动。对于大众传媒而言，专业主义的选编、制作、播出水准既保证了高质量的传媒文化和传播效果，也是促进传媒行业繁荣和媒介迭新的重要推动力，新闻专业主义所倡导的客观、中立、科学原则，也在很大程度上保证了传媒行业与人类社会的同步发展。但专业主义所倡导的对精英、极致、完美、进步等观念的追求，客观上也造成了忽略"平凡的大多数"的后果，平凡、草根、基层等群体的诉求被精英主义压制，得不到有效的表达。这一现象在大众传播中表现得更为突出。无论是报纸的深度报道，还是广播电视的专业化细分，均走在一条与社会大众分道扬镳的道路上。即便我们也会偶尔在电视屏幕上看到励志的草根故事，或者观看一些打着"平民、草根"招牌的选秀节目，仿佛从中看到了你我身边"每一个平凡人的身影"，并为此感同身受，甚至是痛哭流涕。但这只是精英主义的故弄玄虚，只是专业话语一手炮制的包裹着"草根外衣"的媒介假象，其本质依然是专业主义和精英主义。因为在这一过程中，社会大众始终与主流话语权相去甚远，始终被主流意识形态所操控。相反，社会大众感同身受的程度越深、哭得越惨，越是凸显专业主义的胜利。

数字时代，新媒体的"霸权装置"功能依然存在，且被发挥得更为巧妙和淋漓尽致。这是因为，国家政权、市场经济依然是数字新媒体产生、运作、发展的决定性力量，数字新媒体也必然遵循国家和市场所倡导的社会规则和价值取向。从这个角度讲，数字媒体依然是专业主义和精英主义统治的话语场。这种统治主要表现在两个方面：一是几乎所有的数字新技术、新应用的创新都是由技术精英所创造的，这其中遵循的依然是专业主义的逻辑和价值取向；二是数字新媒体的大部分高质量内容依然是由专业化的传媒机构所制作的，大部分媒介话语权依然被"意见领袖"所主导，因而大部分流众所接受的数字信息依然是专业主义、精英主义的。这看似是一个令人绝望的结果，但专业主义

---

① 意大利学者安东尼奥·葛兰西（Antonio Gramsci）在《狱中札记》一书中提出。
② 意大利学者安东尼奥·葛兰西（Antonio Gramsci）在《狱中札记》一书中提出。

也有稍不留神的时候——数字技术为流众打破精英主导的"媒介霸权"留了一个"豁口"，数字媒体的低门槛、低成本、去中心特性，使流众可以便捷地参与到数字传播过程中来。数字媒体突破了大众传媒时代传统的由精英阶层向平民阶层传输信息的传播模式，为平民提供了传播信息的工具和参与社会问题讨论的机会。更为重要的是，"媒介中传统的看门人都被席卷而去，都被压倒了"[①]，数字媒体成为普世的发行系统，任何人都可以参与其中。这直接促成了草根群体的崛起，也意味着平民文化、大众文化的生长和流行。费斯克曾说，"一个文本要成为大众文化，它必同时包含宰制的力量，以及反驳那些宰制性力量的机会"[②]，将这句话中的"大众文化"换成"草根文化"或许更为适用，草根文化是流众群体自己创造出来的，与精英文化有显著的区别。这种区别表现为：草根文化鲜活、活泼、生生不息、肆无忌惮、充满叛逆和反讽意味，不登大雅之堂，却有强大的凝聚力和顽强的生命力。

草根文化的崛起和反叛，对居于正统地位的精英文化构成威胁，也受到了精英文化的"围剿"和"扼杀"。在反抗与霸权的斗争中，草根文化的胜利往往是短暂的：一是因为在反抗初期，"草根"反抗的直接动力来源于反抗过程中带来的"快感"和可期的回报，一旦精英主义向"草根"招安，对草根许以些许优待，结果往往是草根群体退却，销声匿迹，甚至站到了精英主义的立场。一旦获得主流价值认可，大部分草根群体就会化身为专业人士，按照精英主义的价值观生存、行事。二是代表主流意识形态的精英阶层也不会允许草根阶层的彻底反叛，当国家统治中的"文化霸权"开始不起作用的时候，"暴力机器"就开始启动，这样一来，萌芽状态的"草根文化"便会很快被扼杀。

当然，作者并不认同所有的草根文化都是有益的，或者说以流众为主体所创造的草根化、业余化趋势没有丝毫的负面影响。美国学者安德鲁·基恩（Andrew Keen）郑重提醒道，"'高贵的业余者'，正中 Web2.0 文化革命的下怀，并威胁到我们的知识传统和制度。在某种制度上，用数字技术武装起来的业余者就像卢梭所说的'高贵的野蛮人'，他们企图用无知代替经验，用浪漫

---

① ［美］保罗·莱文森. 数字麦克卢汉. 何道宽，译. 北京：社会科学文献出版社，2001. 23.

② ［美］约翰·费斯克. 理解大众文化. 王晓珏，宋伟杰，译. 北京：中央编译出版社，2006. 25.

主义的幻想代替启蒙运动以来的智慧和常识。"① 事实也证明，业余者往往并不高贵。流众对经典和权威的过分解构，产生了娱乐化、肤浅化、拼贴化和碎片化的创作导向。他们过分强调"破坏旧世界"，却不知如何"建设一个新世界"。流众在一味地鞭挞、反讽的过程中，少见人文关怀，也少见兼备系统性、深度性和创新性的文化作品。长此以往，势必导致"草根文化"走向价值虚无，导致流众走向浮躁无知。

本书所倡导的是博大包容的新媒体文化，是精英主义和草根阶层相倚共生的网络文化。理想的情形是，数字精英引领着新媒体文化的前进方向，创作出精彩纷呈的优质数字文化，草根阶层亦可以获得自由的话语权，可以自由地表达自身的利益诉求。精英与草根在包容中共生，在斗争中成长。

（四）个人主义—集体协作

美国社会学者巴里·威尔曼（Barry Wellman）等人分析了前工业时代、工业时代和互联网时代的基本特点，并将这三个时代的社会结构总结为三个模式②：

前工业社会的结构是"小盒子结构"（Little Boxes）。这一阶段，社会网络建立的基础是物理空间的共存感。这种模式下的社区空间性很强，其社会活动通常限定在一定的场所范围之内，因此，这种社区通常具有全方位、结构严谨、封闭性强的特点。"小盒子结构"中的主导社会关系是邻里关系，建立和维系社会网络的主要模式以户对户（Door To Door）的面对面传播为主。随着交通工具和传播技术的发展，物理空间对社会网络的束缚逐渐被削弱，出现了第二种典型的社会结构模式，即"全球地方化的社会网络"（Glocalized Networks）。这种结构的重要意义在于地区之间的联系明显得到了增强。在科技的

① ［美］安德鲁·基恩. 网民的狂欢——关于互联网弊端的反思. 丁德良，译. 海口：南海出版公司，2010. 35.

② 参见 Haythornthwaite, C., and Wellman, B. 2002. The Internet in Everyday Life：an Introduction. In The Internet in Everyday Life, eds. B. Wellman and C. Haythornthwaite. Oxford：Blackwell. Wellman, B. 2002. Little Boxes, Glocalization, and Networked Individualism. In Digital Cities Ⅱ：Computational and SociologicalApproaches, eds. M. Tanabe, P. Besselaar and T. Ishida, 10 – 25. Berlin：Springer—Verlag. 转引自盖博，杨伯溆. 新媒体时代的社会结构：互联网、手机与网络个人主义的兴起. 中国传媒大学电视与新闻学院. 新闻传播学前沿. 2006. 北京：中国传媒大学出版社，2007. 242 – 249.

协助下，本地的组织、群体和个人可以与外界直接连接，对地方环境的依赖性有所减弱，这也是工业化和城市化深入的结果。这种社会结构尽管在更广泛的空间中建立了更加复杂的社会网络，但是地方仍旧是这种模式的重要参照，其传播的主要途径体现为地方对地方（Place To Place）的连接，社会个体仍旧在相当程度上依附于特定的场所。

当前的社会结构正在向第三个模式转变，即"社会人际关系已经网络化了的个人主义"（Networked Individualism）。威尔曼将"网络个人主义"解释为："每个人分别通过其个人的社会网络获取信息、协作、秩序、支持、社交和归属感"。在这一模式中，"网络个人主义"表现出明显的社会网络个人化趋势，或者说是以自我为核心的个人化社会网络。这其中蕴含两层含义：一是物理场所被颠覆，社会网络的建立由地方对地方的连接，转向个人对个人的连接。与前者相比，后者的社会结构组织更加松散，分布更为广泛，个体与他人或组织建立关系的成本较低、可能性增强，同时对物理场所的依赖进一步降低；二是个体的社会角色呈现出多元化和漂移化特点，个人角色的产生与定位不再依赖社群，而是在不同的社区和角色之间不断转换。这种转换的目的在于维持以个人为中心的发散式的复杂社会网络，并借此最大限度地储备和使用社会资源。

在网络个人主义的形成过程中，数字新媒体扮演了重要的角色。一方面，它通过全球化的连接，使流众可超越物理场所等现实因素的制约，通过虚拟社区创造更多的社会联系。另一方面，流众还可以将现实社会联系映射到网络空间，即便物理场所和现实社区发生迁变，已有的社区关系不仅继续保持，还可以在数字网络中得到进一步发展。当然，也有学者对"网络个人主义"的兴起持悲观的态度，他们认为新媒体只是构筑了"社区的幻想，它引诱人们远离家庭和社区"[1]，最终导致流众陷入"交往繁荣"的假象之中。

与"网络个人主义"以自我为中心，远离鸡犬相闻的邻里关系不同，另外一种倡导分享、奉献、协作、共赢的"协作生产"模式也悄然在新媒体时代萌芽生长。其实，协作生产并非新鲜事物，早在人类诞生初期，就通过集体

---

[1]　转引自中国传媒大学电视与新闻学院. 新闻传播学前沿, 2006. 北京：中国传媒大学出版社, 2007. 245.

合作来狩猎。只是网络新媒体让人类的这一古老行为发扬光大，并使之蔚为壮观。反向来看，数字媒体的产生与发展也是群体协作和智慧的产物。"互联网之所以拥有海量的内容，一个重大原因就是它构成了人类历史上最大的自愿项目之一。"① "它的许多重大进步是由个人之间的合作来完成，许多人彼此从未见过面，他们在网络上一起工作，无偿地贡献着他们的构想"②。换句话说，新媒体本身就是协作媒体，其价值和能量主要来自流众的积极参与，来源于流众之间的社会化分享和联系。

数字媒体时代，流众的个人主义和协作分享有冲突之处：以个人为中心的网络关系构建势必会损害流众分享、协作的无私性。反之，再成熟的协作分享模式也必须建立在保障个体利益的基础之上。但上述冲突并不妨碍这两种趋势的并行发展：首先，网络个体主义以虚拟社区的建构和交往为手段，与他人协作、分享是流众在这一过程中必不可少的手段和行为；其次，流众协作分享的动机和目的，还是偏个人化的。只是这种个人动机有直接和间接、行为和心理、短期和长远之分。总之，数字时代是"人人时代"，"人人为我，我为人人"是流众的生存法则，亦是流众的未来所在。

当然，除上述几种辩证关系外，流众自身还表现出一些复杂的性格特征。

首先是多重自我。在工业革命之前，人们生活在一个有稳定结构的社会框架之中，个人的社会角色是固定的。然而，在数字信息时代，这种静态的身份观念已难以为继，多重自我、分裂存在成为流众的一大特征。流众在数字空间中所扮演的社会角色的数量明显多元化了。就像戈夫曼在"拟剧论"中所说的，流众在新媒体的种种行为也是在表演。在"前台"，流众建构并完善自己的面具，希望自己的形象能够被他人和社会所接受；在"后台"，流众放松、休息，为前台表演做准备，并掩饰不能在"前台"表现的行为。一般而言，"后台"是人们可以隐藏的私人区域，但在新媒体空间，流众却刻意地混淆"前台"和"后台"行为，模糊公域与私域的界限，并企图通过这种"后台"行为的曝光与回归，确认真实的自我存在。抑或，流众将用于准备"前台"

---

① ［美］克莱·舍基. 未来是湿的——无组织的组织力量. 胡泳，沈满琳，译. 北京：中国人民大学出版社，2009.9.

② Thomas L. Friedman, The Lexus and the Olive Tree: Understanding Globalization (New York: Anchor Books, 2000), PP. 62 - 63.

表演的"后台"行为推至幕前，直接在数字媒体中表演了起来，以借此吸引更多的注意力。此外，由于新媒体行为的表演性，大多数流众的行为并非真实的自我呈现，这使那些将"真实自我"暴露在数字环境中的人，更容易与他人形成亲密的人际关系，这就像人们在坐火车时容易与相邻而坐的陌生人亲密交谈一样，形成了"亲密的陌生人"效应。这一效应的后果是，"一方面让巧遇、邂逅成为缘分的最佳注脚，另一方面又让人把隐私的边界悄然向外推延……"① 有人将这一现象看作身份认同危机，莫尔（Mul，J.）却认为："无论是谁，都能够把自己在线的身份取之有道与其日常生活的身份统一起来，因此，没有理由说他要比那样保持离线身份的人在精神上更为病态。或许，按照后现代社会的观念来看，他甚至是更为健康的人……由此观之，发展多重人格是面对信息社会的社会文化生活的变化所作出的一种正常而健康的回应——未必更为卑下或者更为病态，而是明白无误的迥异其趣。"② 这也正如南歌子所言，"网络文化的面具正是人们精神家园的后台，于是在此处开放的分享、裸露的交流也由异态变成了常规。于是身体成了最精致的消费品，通过将网络文化'后台化'，人们暴露着自己的隐性身份，享受着人们的关注，招摇过市，并在这样充分的随意性生存之中享受存在感的肯定与快感。"③

其次是交流困境。这里的困境有两层含义：一是长时间的网络交流占据原本属于家庭成员、朋友之间、社区成员之间的交流时间，导致流众的现实交流比重大大降低；二是长时间的人机交互导致流众封闭孤僻、过分自我的性格的养成。流众"常常因为忙于关注社会化媒体而忽视与生命中最重要的人们进行面对面的交流"④。长期沉浸于新媒体，流众社交的愿望与能力都在下降，以至于在公共场合讲话都怕得要命。与参加社交活动相比，流众认为"躲在电脑后，通过发送即时消息或在社会化媒体上写评论的方式处理棘手、尴尬的

---

① 夏德元．电子媒介人的崛起——社会的媒介化及人与媒介关系的嬗变．上海：复旦大学出版社，2011．138．

② ［荷］莫尔：赛博空间的奥德赛．麦永雄译．桂林：广西师范大学出版社，2007．187．

③ 南歌子．浮游的蜘蛛：网络空间中的栖居、移动、游戏与美．南京：江苏人民出版社，2011．72．

④ ［美］霍华德·莱茵戈德．网络素养：数字公民、集体智慧和联网的力量．张子凌，老卡，译．北京：电子工业出版社，2013．13．

问题比面对面的交涉简单多了。"① 另外，"由于生活在一个 140 个字符的世界里，他们的写作技能也每况愈下"②。如果我们留意观察身边年轻的"网络土著"们，就会发现他们中不少的成员沉默寡言，长时间沉迷于屏幕中的虚拟世界，已然成为"不说话的下一代"。③

再次是浅薄与孤独。麦克卢汉说，"媒介即信息"。媒介最重要的作用在于"影响了我们理解和思考的习惯"。身处数字网络时代，"就像麦克卢汉预言的那样，我们似乎已经抵达了人类智能和文化发展史上的一个重要关头……我们正在舍弃卡普所说的'过去那种线性思考过程'……平心静气，全神贯注，聚精会神，这样的线性思维正在被一种新的思维模式取代，这种模式希望也需要以剪短的、杂乱而且经常是爆炸性的方式收发信息，其遵循的原则是越快越好。"④ 这句话表明，使用新媒体就意味着我们进入了三心二意、肤浅浮躁的阅读环境。在数字阅读过程中，"我们已经抛弃了孤独宁静、一心一意、全神贯注的智力传统，而这种智力规范正是书籍赠与我们的。我们已经把自己的命运交到了杂耍者的手上。我们正在彻底颠覆图书好不容易缔造出的'深阅读'、独处阅读的氛围和神经系统。"⑤ "现象式思维，包括碎片式思维、并行式思维、协同式思维、非线性思维、创新式思维……这些与互联网传媒高度匹配而具有'浅薄'特点的思维方式，与黑格尔时代传统工业化'深刻'思维方式格格不入，却正是人类大脑演进的方向。"⑥ 这导致了非常严重的后果：流众不爱深度思考，其思维深度甚至不超过 140 个字。其后果难以估量，夸张点说，或许会是知识的衰落和文明的消亡。

---

① ［美］Erik Qualman. 颠覆——社会化媒体改变世界. 刘吉熙，译. 北京：人民邮电出版社，2010. 42.

② ［美］Erik Qualman. 颠覆——社会化媒体改变世界. 刘吉熙，译. 北京：人民邮电出版社，2010. 42.

③ ［美］Erik Qualman. 颠覆——社会化媒体改变世界. 刘吉熙，译. 北京：人民邮电出版社，2010. 42.

④ ［美］尼古拉斯·卡尔. 互联网如何毒化了我们的大脑. 刘纯毅，译. 北京：中信出版社，2010. 8.

⑤ ［美］尼古拉斯·卡尔. 互联网如何毒化了我们的大脑. 刘纯毅，译. 北京：中信出版社，2010. 126.

⑥ ［美］尼古拉斯·卡尔. 互联网如何毒化了我们的大脑. 刘纯毅，译. 北京：中信出版社，2010. xii.

　　除人类的文明面临威胁外，流众的个体心理也是现代社会的重要问题。表面上看，数字媒介为流众提供了众多可以打发时间、消除孤独的工具，在线游戏、网络社交等多种形式为流众的交流和宣泄提供了新的途径。但长时间地沉迷于数字空间，也带来了诸多非显著性的社会问题，这种问题在流众的心理层面突出表现为个体的封闭和孤独。于是，一种悖论出现了：人与人之间的交流可以跨越时间和空间的种种障碍，信息的传播越来越便利、成本也越来越低，但人与人之间的心理距离却越来越远。也许很多人有过类似的体验："即便是大街上人满为患，个人也仍感到孤独。"也许有人会说，孤独是人类心理的常在状态，并非流众所独有。但如果你注意观察，就会发现流众的孤独已经走向了极致，这好似流众在网络空间中所调侃的："世界上最远的距离，莫过于我们坐在一起，你却在玩手机。"

第二章　流众的解读

第一节　流众的主体间性

一、从主体性到主体间性

主体性（Subjectivity）和主体间性（Inter Subjectivity）是哲学的两个概念，两者间的一字之差反映了哲学家对人类存在的不同认识水平。其中，关于主体的认识可追溯到笛卡尔（René Descartes）的"我思"（I think，therefore I am，译作"我思故我在"）主体。此后，康德（Immanuel Kant）的先验理性主体以及黑格尔（Georg Wilhelm Friedrich Hegel）的理念主体都可归结到主体性哲学的范畴。主体性哲学视域中的主体是先验的主体，是对实践着的主体的理论抽象。它主张把自我意识凌驾于客体之上，把主体看作反思式自我意识的结果，把主体看作纯粹的意识。这一主张背离了主体客观存在的现实，不仅把事物看作客体，也将他人视为与自我主体相对的客体，最终走向了一条主体与客体分裂、"我"本中心主义主体的道路，使主体陷入了"独白"的困境。这一困境导致哲学家开始反思，促使哲学由认识论哲学向现代哲学转变，主体间性成为现代西方哲学的重要研究议题。

主体间性最早由德国现象学大师胡塞尔（E. Edmund Husserl）提出。胡塞尔认为，"主体性意味着自我，而主体间性意味着自我共同体。每一个个体都是一个'自我'，而这些'自我'却拥有一个共同的世界从而形成一个共同体，单一主体也因此过渡到主体间性。"① 主体性与主体间性的区别在于，主体性带有个人主义倾向，而主体间性则暗含集体主义、互惠互利之意，包括主体之间的互识与共识。但胡塞尔的哲学继承了康德提出的"在先验自我基础上超越主客二元论"的理论衣钵，他"所提出的主体间性只是在认识论上的一种认识，仍然是主观的、相对的，并且局限于人的认识领域和精神领域，没有转化为实践问题和行动理论，不可能真正解决主体性的问题"②，最终没能摆脱主体的"独白"性质。海德格尔（Martin Heidegger）抛弃了先验自我的设定，认为主体在获得有关客体的认知之前就已经存在，成功实现了主体由先验意义向经验意义的转移，为主体回归现实存在的人铺平了道路。哈贝马斯（Jürgen Habermas）也借助于交往行为详细阐述了主体间性。他认为，人的行为可以分为交往行为和工具行为。工具行为负责处理人与自然的关系；交往行为负责处理人与人之间的关系，前者表现为人的劳动行为，后者则希求通过对话和交流达到人与人之间的共生与和谐。交往行为涉及三重关系：主体与事件和事实的关系、主体之间的关系、主体与自身内在本质和主体性的关系。哈贝马斯认为，技术的进步使工具理性逐步成为现实，生产劳动的技术因素越来越多，工具和技术的普及，使人与人之间的关系降格为物的关系，直接消解了人的交往行为，使主体沦为"欲望的机器"。哈贝马斯认为，要解决工具理性泛滥带来的危机，必须将历史理性的中心从工具理性恢复到交往理性上来，必须以交往主体和交往行为为出发点，建立合理的交往模式，以实现主体的回归和解放。

总之，主体间性强调主体交往的重要性，主张建立在平等、和谐、民主基础上理解、沟通的主体间关系，对于我们理解流众之间的传播关系有重要的启发意义。

二、流众的主体性

从哲学角度看，主体与客体属于认识论范畴，强调的是人在处理与自然、与社会关系时所建立的主客关系。马克思主义认识论认为，主体是指能够从事

---

① 转引自苏令银. 主体间性思想政治教育研究. 上海：上海三联书店，2012.97.
② 转引自苏令银. 主体间性思想政治教育研究. 上海：上海三联书店，2012.97.

实践和认识活动的人，是具有自我意识、有认识能力的人。主体具有物质属性、意识属性、实践属性和社会属性。

流众的主体性是在参与数字传播的对象化实践中建立起来的，是流众控制数字信息、网络社交、新媒体传播等客体性对象，并使之为自身服务的特性。比照哲学意义上的主体性，流众的主体性可阐释为：作为主体的流众，先是物质的存在，是生存于这个世界上的活生生的人；流众在自身的成长过程中，会根据环境的变化、经历的不同，产生特定的意识，从事特定的实践活动，并从中习得独有的社会属性。从传播学角度讲，作为创造和使用数字技术、发起并参与数字传播的主体，流众是新媒体传播过程中最重要、最根本的因素。流众是新媒体传播的主导力量，他们控制传播资源，决定"传播的信息内容和表现形式，引导着信息的流量和流向"①，其作用和地位无可替代。

当然，与通常意义上的主体不同，数字传播的主体并非只有作为单纯个体的人。从传媒经营和体制规制等因素来看，我们还应该看到政治、市场、社团和大众传媒等诸多因素在新媒体传播中扮演主体角色的客观现实。事实上，也有研究认为，大众传播的主体具有双重性：一是新闻媒介（资产）的所有者、经营者和管理者；二是直接从事新闻传播活动的人，即人们通常所指的新闻传播主体——以采编人员为主的新闻业务工作者。有学者将前者称为"高位主体"，后者称为"本位主体"②。参照该观点，我们可将流众主体划分为两类：一类是作为"高位主体"的流众。此类传播中，"高位主体是新闻传播总体目标的设计者和确立者，是新闻传播活动规范的主要制定者，同时也是新闻活动的指导者和监督者"③。对这种类型的流众而言，虽然参与新媒体传播的依然是具体的个体，但这些个体在新媒体传播中的一颦一动，都要受"高位主体"把控和钳制。换言之，"高位主体"流众是代表特定组织利益的群体，本书将此类流众称为"组织流众"（Organizational Bitizen）。另一类是"本位主体"流众，即参与新媒体传播的个体，本书称之为"个体流众"（Individual Biti-zen）。这一类别的流众，群体规模大、创造性好、活跃度高，他们是数字传播

① 申凡主. 传播学原理. 武汉：华中科技大学出版社，2012. 75.
② 杨保军. 试论新闻传播主体的双重构成及其关系. 今媒介，2005（10）.
③ 杨保军. 试论新闻传播主体的双重构成及其关系. 今媒介，2005（10）.

的核心力量，是流众传播的主导群体，也是本书的主要研究对象。

三、流众的主体间性

"传播"英文对应"Communication"一词，包含"沟通""交流""交往"等含义，"沟通""交流""交往"等行为必须在两个或两个以上主体之间进行。从这一角度来讲，人类的信息传播多是人与人之间的信息交互行为，需在不同的主体之间进行，显然存在主体间性。如单波所论断，"传播是人与人之间平等交互作用的过程"[1]，但传统传播理论却遵循了笛卡尔先验主体的逻辑，将主体视为与客体相对的存在，在"主—客"对立的模式下建构了传播者和受众的概念。这就导致了传播过程中的"单一主体论"或"自我中心论"，"认为任何传播都在主体与客体的范围内进行，主体是传播的主动者，客体是传播的对象，传播过程就是主体作用于对象他者的活动过程。"[2] 将传播主体之间的关系限定为传受对立的关系，抹杀了传播活动中主体的共生关系，"使我们错误地认为，人的传播活动，就是传播主体向作为传播对象的传播客体传达信息以期达到某种影响的活动；大众传播就是一种媒介指向性交流，在这种媒介指向性交流中，传者和受众之间的'人际关系'不复存在，而只表现出信息流向'单向扩散'和'大范围传播'的特征；甚至认为传播是征服大众、权力赖以行使的机制。"[3] 这一划分必然导致受众陷入被物化的境地，也不符合数字传播的真实情况。

将流众视为数字传播的主体，就必须承认流众的主体间性。首先，数字技术不断进步，数字媒体不断发展，使数字传播的参与者之间的关系脱离了大众传播时代的传受对立、主客分离的状态，数字传播主体间的关系更加平等、独

[1] 单波. 在主体间交往的意义上建构受众观念——兼评西方受众理论. 中国社科院新闻研究所, 河北大学新闻传播学院. 解读受众：观点、方法与市场——全国第三届受众研究学术研讨会论文. 石家庄：河北大学出版社，2001. 81-98.

[2] 单波. 在主体间交往的意义上建构受众观念——兼评西方受众理论. 中国社科院新闻研究所, 河北大学新闻传播学院. 解读受众：观点、方法与市场——全国第三届受众研究学术研讨会论文. 石家庄：河北大学出版社，2001. 81-98.

[3] 单波. 在主体间交往的意义上建构受众观念——兼评西方受众理论. 中国社科院新闻研究所, 河北大学新闻传播学院. 解读受众：观点、方法与市场——全国第三届受众研究学术研讨会论文. 石家庄：河北大学出版社，2001. 81-98.

立，每个人都以平等的姿态参与到数字传播活动中来；其次，多样化的社交网络应用的兴起与扩张，也进一步丰富了人类交往的形式，增加了流众之间的交往行为，就在这错综复杂的交往中，流众的主体间性得以构建和深化；再次，数字媒体传播的开放性、交互性也为主体之间的交流、沟通提供了技术保障。从主体间性角度来看，新媒体传播和流众的传播行为呈现出明显区别于大众传播和传统受众行为的景象：传播的过程从单纯的信息流动走向多元交互与信息流动并举；数字传播主体由被动接受者转变为主动参与者，由信息传递者转变为多元交往者，由现实交往者走向了虚拟交往者，由信息消费者走向了信息生产者。可以说，主体间性使流众传播回归到朴素的关系世界，回归到田园式的自由传播状态。

第二节　流众的"重新部落化"

传播主体对媒介的投入和注意力存在一定的偏向。注意力偏向不同，传播主体的信息接触行为和对外部世界的认识和反应方式也就不同。

英尼斯和麦克卢汉的媒介时空偏向和冷热偏向，为我们理解传播主体的注意力偏向提供了理论佐证。加拿大政治经济学者哈罗德·英尼斯（Harold Adams Innis）曾指出，任何媒介都具有时间或空间的偏向，并将媒介分为"偏向时间的媒介"和"偏向空间的媒介"。不同的媒介偏向，蕴含着不同的权力结构和社会变迁。与媒介偏向相伴相生的，不只是人们交往和信息传递方式的改变，还常常伴随着权力的转移。英尼斯的继任者马歇尔·麦克卢汉（Marshall Mcluhan）提出"冷媒介""热媒介"的观点。他认为，"热媒介"是指具有高清晰度、低参与度并能延伸我们单一感官的媒介，如无线电收音机、照片、电影等，这些媒介可以提供大量的数据，供接收者单方面吸收。而"冷媒介"是那种具有低清晰度和高参与性的媒介，比如电话和电视，特别是后者，能提供的数据非常少，需要观众在收看过程中对缺失信息予以补充。虽说其分类标准略显牵强，但依然揭示出不同媒介主体的投入程度存在差别。麦克卢汉还提出，"媒体是人类感官的延伸，这种延伸改变着感官之间的平衡关系"。媒介延伸的，恰恰是主体所需要投入的。媒介的技术偏向，强化了传播参与者的感官偏向。传播主体的感官偏向，恰成为区分不同传播参与者的主要标准。

传播主体参与信息传播过程主要通过两种感官来实现：视觉、听觉①。依照传播主体的感官偏向和对传播过程的掌控程度，可对传播主体作如下分类。

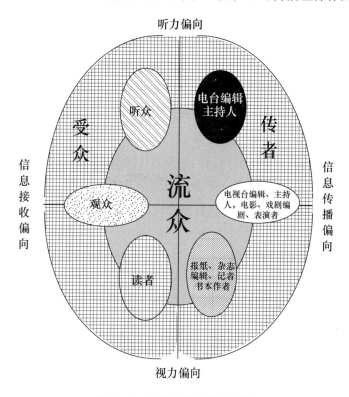

图2-1　传播主体分类示意图

传播主体可分为处于信息接收地位的听力偏向者、视力偏向者、视听感觉综合平衡者和处于信息传播地位的听力偏向者、视力偏向者、视听感觉综合平衡者，分别对应大众传播中的听众、读者、观众、广播从业者、报纸图书杂志从业者和电视台从业者。其中，流众处于传播主体的中心位置，与其他传播主体有一定的集合交叉。流众接收的信息既可为听力偏向的音频，也可为视力偏向的图像、文本，还可以是视听兼备的视频。流众还可转化为传者、受众或传受合一的主体。

①　部分媒介可能还需要触觉，如盲人阅读。本研究针对常规传播研究中所指涉的一般媒介，故非常规媒介行为不在本书研究范畴，不借助媒介进行的人际传播和组织传播的方式也不在研究之列。

　　根据麦克卢汉关于文明的理解和"重回原始部落"的隐喻，媒介技术的偏向，成为不同时期的文化和社会文明进步的动力。麦克卢汉用"部落化"形容口头文化，认为在口语传播阶段，人的五官可同时受到刺激，感官处于和谐的状态，这一时期的部落文化存在感官的平衡。文字和印刷的兴起，冲击了部落文化的感官平衡，导致了部落化的瓦解，视觉开始凌驾于其他感官功能之上。人们在文字印刷时代，养成了单独阅读和思考的习惯，促成了行为与思考方式的个人化。电子媒介的出现，特别是电视成为人类"感觉总体"和"感官平衡"重新恢复的工具，使"人类重新部落化"。但也有研究表明，人类接受知识主要是靠视觉和听觉，其中视觉占比高达83%，听觉仅占11%。也就是说，人们在收看电视时，获取的大部分信息依然是来自视觉，收视行为中的视觉偏向仍然大于听觉偏向，电子促成的"感官平衡"是有限的。同时，"双向""互动"是传播主体恢复"感官平衡"的重要因素，但麦克卢汉关于电视的研究并没有涉及。再者，"万恶的收视率"决定了电视节目制作者必须满足电视观众的"集体无意识"，这种"集体无意识"带来的却是对低俗、色情、颓废等内容的迎合，因而电视节目并不能满足所有观众的个人期待；最后，电视广告的加入，使电视传播带来的"视听感觉的有限平衡"被被动收看广告的腻烦心理冲击殆尽。由此，电视是典型的不平衡传播，电视时代的"重新部落化"，是有限的"部落化"。

　　那么，麦克卢汉所谓的"重新部落化"不能实现了吗？答案当然是否定的。数字媒体所塑造的虚拟空间，显现出更多的"部落化"特征。新媒体传播中跨时空的文本、音频、图像和视频，再现了人类多种感官的重新平衡和原始传播的本真状态。流众在其中综合运用视觉、听觉、触觉等多种感官进行交流，并形成了特定的语言、文化和意识形态的参与方式。新媒体带给我们的不仅仅是作为工具的技术，它们已成为日常生活的一部分而非独立场所。保罗·莱文森也曾在《人类的回应》一书中提出一个三段论的媒体演进理论：最初人类享受着一个虽然在时空上有限但是平衡的传播环境（视觉、听觉和记忆是其极限）；后来新的媒体（文字、印刷和电子媒体等）的出现突破了时空上的限制，但代价是牺牲了平衡和其他要素（如文字在反映客观世界时，内容与真实世界存在隔阂和失真等）；更新的媒介在保持和继续过去的特点的基础上，不断努力重新获得曾经丢失的人类传播世界中的自然性要素。① 数字新媒体"所塑造的空间感，更接近原始社会的空间特性。在这个空间里，人们通过说话来外化自己所有感官的感受，网络另一端的人或是人机交互中的机器通过听觉域同步获取这些话语。如此你来我往的对话沟通模式才使媒介社会在经历了加温和冷却之后，真正离'回归部落文明'更近了一步。"②

第三节　流众的角色偏向

数字媒体创造了一个新的社会空间，成为政治表达、经济运行、公共议题和流行文化的重要载体。数字网络社会是现实社会的延伸。现实社会中的组织、团体、个体，参照在现实社会中的角色，在网络社会中扮演不同的角色。结合新媒体的特点和流众的特征，流众在新媒体空间中呈现出以下角色偏向：

一、作为生产者的流众

关于受众的生产性问题，约翰·菲斯克最早提出"生产性受众"的概念，他在《电视文化》（Television Culture）一书中将受众的生产性定义在"生产性文本"和"受众的生产力"两个方面。菲斯克认为，"受众的生产力"是指受众能够根据自己的社会经验重新解读文本，生产出自己的文化。受众的阅读行为是"在已有的文化知识与文本之间建立联系"。受众可以自由选择自己喜好的文本，并享受其带来的意义和快乐。菲斯克主张受众的能动性和"游牧式的主体性"，他眼中的受众并不是受体制欺骗的"文化笨蛋"（cultural dopes），而是意义的生产者和大众文化的缔造者。

在菲斯克看来，受众要想成为流行文化生产和消费的主角，必须将阅读提升为一种"快感"。菲斯克所说的"快感"，类似于巴赫金所说的"狂欢节理论"，"狂欢节弹冠相庆是暂时的解放，即从占统治地位的真理与既定的秩序中脱身的解放，它标志着对所有的等级地位、一切特权、规范以及禁律的悬

---

① ［美］保罗·莱文森. 信息革命的历史与未来. 熊澄宇等，译. 北京：清华大学出版社，2002. 69.

② 王贞子. 数字媒体叙事研究. 北京：中国传媒大学出版社，2012. 99.

置。巴赫金向往着自由的感受、交往与对话，狂欢打破了官方的束缚，它的实质就是一种最自由、最民主的人与人之间的对话形式，将人们从统治者的高压控制下解放出来。"① 受众在这逃避和创造过程中获得的就是一种"解放的、创造性的、游牧式的"② 快感。

数字传播使流众得到更民主、更自由的解放，流众更加贴近菲斯克所说的积极主动的、富有创造力的"游牧式主体"。受制于电视传播的特点，菲斯克笔下的"生产性受众"无缘于信息生产，但其关于受众生产性的分析，依然适用于流众，或者说更符合数字传播主体的特征。因为流众生产内容的丰富性、多元性，流众对于网络文化、网络文本的个性解读大大优于电视时代。数字媒介实现了 4A（Anyone、Anywhere、Anytime、Anything）传播、信息的裂变式传播、意义的爆炸性增长，数字媒体的匿名性、即时性、互动性、便利性、碎片化等特点，注定了其必将成为"众神狂欢"的舞台。

流众是这场狂欢的主体。任何事件的亲历者都是潜在的信息源，在现场即时发布信息、上传图片成为流众发布信息的最大优势，流众第一次成为比传统媒体更快速的信息源。网络山寨、恶搞等大量原创性内容，不仅是流众自娱自乐的一种方式，也代表了流众文化对于所谓的权威、传统、主流声音的抵抗。大量流众利用等公交、睡觉前、地铁上等碎片化时间，对特定文本、图片、视频分享，汇成一股股强大的信息洪流，成为数字信息传播的重要形式。喻国明将这一现象称为全民"DIY"（"Do It Yourself"的英文缩写），认为当下的流众生产正逐渐演变为全民出版、全民传播。还有学者将之概括为 UGC（User Generated Content 的英文缩写，即用户生成内容），UGC 开辟了流众广泛占有媒介资源的新时代，博客（Blog）、微博（MicroBlog）、播客（Podcasting）、标签（TAG）、社会网络服务（SNS）、聚合内容（RSS）、维基（Wiki）、微信（Wechat）等自媒体形式都是流众 UGC 的重要活动空间，流众的生产性不仅通过信息的分享、发布、意义的解读、"快感"的生成来体现，无数流众围绕认同与抵抗的关系，借助数字化媒介赋予的传播资源，对社会霸权力量进行符号

---

① ［美］约翰·菲斯克. 理解大众文化. 王晓珏，宋伟杰译. 北京：中央编译出版社，2006. 86.

② 贺一鹏. 浅析网络的生产性受众. 湘潭大学硕士学位论文. 2008.

学意义上的抵抗，汇聚成一股强大的无组织力量；无数个体对于某一话题的深度参与、创造，所激发出的"集体智慧""群体协作"景观，更是成为人类知识传播史上一道亮丽的风景线。

二、作为消费者的流众

从经济学角度看，媒介变身为赚取利润的企业，受众则以消费者的面貌出现。流众作为消费者，是由数字媒介生产、消费的性质所决定的。用麦奎尔的话说，"在一个完全去中心化的传播网络中，传统的受众概念遭到弃置或成为不当之辞，被各种各样的信息服务的难以计数的一系列消费者所取代。"① 在这一过程中，流众不仅消费了数字产品，同时也消费了数字媒体广告。流众还通过数字媒介购买商品和服务，从这个角度讲，流众是彻底的经济消费者。

相比于传统受众，流众拥有更多的选择权和更强的自主性。"如今受众不再是传媒的受害者，它们能够掌控自己的命运，并根据自身需求将媒介作为社会公器、自由选择的工具箱以及思想的资源库加以利用（Swidler，1986）。如此看来，媒介受众是一群具有自我意识的消费者，它们对媒介的使用莫不出于特定的目的；它们的行为是高度选择性的，'不但坚持自己固有的观点与生活习性，更着重满足自身的需求、兴趣和奋斗目标'（McQuail and Gurevitch，1974）。"② 换言之，数字时代的流众消费已经进入"自助餐"阶段，"自助餐"意味着流众"主体地位的确立、自由人的出场"③。这得益于以下几方面因素的推动：一是数字媒介的内容极大地丰富，海量信息意味着信息选择的无穷可能性；二是数字媒介的去中心、去威权化，使一切信息都能够得到自由的传播，一切信息也都能由流众自由地接收；三是流众对于信息的消费不再局限于被动地选择"接收"或"拒绝接收"两种状态，自由地搜索、浏览、创造、评论、转发，意味着更大的自由权和选择空间。当然，我们还应意识到，数字的自由消费并不必然产生自由的消费主体，面对海量信息的冲击和空前的自由

---

① ［英］丹尼斯·麦奎尔. 受众分析. 北京：中国人民大学出版社，2006. 13.
② ［美］伊莱休·卡茨，约翰·杜伦·彼得斯，泰玛·利比斯，艾薇儿·奥尔洛夫. 媒介研究经典文本解读. 北京：北京大学出版社，2011. 40.
③ 文长辉. 媒介消费学. 北京：中国传媒大学出版社，2007. 92.

环境，茫然无措、不知所向成为部分流众的现实困惑，这对流众信息选择判断、消化处理、感知鉴赏、利用评价、咨询对话等诸多能力提出了要求。

流众的消费也是一种生产行为。"法国思想家米歇尔·德·塞托（Michei de Certeau）在《日常生活的实践》一书中，对人的消费行为进行分析后得出结论：人的消费行为，包括对文化艺术符号的消费，实际上也是一种生产，即'消费生产'或'第二生产'。与通常理解的规范的集约化生产不同，'消费生产'更加灵活、分散、主动，通常以使用产品的方式来显示自己。虽然文化产品是由主导经济秩序强加的，而不是消费者自己生产的，但是这并不意味着消费者是被动地为产品所控制的。"① 这表明流众在消费信息、消费媒介的同时，也在生产内容和意义。中国社会科学院文化蓝皮书《2007 年：中国文化产业发展报告》认为，网络技术正在生产出符合其自身特点的、产消合一的内容生产和消费方式，新一代"生产消费者"②（Prosumer）已经出现，新娱乐时代已经来临。流众具备了生产消费者的所有特征。从经济角度上看，部分流众在新媒体使用的过程中创造了经济财富；流众在信息消费的同时，还产生了大量数据，对某些团体或企业而言，这些数据背后隐藏的是有待深度挖掘的巨额财富。多数情况下，流众在信息消费时，往往还伴随着生产性行为，如浏览文本、观看视频时留下的评论、转发等。

流众还是网络文化意义和"快感"的消费者。菲斯克认为，大众文化在"金融经济"和"文化经济"中同时进行。以电视为例，"金融经济"是指生产者制作出电视节目售卖给电视台和观众，以文化的形式赚取利润；然后再将电视节目吸引的受众注意力打包卖给广告商，赚取二次收益，这一过程中受众是被出售的商品，是被控制和被操纵的。在"文化经济"过程中，受众根据自身的经验对电视节目进行有选择的意义解读，并产生大众文化。

---

① 北京师范大学文艺学研究中心．文化与诗学 2012．（1）．北京：北京大学出版社，2012．376.

② 生产消费者是著名的经济学家比尔·奎恩（Bill Quain）博士在《生产消费者力量》提出的一个概念。该观点认为，"生产消费者是在花钱的同时赚钱，在购物时创造收入而不是支出"，"消费也是资本，消费者的购买行为，不再是单纯的消费，他的消费行为同时变成了一种储蓄行为和参与企业生产的投资行为"。

表2-1　电视时代的"金融经济"和"文化经济"

	生产者	商品	消费者
金融经济	媒介	观众	广告商
文化经济	观众	节目的意义和快感	观众

　　菲斯克提出的"金融经济"和"文化经济"对于数字媒体和流众研究同样具有参考价值。首先，现实社会中，多数的数字媒介仍然以企业的方式运行，其主要目的仍旧是通过吸引流众点击，出售媒介产品和广告来赚取利润，流众消费媒介信息，同样被作为统计数字售卖给广告商。其次，流众对于数字媒介的消费依然伴随着"快感"的产生，只是较之电视观众，流众的"快感"集"表演性"、"建设性"和"反抗性"等多种类型于一身。再者，与电视时代不同，数字时代的流众不仅参与"文化经济"的生产、流通，还可以直接参与"金融经济"的生产过程。部分数字媒介由内容的生产者、提供者蜕变为自由传播的平台，流众直接成为生产和消费的主体。这导致不可思议的情景出现了：流众生产信息，消费信息，又被打包售卖。在整个媒介金融经济的生产过程中，付出劳动的只有流众，媒介的经营者只是在一旁维护管理，坐收渔利！换言之，流众卖力地创造价值，包装自己，同时又售卖自己！令人担忧的是，流众沉溺其中，浑然不觉。

表2-2　数字媒介时代的"金融经济"和"文化经济"

	生产者	商品	消费者
金融经济	媒介/流众	流众	广告商
文化经济	流众	文本、意义和快感	流众

三、作为娱乐者的流众

　　美国著名管理学者斯科特·麦克凯恩（Scott McKain）曾说："一切行业都是娱乐业。"大众传媒自诞生伊始，就带有明显的娱乐印记。随着传媒技术和形态的不断演变，娱乐已成为传媒行业的标志性特征。

　　尼尔·波兹曼（Neil Postman）曾对电视的娱乐化作了精辟的分析。他在《娱乐至死》一书中宣称，"我们的政治、宗教、新闻、体育、教育和商业都心甘情愿地成为娱乐的附庸，毫无怨言，甚至无声无息，其结果是我们成了一个娱乐至死的物种"。他认为，大众传媒娱乐本身没有过错，错在传媒让所有的信息都以娱乐的方式来呈现，我们却完完全全地沉浸其中。最后的结果是，我们进入一个"没有连续性、没有意义的娱乐世界"，"一个不要求我们、也不允许我们做任何事的世界，一个像孩子们玩的'躲猫猫'游戏那样完全独立闭塞的世界。在这样的世界里面，我们无法实现开放的生活，因而无法看清真实的现实。"① 波兹曼警告说，毁掉我们的，不是我们所憎恨的东西，而恰恰是我们所热爱的东西！

《娱乐至死》一书诞生于电视风行的上世纪80年代。时隔30年，以互联网为代表的数字新媒体早已将电视的风头掳掠殆尽。数字时代的娱乐性比电视时代有过之而无不及，数字媒体提供了一个自由、民主、开放、创新的平台，彰显着个人话语权，倡导着个性解放与创新，流众能够在网络中找到能释放情绪、缓解现实压力的方式。一方面，传统媒介的娱乐内容以数字的面貌呈现在数字网络中，传统意义上的文艺板块、娱乐新闻、八卦消息、益智休闲等内容被复制到网络空间；另一方面，数字媒介还造就了全新的娱乐方式，流众借助数字媒体听音乐、看电影、阅读图书早已司空见惯。流众使用数字媒体的主要目的就是休闲和娱乐。由特殊流众群体演变而来的"闪客""播客""哄客""晒客"等族群在数字空间中集体"狂欢"，畅享颠覆传统、心灵释放、情感宣泄带来的快感。"网络恶搞"等网络文化的盛行，"模糊了美丑、正确与错误、主流与非主流、精英与平民的二元对立，通过一种'原发性''释放性'的创新力量解构主流文化、对抗主流秩序。"② 也有学者说，"'恶搞'就是颠覆一本正经的说教，越'娱乐至死'越寂寞，网络传播的万象丛生创造了一种不同以往的传播生态，深深地影响着人们的文化理念和价值观。"③ 所谓的"UGC"，"实际上也是用'工作就是玩'的时尚概念掩盖了或者变相地利用了业余劳动者的无形劳动。"④ 网络游戏更是将流众由"娱乐至死"推送至"游戏至死"的

① 李明海，郝朴宁. 中外电视史纲要. 重庆：西南师范大学出版社，2007. 112.

② 谢新洲，田丽，安静. 舆论引擎网络事件透视. 北京：北京大学出版社，2013. 355.

③ 朱海松. 网络的破碎化传播——传播的不确定性与复杂适应性. 北京：中国市场出版社，2010. 193.

④ 王士宇，翟峥，［新西兰］劳伦斯·西蒙斯. 解读新媒体. 北京：世界知识出版社，2013. 111.

境地，看那些通宵达旦的"游戏少年"、无数家长无奈焦虑的眼神，就知道这是一个多么疯狂的游戏时代。"游戏至死"的说法或许略显夸张，而"游戏致死"的事件却真实地在现实生活中一遍又一遍地上演：2014年7月，江西九江一年轻厨师网吧通宵，头朝地倒在卫生间身亡；2014年5月，四川广元一17岁中学生通宵游戏，猝死网吧；2013年6月，北京海淀一年轻男子通宵玩DOTA身亡……频见于报端的网游猝死事件，足以证明流众对于网络游戏的痴迷和疯狂！

英国作家赫胥黎（Aldous Leonard Huxley）在反乌托邦小说《美丽新世界》中有一句名言："人们感到痛苦的，不是他们用笑声替代了思考，而是他们不知道自己为什么笑以及为什么不再思考"。仿照这句名言，我们只能说，在这"美丽的数字新世界"中，流众依然沉迷于欢笑，却无法体会痛苦，也不会思考了。

在中国，数字媒介已成为流众最大的"娱乐场所"。2010年4月19日，美国《纽约时报》在一篇关于中国互联网的报道中说："对中国人来说，网络只是娱乐。""在中国的网络上，娱乐胜过政治。"美国著名金融服务公司摩根斯坦利（Morgan Stanley，NYSE：MS）的调查显示：与美国网民偏好利用个人电脑发送邮件、搜索信息不同，中国的网民更偏爱沉迷于即时通信、网络游戏和虚拟社交等娱乐化应用中。摩根斯坦利分析师理查德·李（Richard Ji）表示，"网络可以说是中国最大的虚拟公园。中国网民上网主要是为娱乐，在美国则为了获得信息。这就是为什么美国网络市场被谷歌占据，而中国却由腾讯主宰的原因。"[①] CNNIC发布的第34次报告的调查数据也表明，即时通信、网络音乐、博客/个人空间、网络视频、网络游戏等娱乐化应用居中国网民各类网络应用使用率的前列（详见表2-3）。

表2-3 中国网民各类网络应用的使用率[②]

应用	2014年6月		2013年12月		半年增长率
	用户规模（万）	网民使用率	用户规模（万）	网民使用率	
即时通信	56423	89.3%	53215	86.2%	6.0%
搜索引擎	50749	80.3%	48966	79.3%	3.6%

---

① 上海市科学技术协会.2007年公众科普年报.上海：上海科学普及出版社，2008.26.
② 引自CNNIC：2014年第34次中国互联网络发展状况统计报告。

续表

应用	2014 年 6 月		2013 年 12 月		
	用户规模（万）	网民使用率	用户规模（万）	网民使用率	半年增长率
网络新闻	50316	79.6%	49132	79.6%	2.4%
网络音乐	48761	77.2%	45312	73.4%	7.6%
博客/个人空间	44430	70.3%	43658	70.7%	1.8%
网络视频	43877	69.4%	42820	69.3%	2.5%
网络游戏	36811	58.2%	33803	54.7%	8.9%
网络购物	33151	52.5%	30189	48.9%	9.8%
网上支付	29227	46.2%	26020	42.1%	12.3%
网络文学	28939	45.8%	27441	44.4%	5.5%
微博	27535	43.6%	28078	45.5%	−1.9%
网上银行	27188	43.0%	25006	40.5%	8.7%
电子邮件	26867	42.5%	25921	42.0%	3.6%
社交网站	25722	40.7%	27769	45.0%	−7.4%
旅行预订	18960	30.0%	18077	29.3%	4.9%
团购	14827	23.5%	14067	22.8%	5.4%
论坛/BBS	12407	19.6%	12046	19.5%	3.0%
互联网理财	6383	10.1%	−	−	−

　　关于我国流众娱乐化趋势盛行的原因，匡文波分析称，"网络正在由'精英'（年轻富有的高学历男性群体）的'专利'转化为大众化媒体，网民结构呈现出大众化趋势。从社会心理学的角度分析，'大众'与'精英'相比，更喜爱娱乐信息。网民结构的大众化造成了网络媒体的娱乐化趋势。"① 许知远同样在博客中表达了对流众娱乐化的担忧："在网络上成长起来的、被各种电子产品包围的一代人，不仅没有更聪明、更开放、更有见识，反而是无知、偏狭、盲目地以自我为中心。他们有高度的竞争感，却没有真正的创造力，更愿意在既有的框架内按照社会规范实现自我。""互联网能处理大量信息，这适

---

① 匡文波．网民分析．北京：北京大学出版社，2003.93.

用于那些浅显的、可复制的、群体性的文化产品，所以娱乐业在此刻蓬勃发展。但对于那些讲究独特的、暧昧的、深思的、充满想象力的文化产品，这扑面而来的信息，经常意味着对思想与想象空间的窒息，它不仅不能打开、释放我们，反而麻木我们的感受，消解我们宝贵的专注能力。"① 美国埃默里大学教授马克·鲍尔莱（Mark Bauerlein）将沉迷于网络娱乐、社交的流众称为"最愚蠢的一代"。鲍尔莱断言："无聊文化和愚蠢一代相辅相成，共同在把人类带向一个灾难性难以估量的未来。"②

四、作为表演者的流众

英国学者阿伯克龙比（Abercrombie）和朗赫斯特（Longhurst）在 1998 年出版的《受众》一书中，将受众研究概括为三种范式，即行为范式（Behavioural Paradigm）、合作/抗拒范式（Incorporation/Resistance Paradigm）、观展/表演范式（Spectacle/Performance Paradigm）。

表 2-4　受众研究的三种范式（阿伯克龙比和朗赫斯特）③

	行为范式	合作/抗拒范式	观展/表演范式
受众	（社会环境中的）个人	（由不同阶级、性别、种族形成的）社会类别群体	由观展和自恋自盼所形成的社会建构与再建构
媒介	刺激（讯息）	文本	媒介景观
社会结果	功能/负功能，宣传、影响、使用、效果	意识形态的合作与抗拒	日常生活中的身份建构与再建构
代表性研究和方法	效果研究 使用满足研究	编码与解码 莫利（Morley, 1980）拉德威（Radway, 1987）"迷"研究	西尔弗斯通（Silverstone, 1994）赫米斯（Hermes, 1995）吉利斯皮（Gillispie, 1995）

① 许知远新浪博客. http://blog.sina.com.cn/xuzhiyuan。
② 转引自朱海松. 网络的破碎化传播——传播的不确定性与复杂适应性. 北京：中国市场出版社，2010. 194.
③ 转引自刘燕南，史利. 国际传播受众研究. 北京：中国传媒大学出版社，2011. 64.

续表

	行为范式	合作/抗拒范式	观展/表演范式
年代	1950—1960 年	1970—1980 年	1990 年
核心概念	暴露/接触	权力	认同
受众角色	接受主体	诠释主体	表演主体

他们认为，"现代社会是一个观展社会"①。一方面，当代世界更加彻底地被认为是观展的对象，观展已经成为人们日常生活中一个具有侵入性的活动。这是因为商业在现代社会中的重要作用不容忽视，而商品交易需要的是注意力资源，表演也就成为商业社会最常见的行为。但是大多数商业性的表演均需借助媒介进行，因而社会景观往往以媒介景观的形式来呈现。另一方面，资本主义不仅商品化了一切事物，还"殖民化"了我们的日常生活。所谓的"殖民化"，"是指资本主义市场的内在张力——侵入和重建我们的休闲生活、私人生活、娱乐和个人表达领域"②。他们同时指出，"观展的过程导致日常生活审美化"③，日常生活的审美化又反过来鼓励观展的普遍存在。"在渴望攫取注目的驱使下，世界更加美学化、影像更加充斥日常生活、观展现象更加明显。于是沉浸在充满丰富符号的观展世界中，人、事、物成为时时刻刻皆在为扩散受众进行演出的表演者。"④ 在观展社会中，所有在外事物都幻化为"镜子"⑤，受众从"镜子"中认识和建构自我，并且学会根据自我印象在他人面前进行想象性的表演。

观展/表演范式揭示出数字媒体环境下，流众活动及其经验的一些新变化。数字媒介已经渗透到流众日常生活的每一个角落，流众也已习惯并融入数字生

---

① Abercrombie, N. &Longhurst, B. (1998). Audience. London：Sage Pubheations, p81.

② Abercrombie, N. &Longhurst, B. (1998). Audience. London：Sage Pubheations, p81 - 82.

③ Abercrombie, N. &Longhurst, B. (1998). Audience. London：Sage Pubheations, p85.

④ Abercrombie, N. &Longhurst, B. (1998). Audience. London：Sage Pubheations, p88.

⑤ 这与美国社会学家查尔斯·霍顿·库利在他的 1909 年出版的《社会组织》一书中提出的"镜中我"理论相类似。库利认为，人的行为很大程度上取决于对自我的认识，而这种认识主要是通过与他人的社会互动形成的，他人对自己的评价、态度，等等，是反映自我的一面"镜子"，个人通过这面"镜子"认识和把握自己。因此，人的自我是通过与他人的相互作用形成的，这种联系包括三个方面：关于他人如何"认识"自己的想象；关于别人如何"评价"自己的想象；自己对他人的这些"认识"或"评价"的情感。然后，我们设想自己在他人面前的行为方式；在做出行为后，我们设想或理解他人对自己行为做出的评价；我们根据对他人的评价的想象来评价自己的行为，并据此做出下一步反应。

• 74 •

活当中。数字媒体融合了图片、影像等多种可视化形式，使流众周围充斥着触手可及的观展环境，流众可通过状态、日志、照片、视频等形式向外界展示自己；智能手机、数码相机、数字 DV 等数字终端随时可变身为"秀秀"的工具；遍及城乡的网络宽带、广泛普及的 3G/4G 移动网络，再到飞入寻常百姓家的无线 Wi-Fi，"想秀就秀"成为司空见惯的流众行为。从拍照免单的"炫食族"，到"晒照片到此一游"的"炫游族"，再到"美图秀秀""百度魔拍""美颜相机"以及自拍杆等"自拍神器"的广为流传，都彰显了流众表演和自恋的欲望。

数字时代的商业化是一场更低成本、更为广泛和更为彻底的商业化，数字技术与市场力量的结合而产生的弥散效应，将数以亿计的流众裹挟其中，这种结合不断地侵袭着流众的生活与生存状态。数字媒介时代的商业鼓励用户表演，而巨大生活压力、交往成本及过度使用数字媒介产生的空虚、寂寞感，也促使流众偏爱通过数字媒介展现自己。借助微博、微信等碎片式的表达方式，流众将生活中的只言片语发布出去，通过与他人的互动，获得"存在感"和"满足感"。数字空间的爆红现象，则加剧了流众的表演欲。"芙蓉姐姐""凤姐""天仙妹妹""Hold 住姐"等网络"红人"的走红表明，只要敢于表现、乐于表演，哪怕满是丑陋、恶俗和平庸，也总有人聚集围观，享受这虚无、戏谑的狂欢。

五、作为交往者的流众

"麦克卢汉说：媒介即信息。即媒介本身也是信息，而不是一种盛装（承载）信息的容器，采用哪种媒介（容器）也决定了信息内容。简单地说，媒介不只是传递了内容，更重要的是改变了使用媒介的人们之间的关系。"[①] 关于人与媒介、信息的关系，人类学家格雷戈里·贝特森（GregoryBateson）提出了关于人类关系传播理论的基本观点——信息传播的双重性质：每一个人际交流包含两个讯息，"报告"讯息和"指令"讯息[②]。"报告"讯息是传播的

---

① 星客. 重新理解媒介——解开传播、社会网络与群体秩序之谜. 北京：中信出版社，2013. 11.
② ［美］小约翰（Littlejohn，S. W.）. 传播理论. 陈德民等，译. 北京：中国社会科学出版社，1999. 93.

内容，即传递的讯息中所包含的信息；"指令"讯息指信息传播过程蕴含的参与者之间的人际关系。也就是说，人类的传播行为是承载主体间关系的传播，特别是在人与人的传播过程中，关系传播和社交的倾向更为明显。

新媒体传播是所有人对所有人的传播，其中蕴含着复杂的人际关系和社交行为。近年来，借助"六度空间"（又称"小世界理论"）发展起来的社会化网络为流众的交往提供了便捷的平台，其中运用的理论基础是区别传统社会强关系社交的弱连接。西安交通大学边燕杰研究了"关系的强度"与"提供资源"之间的关系，认为有更高信任度和紧密度的强关系更有可能提供"影响"或"人情"，而弱关系则更可能提供"信息"。① 据此，我们认为，流众参与网络社交的目的并非只是建立新的人际关系，还有可能想借助数字关系网获取更多的信息。

对于流众之间的交往互动，有人将其视为革命性的标志，认为基于数字网络的社交模式将实现乌托邦式的绝对自由和平等；也有人对此持悲观论调，认为这将使人们陷入无休止的身份错乱和认同分裂。但事实证明，上述两种观点均过于极端。波斯（Jeffrey Boase）和威尔曼（Barry Wellman）在 Personal Relationships：On and Off the Internet 一文中发现，"互联网并没有使人们脱离原有的社会关系，也没有使人们的生活方式产生很大的改变。这些研究证明：（1）使用互联网并不意味着减少社会活动的时间。使用互联网与线下和朋友间的深度交流有正相关关系，但与家人之间的交流关系没有发生变化；（2）只有少数的互联网使用者会在线结识陌生人，在互联网中形成的交流经常会发展到现实中；（3）使用互联网在加深邻里之间的联系上具有一定的潜力。"②

上述研究还证实了流众的网络社交对现实人际互动的补偿效果：社会化网络传播借助人际传播反馈迅速、便捷的特点，现实生活中的人际关系复制到数字网络中。一方面，在虚幻不定的虚拟环境中强化了流众对原有社会关系的认同感和归属感；另一方面，也扩大了现实关系互动范围和互动情境，增加了现实关系互动的新鲜感和神秘感。与此同时，也有流众基于数字媒体建立了毫无

---

① 边燕杰，张文宏. 经济体制、社会网络与职业流动. 中国社会科学，2001（2）.
② 转引自王士宇，翟峥，［新西兰］劳伦斯·西蒙斯. 解读新媒体. 北京：世界知识出版社，2013. 203.

现实基础的社交关系，并将之不断深化，甚至延伸到现实生活中来。同时，必须引起我们警惕和重视的是，数字技术对人类互动也带来了一些负面影响："技术愈来愈忽略人类直接的相互依存。当我们的装置给了我们更大的个人自治的同时，它们也破坏了直接交往的亲切的关系网。"① 流众在数字空间的互动多了，现实生活中的人际交往必然受到挤压；流众在数字空间的互动手段众多、形式多样，但本质上依然缺少面对面交往的鲜活性和自在性。不得不承认，通过频繁的网络社交，人们互动交流的频度和形式增加了，但"人类相遇的质量"却明显下降了。

① 朱海松. 微博的碎片化传播——网络传播的蝴蝶效应与路径依赖. 广州：广东经济出版社，2013. 13.

第三章 流众传播

第一节 流众传播的界定

一、流众传播的定义

数字媒体几乎整合了人类所有的传播形式和技术形态，从文本、图像、视频、音频到虚拟体验和人工智能，从口语传播、印刷传播到广播传播、电视传播，从一对一、一对多、多对一到多对多，再从面对面的口耳相传到身处地球两端的跨时空对话，多元的传播方式制造了人类历史上最为复杂的信息传播方式。但无论流众传播的机制如何复杂，我们研究传播与媒介，最根本的都是要揭示信息的传播规律，揭示媒介使用对人的影响，都是要促进人类的发展和社会进步。这其中，人如何传播信息、信息以何种方式流动、传播是否能够达到预期效果等是重要的考量因素。换言之，人始终居于数字媒体传播的核心地位，所有的数字媒体、信息流动和技术创新都必须以人为中心，为人所用，服务人的发展，这也是为什么我们从人本主义视角出发，提出"流众传播"概念的原因。当然，作者并不否认技术和媒介在传播形态变革中的重要作用，也不否认"网络传播""新媒体传播"等概念的价值和意义。相反，我们认为"流众传播"与"新媒体传播"实为一体两面，二者均有存在的价值和理由。本书提出"流众传播"，意在强调发挥人在技术、媒介与社会的关系中的核心地位和主体作用，避免陷入技术主义虚无的数字"乌托邦"幻象。

"流众传播"与"新媒体传播"实为镜子的两面，二者同为数字技术折射出的"影像"。因而，在界定"流众传播"之前，有必要了解一下新媒体传播。

目前，关于新媒体传播的研究有很多。联合国教科文组织对新媒体下的定义是："以数字技术为基础，以网络为载体进行信息传播的媒介。"① 美国学者列维·曼诺维奇（Lew Manovich）认为，新媒体不再是任何一种特殊意义的媒体，而是一种与传统媒体形式没有相关的一组数字信息，但这些信息可以根据需要以相应的媒体形式展示出来。这个定义揭示了新媒体的数字技术特征。② 美国《连线》杂志总编辑克里斯·安德森（Chris Anderson）认为，新媒体传播是"所有人对所有人的传播"。这一界定描述了新媒体用户关系特征。"美国在线"媒体顾问、资深媒体分析师凡·克劳思贝（Vin Crosbie）将新媒体传播视为与人际传播和大众传播并列的第三种媒体形态。他认为，新媒体是"能对大众同时提供个性化内容的媒体，是传播者和接受者融汇成对等的交流者，而无数的交流者相互间可以同时进行个性化交流的媒体"③。国内学者熊澄宇认为，新媒体是相对概念，具有一定的时间性。"所谓新传媒，或称数字媒体、网络媒体，是建立在计算机信息处理技术和互联网基础之上，发挥传播功能的媒介总和。"④ 崔保国认为，"今天的'新媒介'的主要特征是集中了数字化、多媒体和网络化等最新技术。"⑤ 还有学者从技术角度出发，将新媒体传播简述为"TMT"，即高科技（Technology）、媒体内容（Media）和通讯传输（Teleeom）的结合。

虽然上述界定各有侧重，但我们依然可以从中归纳出关于新媒体传播的几点共识：人是新媒体传播的主体，数字技术是新媒体传播的基础，"所有人对所有人"是数字信息的流动方向，多形式、交互性、实时性等是新媒体的特征。

基于上述分析和前文对流众的界定，我们认为，流众传播（Bitizen Com-

---

① 百度百科．新媒体．http://baike.baidu.com/link? url = jOTfJt5v0IWrqpClRq4NaqfoitJmn1Ln PRrK44dv1RsK42nBl1pZSaKb1MffXeoOTacInEnieZPY0TLr5Oz82wFT – z7ZtO45TU17bhGXLFm.

② 转引自张志林，陈丹，黄孝章．数字出版人才培养研究．北京：商务印书馆国际有限公司，2011.71.

③ 转引自张志林，陈丹，黄孝章．数字出版人才培养研究．北京：商务印书馆国际有限公司，2011.71.

④ 熊澄宇，廖毅文．新媒体伊拉克战争中的达摩克利斯之剑．中国记者，2003（5）.

⑤ 崔保国．新媒体、老媒体 谁主沉浮．中国青年科技，2005（2）.

munication）是流众发起的以比特信息网络化流动为过程的所有传播现象和行为的统称。该定义可具体阐释为：

（1）流众是流众传播的主体，是流众传播的首要因素，在整个数字媒体传播过程中居于核心地位。没有流众的纯终端间的信息流动（如服务器与服务器之间的信息交互行为），只是一般的数字传播行为，不是流众传播。

（2）数字化是流众传播的基础。流众传播过程中，所有的信息均以比特的形式呈现，流众借助数字媒体发起的非比特形式的信息流动（如在数字终端外表涂写文字、用数字终端比划信息等），不是流众传播。

（3）网络化是流众传播的前提。只有信息的比特化存储，没有比特信息的网络化流动过程（如将信息刻录到光盘中），也不是流众传播。

（4）人本主义视角是流众传播与新媒体传播概念的主要区别。流众传播强调的是流众的主体地位，强调人在处理与技术、媒介关系时的核心作用，认为人是技术进步、媒介更迭、社会变革的核心力量，技术创新与媒介发展只是人类社会进步的重要影响因素，而非决定性因素。

（5）流众传播与人际传播、组织传播、大众传播是交叉、共生的关系，非并列关系。流众传播强调的是数字化、网络化的人类传播行为。流众传播包括数字化的人际传播、组织传播和大众传播行为。

二、流众传播与其他传播类型的比较

从历史角度看，人类传播的发展历经了口语传播、文字传播、印刷传播、电子传播、新媒体传播（或网络传播）等多种形式；按照类型分，人类的传播行为又可分为人际传播、组织传播、大众传播等。当然，上述两维度划分出的传播类型又有一定的交叉关系。严格来讲，流众传播与上述传播类型并不在同一个维度。但倘若我们从参与传播过程的人的数量和地位角度来看，流众传播与人际传播、组织传播和大众传播又有一定的共性——四者均强调参与传播人数的多寡。从人际传播、组织传播到大众传播，参与传播过程的人数呈递增趋势，这种增势更多地体现在信息接收者数量的变化上，流众传播则在顺应这一趋势的同时，强调了传播者数量的增势，形成了"所有人对所有人的传播"。

流众传播与其他传播类型概念的联系如表3-1所示。

表 3-1　流众传播与人际传播、组织传播和大众传播的对比①

	流众传播	人际传播	组织传播	大众传播
信息传播者	流众	个人	组织化的团体和个人	专业化、固定化、制度化的传播机构
信息接收者	流众	个人	组织化的团体和个人	大众
信息流向	一对一、一对少、一对多、少对一、少对少、少对多、多对多、多对少、多对一	一对一，少对少	一对一、一对少、少对一、少对少	一对多、少对多
信息形式	数字化的文本、图像、音频、视频	声音、文本、图像	文本、图像、声音、音频、视频	文本、图像、音频、视频
传播渠道	数字新媒体	面对面、人际媒介	面对面、人际媒介、组织化媒介	大众媒介
信息过滤	事前过滤和事后过滤	不过滤	事前过滤或不过滤	先过滤后发布
主体间关系	平等	平等	平等与不平等共存	不平等，传者中心
驱动逻辑	自由、平等、开放、包容、创新、分享	关系逻辑 情感逻辑	规则逻辑 利益逻辑	政治逻辑 市场逻辑 专业逻辑

由上表可知，流众传播的发生、发展均依赖于数字技术和网络技术，因而流众传播的主体性、信息流向和信息形式的多样性也都是数字媒体发展的结果。数字媒体的去中心化和对等交互特征，也决定了流众之间的平等关系。流众传播包含数字化和网络化的大众传播、群体传播、人际传播等多种传播类型。

①　该表中人际传播和大众传播两列参照何威. 网众传播——一种关于数字媒体、网络化用户和中国社会的新范式. 北京：清华大学出版社，2011. 121.

第二节　流众传播的动因

流众传播是多动因综合作用的结果。主体、信息、媒介、技术等因素均是流众传播得以存在、兴盛的重要影响因素。其中，不同信息间势能的差别，数字技术与网络技术融合创造的自由传播，是信息能够自由流动、流众能够自由参与数字传播的重要基础。流众传播的概念意在强调数字传播中的其他因素均是为作为主体的人服务的，因为流众才是数字传播的创造者和主导者。本节重点论述流众参与流众传播的动机和目的。

流众传播是特定目的的信息传播行为。流众参与数字传播，也总抱有一定的传播动机，希望达到特定的传播效果。从逻辑上讲，动机的实现，必须依赖一定的介质和行为，而介质的功能满足与否和行为进展得顺利与否，又决定了效果能否实现。换个角度看，传播的功能其实就是传播动机的着力点，传播效果则是已经成为现实的动因。故传播的功能研究和效果研究，对洞察流众传播的动因具有重要的启发意义。当前，关于媒介或传播功能的研究已有很多，如"拉斯韦尔的三功能说""赖特的四功能说""施拉姆的功能学说""拉斯韦尔和默顿的功能观"等，其中沃森和希尔认为的传播八大功能较为全面，这八大功能分别为：工具功能、控制功能、报道功能、表达功能、社会联系功能、减轻忧虑功能、刺激功能、明确角色功能。而研究者对于人类传播效果的认识也基本达成共识，即传播存在两面性，其中的负面影响多表现在对个人社交和心理的影响方面。结合沃森和希尔的八功能说和流众传播的实际特征，本书认为，流众传播的动因主要表现在自我管理、社会资本获取和社会资本交换三个方面。

一、自我管理

借助媒介进行自我管理，是大众媒介诞生以来独有的社会现象。数百年来，大众传媒日渐发达，不仅满足了人们监测环境、休闲娱乐、知识传承、社会协调等诸多需求，也成为受众缓解压力、舒展情绪、自我学习的重要途径。进入信息社会后，外部环境日新月异，生存压力与日俱增，信息爆炸形成的信息浪潮澎湃而来，进一步加剧了流众希望借助媒介进行自我管理的愿望和需求，这也成为流众传播的重要动因。

（一）监测环境

人们希望借助媒介监测环境、消除未知。拉斯韦尔认为，"社会犹如一个生物有机体，周围的环境瞬息万变，人们必须时刻监测，发现危险信息，以确保生存的需要。媒介就像这个社会有机体的'哨兵'，能够准确及时地把周围发生的情况报告给人们，让大家能采取相应的策略和行动。"① 数字网络的四通八达，更是加剧了环境的流变和人心的不安：一方面，新媒体"网事"层出不穷、类型多样，任何事件都可能随时随地地被流众传播、汇集到新媒体空间，这不仅加剧了流众对于生存环境的不安成分和危机感，也提升了其对信息监测的紧迫性。另一方面，数字时代信息传播的"蝴蝶效应"更加明显，任何信息都可能诱发系列传播效应，甚至可能危及流众的正常生活和生命财产。也正因如此，流众才会在网上密切搜寻和关注与自身相关的"蛛丝马迹"，才会助推流众传播的兴盛。

（二）知识习得

"文化习得是指通过个人、媒体等渠道获得知识"②，是流众参与流众传播的重要目的。对于流众而言，数字媒体就是一座巨型的图书馆和知识库，它浩瀚深远，无所不容，它查询便捷，便于存储和携带。无论是近些年日渐兴盛的MOOC，还是基于传统数据库的知识搜索，抑或是对特定主题的交互式讨论和研究，都体现出数字媒介超强的学习功用。通过新媒体消除未知、认识世界，了解身处地球另一端的万千景象和别样风情，也成为流众热衷于流众传播的动因之一。

（三）信息管理

信息爆棚是信息社会的重要特征，也是流众传播的后果之一。步入数字时

---

① 申凡主．传播学原理．武汉：华中科技大学出版社，2012．224．
② 王明月．微博传播对人际关系的影响研究．浙江大学硕士学位论文．2012．

代以来，内容的复制、存储，信息的裂变、爆炸，意义的增殖和繁衍，造就了一个空前膨胀、复杂混乱的信息世界，使身处其中的人们应接不暇、疲惫不堪。为避免被错综复杂的信息吞噬，借助一定的工具，对信息进行梳理就显得非常有必要。依附于数字媒介的流众传播，为流众提供了这样的机遇和能力：一方面，专业的组织流众从海量信息中梳理出有阅读价值的信息，并以新闻的形式呈现在广大流众面前；另一方面，基于聚类技术的数据挖掘技术应用，将与流众个体相关的信息，挖掘、聚类汇总至流众面前，免去了流众搜寻信息的烦恼和"迷失"的困惑；再者，定位信息管理和内容管理的新应用技术也不断涌现，可将流众日常生活中产生的或自身感兴趣的信息分类管理、存储、聚类，极大降低了流众管理信息的成本。

（四）交往管理

流众传播是以人为核心的传播形式。作为传播主体的流众，同时也在扮演着交往主体的角色。因而，交往就成为流众传播的重要内容，也是流众传播的重要动因。一般来说，流众的交往，需要借助社会化媒介进行，社会化媒介传播的理论基础是"六度空间"理论和"150法则"，后者提出了个人与世界上任何一个陌生人建立关系的可能性，这种可能建立在"弱连带理论"① 的基础之上。因此，除日常生活中家人、朋友、同事等强关系外，基于特定兴趣、经历、偶发因素的弱连接关系，成为流众交往的重要途径。"亲近的陌生人"开始成为流众传播中独特的传播现象，这意味着流众交往的多种可能性，为流众融入异质圈子提供了便利。反之，不同的新媒体应用，也为流众管理不同强度的关系提供了更多的选择：当关系稍显亲密时，可通过即时通信进行长期、深入、频繁的联系；当流众在数字空间的关系亲密而现实关系却疏远时，可选择微博关注和转发等自媒体形式保持联络；而当流众之间需要严肃交往时，则可

---

① 由社会学家格拉诺沃特提出。该观点认为，一个人往往只与那些在各方面与自己具有较强相似性的人建立比较紧密的关系，但这些人掌握的信息与他（她）掌握的信息差别不大；相反，与此人关系较疏远的那些人则由于与此人具有较显著的差异性，也就更有可能掌握此人没有机会得到的、对他（她）有帮助的信息。因此，人与人之间的弱连带关系是个体融入社会或社区的必不可少的因素，它能给人们带来意外的信息和机会，它又具备联系不同社交圈子的能力，并且具有较低的可传递性（即熟人的熟人之间很可能不是熟人）。

通过稍显正式的电子邮件等形式沟通交流。

（五）形象建构

前文已提及，观展/表演范式认为，受众是自主的甚至自恋的表演主体，他们具有强烈的愿望和积极的能动性，借助媒介来表演或呈现自己。流众是典型的表演群体，新媒体为流众的自我表演提供了绝佳的舞台。不同的流众会根据自身的定位和期望，去建构不同的社会角色："装清新""扮时尚""晒幸福""狂吐槽"，他们或扮作"文艺青年"，或以"意见领袖"示人，只为在公众面前构建一个理想中的自我形象。另有一部分流众，只为通过"晒"出差、旅游、购物、娱乐、学习过程中的"小确幸"①，以博得他人的羡慕和崇拜。还有部分流众借助数字媒介构建自我认知，这种自我认知建立在他人对其看法的基础之上——即"镜中我"理论所认为的，人的行为很大程度上取决于对自我的认识，这种认识主要通过与他人的社会互动形成。人人是一面镜子，互相照耀着对方。新媒体恰恰为自我的"镜中呈现"提供了技术和平台支撑。流众将自我构建过的形象在虚拟空间中曝光，供他人阅读评判。就在这种一来一往的互动评判中，个人关于他人眼中的"自我形象"日渐清晰，并对之不断作出修正。

（六）情绪调节

E·卡茨（Elihu Katz）在《个人对大众传播的使用》一书中提出，个人使用媒介的五种需要：认识的需要、情感的需要、个人整合的需要、社会整合的需要、疏解压力的需要。其中的情感和疏解压力即是心理需要的重要表现形式。

当代社会急剧转型，人员流动加速导致社会信任和情感缺失，人与人交流的功利化倾向日渐明显，流众开始进入所谓的"陌生人社会"，寂寞、孤独成为流众的普遍心理特征。很多人常有类似的经历：翻遍手机通讯录却找不到一个可以倾诉衷肠的对象，这种情况下，新媒体成为流众情绪宣泄的重要出口。正如有学者对微博的描述："微博的点对面的传播模式满足了使用者的诉求，

---

① 网络用语，"小而确定的幸福"的缩略语。

每个博主都可以将自己的感触或者心情写出来，嬉笑怒骂皆成文章，这既满足了博主的倾诉欲，也在一定程度上缓释了博主的心理压力。"[①] 另有研究表明，流众倾向于暴露"真实的自我"[②]。日常生活中难以与人分享的负面情绪往往以暗合、晦涩的言语在微博中表达出来，使微博成为流众宣泄心理压力的重要途径。

（七）时间管理

媒介是基于时间的存在，它重塑了人们对于时间的认识。在长久的媒介演变和普及过程中，利用媒介消磨时间、管理时间也成为人类使用媒介的重要目的。有研究认为，广播、电视等传统媒介成为受众划分生活时段的重要工具，如晚餐后收看电视成为普遍的家庭生活场景。对流众而言，由于工作和生活节奏加快，人们的时间呈现出越来越明显的碎片化倾向，不受时空限制的新媒体因此满足了流众对于碎片化时间的需求。因而，合理利用碎片化时间，打消偶尔的无聊时光，成为流众使用新媒体的重要动机。当然，流众使用新媒体消解时间还多了些逃避和麻醉的意味。有学者写道，"作为大众精神食粮的媒介文化，为了舒解普世人群的压力，通过对'现在'的神化、将时间空间化、让人遗忘整体性时间的三种策略，来消解和遗忘时间，它也因而充当了现代'宗教'的角色。'现在'成了大众躲避危机、消费欲望与进行末世狂欢的场所。"[③] 这种逃避损害了我们长久以来形成的时间观念："我们再也不能集中注意力关注持续性的事件，而是习惯于消化短小的、琐碎的、简单的文字，我们对时间不再有持续的、整体的感觉。"[④]

（八）休闲娱乐

娱乐是人的天性，也是流众参与流众传播的重要动机之一。数字新媒体提

---

① 李哲. 大学生微博使用情况的调查与思考——以衡水学院为例. 衡水学院报，2012（5）.

② 乔胜辉，余林. 网络交往的心理研究述评. 克拉码依学刊，2011（5）.

③ 姚力，蒋云峰. 大众文化的时间困境. 吉林大学学报（社会科学版），2002（2）.

④ 卞冬磊，张红军. 媒介时间的来临：电子传播媒介的时间的想象. 新闻学研究，2007（90）. 转引自邵培仁，杨丽萍. 媒介地理学：媒介作为文化图景的研究. 北京：中国传媒大学出版社，2010. 91.

供了空前丰富的娱乐形式，无论是网络音乐、视频，还是网络游戏，虚拟体验等应用都有庞大的用户规模，这些足以证明流众的娱乐动机之强烈。

（九）自我实现

按照马斯洛需求层次理论（Maslow's hierarchy of needs）①，人的需要可以分为五个层次，即生理的需要、安全的需要、爱与归属的需要、尊重的需要及自我实现的需要。其中，自我实现主要指发挥个人能力和价值，实现个人抱负和理想的需要。这种需要一般通过胜任感和成就感加以确认。参与流众传播，便意味着排除了现实生活中诸多体制性因素的阻碍。个人的意志和才华成为流众实现自我价值的决定性因素，现实生活中很多看似遥不可及的梦想，都在数字空间内得以梦想成真。

二、社会资本获取

流众传播中，流动的不仅仅是信息，还有社会资本。流众社会资本的流动，缘于流众传播的人本性。换言之，流众传播的本质依旧是人与人之间的交往与互动。这正如卡斯特在《网络社会的崛起》一书中所说的，网络空间同现实空间一样也是人类活动营造的结果。网络社会是现实社会的缩影，是流众在赛博空间中营造的另一个虚拟的社会，虽然超越了地域的界限，但仍有人与人之间的关系。因此，社会资本不仅在流众传播中继续存在，而且是现实社会资本在虚拟空间中的映射和延伸。

那么，到底什么是社会资本？流众从传播中又能获取哪些社会资本？

格兰诺维特（Granovetter）较早提出了"网络中流动的资源"的概念。他指出，在社会网络中流动的资源可分为"信息"（information）和"影响"（influence）两大类，前者指个人可以从网络成员处获得对自己行动（如找工作等）有价值的信息，而后者则指个人可以从网络成员处得到能直接帮助自己达到行动目的的实质帮助。② 这里的"信息"和"影响"其实就是社会资本

① 由美国心理学家亚伯拉罕·马斯洛（Abraham H. Maslow）于1943年在《人类激励理论》一文中提出。

② Granovetter, M. S., The Strength of Weak Ties, 1973, P. 1360.

的具体表现形式。当前比较一致的观点是，"社会资本"的概念最早由法国社会学家布迪厄（Bourdieu）提出。布迪厄认为，社会资本是一种通过对体制化关系网络的占有而获得的实际的或潜在的资源集合体。[1] 其中的资源与制度化的持久关系网络有关。美国华裔社学家林南则在社会网络分析的基础上，提出了社会资源（Social Resource）的概念，并对电子网络所承载的资源进行了深入分析。林南认为，电子网络中的资源并非只有单纯的信息用途，它们还提供了社会资本。随着电脑的普及和技术的不断创新，将会有更多的个体参与到新型的社会网络和社会关系中，这其中必然会牵涉到部分社会资本的创造和流动。美国学者科尔曼（Coleman）则在前人的基础上，将资本明确为一种社会结构性因素，为社会资本微观向宏观发展提供必要基础。[2] 科尔曼认为，社会资本包括两个要素：第一，它是社会结构的一个方面；第二，在结构内它有利于个体的某些行动。"社会资本"是从关系中获得的、现实的或潜在的资源。社会资本的结构基础或载体就是社会关系。他把社会资本的表现形式概括为义务与期望、信息网络、规范与有效惩罚、权威关系以及多功能社会组织和有意创建的社会组织等。[3] 社会资本不仅是增加个人利益的手段，也是解决集体行动问题的重要资源。

　　不同学者对媒介使用与社会资本获取的关系还存在一定的分歧。部分研究者认为媒介使用降低了人们的社会资本，并将直观的原因解释为媒介使用占据了原本可用来获取社会资本的时间。但与之针锋相对的观点认为，媒介的使用不仅不会减少人们的社会资本，反而会因为频繁的媒介互动、交流和知识获取，催生新的社会资本流动途径，增加人们的社会资本。作者赞同后一看法，并认为以流众为中心，以去中心、全球化、网络化、数字化为特点的流众传播，形成了新的网络社区，后者具备了社会资本流动的基本要素——网络、关系和资源。事实上，依托于计算机、互联网形成的流众传播，实现了人际互动

① Bourdieu P. The forms of Capital. In Handbook of Theory and Research for theSociology of Education, ed. J. G. Richardson, New York：Greenwood, 1985. 转引自殷俊等. 新媒体产业导论. 成都：四川大学出版社, 2009. 84.

② Coleman, Jarose S. Social capital reconstruction of society. American Jonrnalof Sociology, 1988（4）：95—121.：84. 转引自殷俊等. 新媒体产业导论. 成都：四川大学出版社, 2009. 84.

③ 李斌. 社会学. 武汉：武汉大学出版社, 2009.234.

由现实空间到虚拟空间的转移。流众在数字空间建构的"虚拟社区",宛如日常生活中的人际网络。加拿大网络分析家巴瑞·威尔曼（Barry Wellman）也认为,对数字媒体的使用会提高流众的社会资本。威尔曼提出,现在人们社会网络中的社会交往已经是以个体而不是以地理意义上的社区为中心。威尔曼将这种以个体为中心的社会网络称为"网络化的个人主义"（Networked Individualism）。威尔曼对互联网的社会作用抱积极态度,认为信息和传播技术（ICTs）能加强人们之间的联系,"互联网在增加人们的社会资本和市民参与并在发展（网民）的网络社区归属感"[①]。与之相类似的观点是,马克·格兰诺维特（Mark Granovetter）提出的"弱关系的力量"（the strength of weak ties）。他指出,由于弱关系更可能带来异质性的信息,因此弱关系的作用可能比强关系更有力。[②]

基于六度分割理论的数字媒介,为流众创造了非同寻常的弱关系世界。流众传播中的社会资本主要靠数字网络的社会化交互实现。流众的社会化交互体现在以下几个方面:首先,流众的社会背景、价值观念、知识水平、思想境界、物质能力、社会地位等不一样,必然会形成一定的资源差,势必会导致社会资源流动。其次,基于社会化网络形成的流众群体,也必然会参与到这错综复杂的互动关系中:一方面,他们借助新兴的技术和应用形式,在数字媒介中互动交流,形成新的社交关系;另一方面,也将原有的社会关系映射到数字空间中,并借助数字化交互加以强化。在这创建和强化的过程中,社会资本开始交换、流动。

流众传播中的社会资本有两种形式:一种是现实社会中已有的社会资本流动,这部分社会资本是流众与非流众均具备的,只是流众传播将这部分社会资本的流动迁移到数字新媒体中,并加以实现;另一种是只有流众才有的社会资本,譬如在流众传播过程中所享有的声誉、权威等。流众传播中的社会资本类型大体可分为两类:一类是工具性社会资本,这类社会资本通常以资源交换、

① Quan—Haase, A., Wellman, B., Capitalizing on the Net: Social Contact, Civic Engagement, and Sense of Community, TheInternet in Everyday Life, 2002. PP. 29 1—324. 转引自邓建国. 强大的弱连接——中国 WEB2.0 网络使用行为与网民社会资本关系研究. 上海:复旦大学出版社, 2011.107.

② Granovetter, M. S., The Strength of Weak Ties, 1973, P. 1360. 转引自邓建国. 强大的弱连接——中国 WEB2.0 网络使用行为与网民社会资本关系研究. 上海:复旦大学出版社, 2011.95.

知识的获取、学习和信息辨别能力的提升等方式来实现；另一类是情感性社会资本，此类社会资本多表现为群体的归属感、认同感，个人的成就感、情感的发泄和抚慰等。

三、社会资本交换

流众获取社会资本的最终目的是与他人进行交换。这需要借助"社会交换"理论（Social Exchange Theory）进行分析。社会交换理论代表学者是美国社会学家 G. C. 霍曼斯（George Casper Homans）和彼得·布劳（Petter Michael Blau），这一理论的形成"深受功利主义经济学和行为主义心理学的影响"[①]。其基本观点有：

（1）人是一种理性的动物，在任何交换关系中都以追求利润最大化为原则，即以最小限度的付出换取最大限度的收益；

（2）任何一种人际关系或社会互动过程，实质上都是一个社会交换过程，其中，任何一方作为互动主体都要为互动过程和互动对象付出一定的代价，如时间、精力、物质的及精神的支出等，同时又要从互动过程中获得一定的收益，如物质的或精神的奖励等；

（3）社会交换过程不仅包括物质形态的交换，同时还包括非物质形态的精神交换，如感情、信息、服务、尊重、社会赞许等；

（4）社会交换过程还遵从学习餍足原则或边际效用递减原则，即一个已经获得大量社会赞许的人，不像一个缺乏社会赞许的人那么重视社会赞许；

（5）人的行为有多种选择，每个人都会对此进行合理的计算，以选择那些能谋取最大利润的行为，但由于不同的人的需要和价值观不同，从而能够实现社会整体水平上的收支平衡，即公平交换。[②]

社会交换理论认为，社会交换（social exchange）与经济交换（economic exchange）的重要区别在于：经济交换是基于商品或有形的服务产品的交易和交换，双方事前会以合约的形式明确责任、义务、时间等因素。换句话说，经济交换中的

---

① 车文博. 当代西方心理学新词典. 长春：吉林人民出版社，2001. 320.
② 车文博. 当代西方心理学新词典. 长春：吉林人民出版社，2001. 320.

交易是直接的，合约是确定的，信任与否不是很关键。而社会交换中，虽然在行为发生前并没有对期望回报的确切性作出明确的规定，但交换行为中却暗含着对双方义务和回报的期望，且双方对这种义务和回报不能讨价还价。社会交换会引起个人的责任、感激之情和信任感，而纯粹的经济交换则不会。因而，信任就成为交换双方最为看重的因素，"互惠"则是社会交换能够持续进行的核心原则。

从传播学角度看，人际传播是一种典型的社会交换现象。正如美国学者迈克尔·E. 罗洛夫（Michael E. Roloff）在《社会交换论》一书中定义人际关系传播时所指出的："人际传播是处于一个关系之中的甲乙双方借以相互提供资源或协调交换资源的符号传递过程。"也有学者提出，"人际传播的推动力量是'自我利益'（self-interest），人们出于交换包括爱情、地位、服务、货品、信息和金钱等在内资源的需要进行相互间的传播活动。"[①] 霍曼斯补充道，交换不仅是物质商品的交换，还包括赞许、荣誉或声望等非物质的交换。对于本书的研究对象而言，其实大部分流众传播是借助数字媒介进行的人际传播行为，因而对信息、声誉、情感、赞许的交换，也是流众传播与一般人际传播的共有动机。但流众传播中的社会交换还表现出一些新特征：首先，流众传播构成了一个比现实社会更为便捷、更为复杂的网络社会，这为流众提供了建立更多关系和互动的可能性，同时大大降低了其进行社会交换的成本和门槛；其次，流众传播中，并非所有的交换行为都是为了追求所谓的"利润最大化"，基于开放、共享精神的新媒体技术，滋养了流众的奉献和分享的精神，"不求回报"成为部分流众群体奉行的行事法则；再次，虚拟、匿名等特征，削减了流众间社会交换的信任成分，导致了非对称交换关系的出现，造成了部分交换关系的终止和破裂；最后是流众传播中的社会交换行为多是信息的共享、知识的创新、思想的传递等非物质交换行为，流众之间的物质性交换行为，多伴随一定的现实关系。

必须说明的是，上述动因针对的是个体流众，即前文所说的作为"本位主体"的流众。对代表政府、机构、传媒和社会团体等"高位主体"的组织流众而言，其参与流众传播的动机，则是宣传其代表主体的政策、宗旨、活动，或是进行新闻宣传，以期获取一定的经济效益和社会效益。

此外，有学者根据"使用与满足"理论，提出人类的媒介使用动机还应

① 薛可，余明阳. 人际传播学. 上海：同济大学出版社，2007. 92.

有工具性使用与仪式性使用之分。前者意在强调受众的媒介使用行为抱有特定的目的和动机，后者则强调媒介本身即是满足动机或需求的来源，受众的媒介使用没有明确的目的和需求。也有人根据使用媒介目的不同对两者概念做了区分：工具化的媒介使用是指有目的地使用媒介内容来满足对信息的需求或动机；仪式化的媒介使用是指或多或少习惯性地使用媒介来满足转移注意力的需求或动机。① 部分学者认为：仪式观的思想基础来自符号互动主义，媒体使用目的是为了获得纯粹的即时满足，其动机直接来源于个人的独有习性。② 但作者以为，对于传统媒介而言，受众对媒介的仪式性使用尚有存在的可能。对于强调主动参与和主体性的流众传播而言，流众对新媒体的仪式性使用的可能性微乎其微。即便流众在信息传播过程中没有外在的目的和需求，但流众主动的无意识投入，实则已隐含了特定的动机。

第三节　流众传播的模式

构建模式是社科研究的一项重要内容。美国比较政治学家比尔和哈德格雷夫认为："模式是再现现实的一种理论性的、简化的形式。其结构与现实的或预料的现实的结构相同。但模式本身并非一种解释，只是在表述理论方面有十分重要的、直接的辅助作用，因为它的特点在于能够体现出各种关系。由于从模式到理论这个跳跃通常都非常迅速，所以往往有人把模式看成理论。模式往往比任何其他现象更易被人看成是一种理论。"③ 美国学者卡尔·多伊奇（Karl Wolfgone Deutsch）在《政府的神经》一书中提出，模式具有构造、解释、启发、预测等功能④。

用模式来描述传播规律和传播现象，也是传播学研究的重要方法。众多学者尝试根据自身的研究和理解，构建贴合传播现象和实际的模式，形成了线性传播模

---

① Alan M. Rubin, "Ritualized and Instrumental Television Viewing", p69.

② 位常娥. 两种满足模式的比较——传播的传递观与仪式观下的使用与满足模式. 新闻传播, 2009（10）.

③ 转引自［美］W. 塞弗林, J. w. 坦卡特. 传播学的起源、研究与应用. 福州：福建出版社, 1985. 14.

④ 转引自胡正荣, 段鹏, 张磊. 传播学总论. 北京：清华大学出版社, 2008. 123.

式、互动论传播模式和系统论传播模式。对传播模式的认识与建构，一方面得益于传播学研究的深入发展，另一方面也有力促进了传播学研究迈向新的阶段。

尝试构建传播模式是一项复杂而又危险的行为。这是因为：一方面模式是对规律和现象的一种简约化表达，是对现实的一种抽象和概括。它表达现实，却并不等同于现实。既然是概括和抽象，就难免存在以偏概全、以管窥天的弊端；另一方面，人类的传播行为和传播系统本来就是复杂多变的过程，试图用一种固定模式对其进行精确诠释，本来就是难以完成的任务。但这并不妨碍我们借助模式来解释流众传播的努力，也不能抹杀模式分析对流众传播的意义。有了模式，我们离流众传播的本质和真相就更进了一步。

一、新媒体传播模式

当前，对新媒体传播模式的研究已颇有建树。不少权威学者对新媒体的传播模式都有论述，他们将新媒体传播看作与以往传统大众传播截然不同的传播类型。美国学者马克·波斯特（Mark Poster）在《第二媒介时代》（The Second Meida Age）一书中将媒介划分为两个时代。他认为：以信息制作者极少而信息消费者众多的单向性播放型模式占主导的时代，是第一媒介时代；以媒介的制作者、销售者和消费者为一体的双向型、去中心化的交流模式为主导的时代，是第二媒介时代。波斯特认为的"第二媒介时代"，其实就是网络媒介时代，它的主要特征是互动与自由。麦奎尔等人将传播形态分为三种：广播模式、印刷模式和共同载具模式（common carrier model）。广播模式指利用无线电波传递信息的传播媒体，包括无线电广播和电视等，受众不必向信息发布者请求即可自行接收；印刷模式指报纸、杂志等媒体，受众必须向信息发布者购买或订阅方能收听和收看；共同载具模式则是指类似于一般人机间的沟通方式。① 麦奎尔还总结了博德维杰克和范·卡姆（Bordwijk and Van Kaam, 1986）关于受众类型的四种划分方式，后者按照"信息的中心性"（或者说信息的存储）和"控制时间和主题选择"两个维度，交叉划分得出四种传播类型②：训

---

① 转引自郭玉锦，王欢. 网络社会学. 北京：中国人民大学出版社，2009. 18.
② 参见［英］丹尼斯·麦奎尔. 受众分析. 刘燕南，李颖，杨振荣，译. 北京：中国人民大学出版社，2006. 52－53.

示型受众：代表了传统的单向传播情况下的大众媒介的受众。受众"反馈"的可能性受到限制，传播基本上是单向的。咨询型受众：出现在人们能够决定在什么时间、从中心信息源所提供或存储的信息中选择什么内容的地方，他们已经是一群个性化的信息消费者了。对话型受众：两边都由个体控制，似乎同样减弱了受众被动的意味。由于传播者与接受者的角色不再泾渭分明，新型受众的出现成为可能。注册型受众：受众会被置于某一中心系统的观察之下，他们接触媒介的情况和所接触的具体内容，都会被监测并记录下来。

表 3 - 2   传播关系的四种模式

控制时间和主题	控制信息存储		
		中心	个体
	中心	训示型	注册型
	个体	咨询型	对话型

表面上看，表3－2的四组传播关系是对受众类型的划分，实际上也反映了四种不同的信息传播模式。虽然博德维杰克和范·卡姆的本意是对人类整体的传播行为进行划分，但这四组关系也折射出新媒体传播中存在的多种信息传播模式，体现出不同传播主体之间权力关系的变化。

诸多国内学者对新媒体传播模式开展研究，并尝试构建了多种视角的新媒体传播模式。如吴志文、申凡在《试论互联网状态下传播类型的重新划分》[1]一文中，按照参与目的的不同将网络传播划分为：网络交往型传播、广场型传播、组织型传播、公告型传播、网络检索型传播。梁勇、张文红在《用排列的方式分析网络信息传播模式》[2]一文中将网络传播划分为一对一、一对多、多对一、多对多的同步/异步传播方式。

邵培仁用所谓的"阳光模式"来描述和反映网络传播。"阳光模式是指以宏观的整体的眼光所抽象出来的，通过信息交换中心（如电信局或网站等）连接各个信息系统进行信息创造、分享、互动的结构形式。"[3]

---

① 吴志文，申凡. 试论互联网状态下传播类型的重新划分. 广西师范大学学报（哲学社会科学版），2011（4）.
② 梁勇，张文红. 用排列的方式分析网络信息传播模式. 北京印刷学院学报，2003（6）.
③ 孟庆兰. 网络信息传播模式研究. 图书馆学刊，2008（1）.

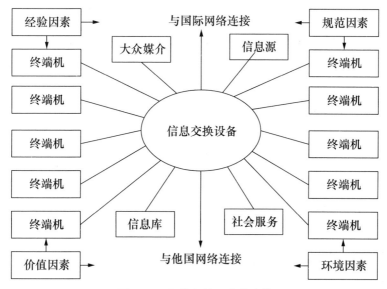

图 3-1　邵培仁的阳光模式①

图片来源：邵培仁. 传播学. 北京：高等教育出版社，2000.

王中义等人根据网络传播的特点，总结出"网络模式"②，这一模式的特点是以计算机为媒介，可以是一对一、一对多、多对一或多对多的传播方式，整个传播方式以网状分布为结构，无中心，也无边际。网络模式中的传播主体既是传播者又是接收者，并且受到人格结构、基本群体和社会环境等因素的制约。

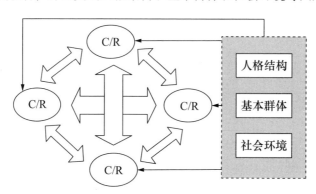

图 3-2　王中义等人的"网络模式"

图片来源：王中义等. 网络传播原理与实践. 合肥：中国科学技术大学出版社，2001.

---

①　孟庆兰. 网络信息传播模式研究. 图书馆学刊，2008（1）.

②　以下几个新媒体传播模式均参考孟庆兰. 网络信息传播模式研究. 图书馆学刊，2008（1）.

有学者认为，网络传播的认识对象是整体互动的，提出了所谓的"整体互动模式"①。该模式的贡献在于强调网络传播的双向性和能动性，揭示出网络传播的复杂性和多向性。这一模式包含人际传播、大众传播和网络传播三大系统，它们协同并存，互动互促。该模式还有四大特点：整体性和全面性；辩证性和互动性；调动态性和发展性；实用性和非秩序化。

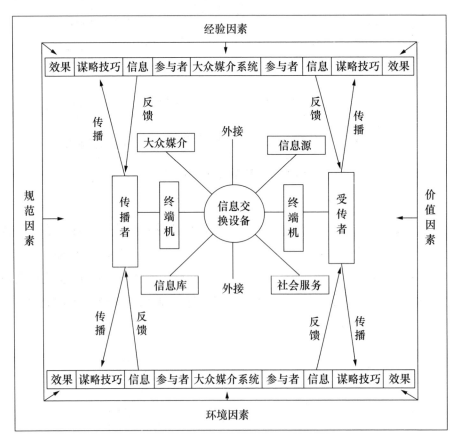

图 3-3　整体互动模式

图片来源：孟庆兰. 网络信息传播模式研究. 图书馆学刊，2008（1）.

谢新洲将传者、受者、媒介、信息、噪音和诸多数字媒介形式等多因素综合概括，提出了网络传播的基本模式。具体为：

_____

① 孟庆兰：网络信息传播模式研究. 图书馆学刊，2008 年第 1 期.

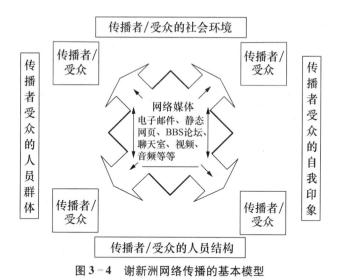

图 3－4 谢新洲网络传播的基本模型

图片来源：谢新洲．网络传播理论与实践．北京：北京大学出版社，2004．

郝金星根据网络信息双向传播的特点，结合网络信息的具体传播方式，总结出网络环境下的信息交流模型。该模式区分了网络传播方式和传统的信息交流方式，涵盖"面对面"的直接信息交流和"借助其他"渠道的传播方式。

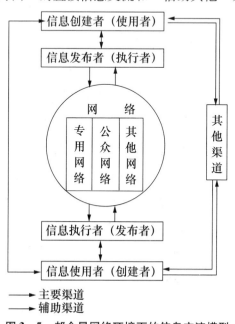

图 3－5 郝金星网络环境下的信息交流模型

图片来源：郝金星．网络环境下的信息交流模式初探．情报科学，2003（1）．

还有学者根据六度传播理论，提出了"六度传播模式"。这一模式中，每一传播主体同样兼具传者和受者的角色，其传播行为受到自我印象、人员群体、人格结构与社会环境的影响。传播主体在整个模式中具有决定作用：一方面对传播内容、媒介、信息等进行选择、加工、传播；另一方面，对媒介、内容和信息进行选择性接收。其中，作为信息传播介质的多种新媒体形式，构成了传播主体沟通、互联的渠道，通过这些渠道，每一个个体或组织，均可与连接网络的其他任何个体取得联系，传播信息。

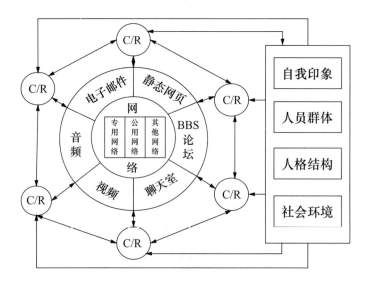

图 3 - 6　六度传播模型

图片来源：孟庆兰．网络信息传播模式研究．图书馆学刊，2008（1）.

范东升在参考施拉姆对话模式和信息社会传播模式的基础上，设计了新媒体信息流的模式图①。其中，左边的圆代表以主流媒体为中心的大众传播模式：媒体占据核心，信息呈发散式传递给受众，受众之间的联系甚少；右边的圆表示以用户为中心的公民媒体传播模式，每个用户自成中心，且用户之间联系紧密，信息双向流通。两圆的交叉部分表示，部分个体既是媒体的受众，又是公民媒体的用户。传统媒体的受众与公民媒体的用户之间的信息也存在一定的流动现象。

---

① 参见：范东升．拯救报纸．广州：南方日报出版社，2011.228.

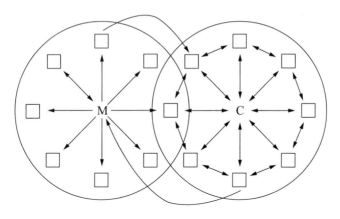

M = 主流媒体
C = 公民媒体（包括社交媒体）
□ = 受众/用户
→ = 信息流

图 3-7　新媒体信息流模式图

图片来源：范东升．拯救报纸．广州：南方日报出版社，2011. 227.

二、流众传播模式

虽然已有众多研究者尝试建构了视角多元的新媒体传播模型，但大多数模型的构建，依然是以媒体为中心，或者说是从技术主义的视角出发的。作为新媒体传播的决定性因素——人（组织）以及人（组织）与人（组织）之间的传播关系的重要性，并没有在相关模式中得到应有的重视和体现。

与新媒体传播强调技术的决定作用不同，流众传播模式的提取和构建以人为中心，这要求我们坚持"以人为本"的传播理念，重新审视人在新媒体传播中的角色和作用。其实，早在1979年保罗·莱文森就指出了人在大众传播、在媒介进化中的决定性作用。莱文森吸收了达尔文的进化论，在其博士论文《人类历程回顾：媒介进化理论》中提出了"媒介进化论"等观点，认为人是媒介进化过程中的主宰和决定性因素："人决定媒介的演化——哪些存活，哪些落到路边，哪些命悬一线，哪些如日中天。""可以说，媒介的进化不是自然选择，而是我们人的选择——也可以说是人类的自然选择。适者生存的媒介就是适合人类需要的媒介。"① 莱文森认为，"人是积极驾驭媒介的主人。不是在媒介中被发送出去，而是在发号施令，创造媒介的内容。对别人已经创造出的内容，人们拥有空前的自主选择能力。"② 人类不单能引导媒介进化的过程，而且能推动媒介的人性化进程。莱文森的论述，为我们构建以人为中心的流众传播模式提供了很好的可行性分析。

根据新媒体技术发展的不同阶段和流众在信息传播过程中的关系演化过程，我们认为，流众传播的发展归纳为以下三种模式：

（一）广播独白模式

这是互联网发展的最初阶段，也就是所谓的 Web1.0 阶段的流众传播状态。这一阶段，对信息传播起主导作用的是作为传媒、商业机构的组织流众。信息技术的变革，为传统的大众传播模式向网络化、数字化转移打开了方便之门，"技术 + 平台"成为第一批互联网企业网上淘金的主要做法。对于个体流众而言，简单的链接点击、新闻和信息浏览成为他们仅有的操作行为。与大众传播十分类似，这一模式依然是由少数组织流众向多数个体流众传递信息，依然是由少数精英主导的、一对多的、单向的传播模式：组织流众与个体流众之间依然存在着大众传播时代的主导与被主导关系，网络评论成为个体流众仅有的反馈行为。

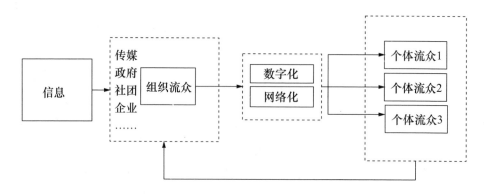

图 3-8　流众传播的广播独白模式

①　[美] 保罗·莱文森. 手机. 何道宽，译. 北京：中国人民大学出版社，2004.12.

②　[美] 保罗·莱文森. 数字麦克卢汉. 何道宽，译. 北京：社会科学文献出版社，2001.56.

（二）社交互动模式

美国哲学家马克·波斯特（Mark Poster）在上世纪 90 年代中期敏锐地捕捉到媒介传播去中心、多元化的发展趋势，提出了"第二媒介时代"（The Second Media Age）的观点。"第二媒介时代"，其实是相对于大众传播所对应的"第一媒介时代"而言的，指的是互联网出现以后的媒介时代。这一时代的主要特征是"双向的、去中心化的交流"。当然随着互联网技术的不断创新，"第二媒介时代"已有了新的内涵：一种鼓励流众互动联系、快速分享、创建虚拟社区的信息消费系统正在形成，这种发展带来的不仅是信息传播模式的改变，还是对"交往传播关系的一种全新构型"。新的传播方式"既改变了我们思考主体的方式，也为改变社会形态带来了可能性，电子文化促成了个体多重身份的形成和个体的不稳定身份，并提出了超越现代社会和形成后现代社会等问题"。① 保罗·莱文森还提出了"新新媒介"的概念，主要指互联网上的第二代媒介，并指出了"新新媒介"的特征：（1）其消费者都是生产者；（2）其生产者多半是非专业人士；（3）个人能选择适合自己才能和兴趣的新新媒介去表达和出版；（4）新信息媒介一般免费，付钱是不需要的；（5）新新媒介之间的关系既互相竞争，又互相促进；（6）新新媒介的服务功能胜过搜索引擎和电子邮件；（7）新新媒介没有自上而下的控制和守门人；（8）新新媒介使人人成为出版人、制作人和促销人。②

作为流众的我们，正生活在鼓励社交互动的"第二媒介时代"，流众传播也就进入了"社交互动模式"。这一模式的主要特点是以流众为核心，以去中心、社会化、开放、交互、共享为特点。个体流众在整个新媒体传播过程中的话语权获得前所未有的提升，且有压倒组织流众的趋势，他们传受一体，善于参与、分享与整合集体力量和智慧，通过信息聚合和社会化网络将具有共性特征和爱好的人连接起来，形成新的网络共同体，重塑人类的社会关系。

① ［美］马克·波斯特. 第二媒介时代. 范静晔，译. 南京：南京大学出版社，2000. 61.
② ［美］保罗·莱文森. 软利器——信息革命的自然历史与未来. 何道宽，译. 上海：复旦大学出版社，2011. 4.

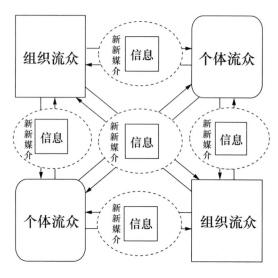

图 3-9　流众传播的社交互动模式

(三) 自由传播模式

　　未来的数字技术将会怎样发展？新媒体的发展趋势是什么？流众传播的未来形态又会怎样演变？对于未来的媒介和传播状态，早有学者作出了预测。莱文森在"媒介人性化"理论中认为，"所有媒介终将变得越来越人性化，它们处理信息的方式越发像人一样自然，且后继的媒介优于已有的任何媒介。"[①]他预言，"媒介演化的方向和前技术时代的人类传播方式越来越协调一致"[②]，信息技术的发展，将打破时空因素对人类传播行为的限制，同时把人类带回原始的自然的传播状态和传播环境中，人与人之间的交流重回双向、平等、即时、自在，人们对整个信息环境的把握是自由自在、轻松惬意的。

　　美国《连线》杂志编辑凯文·凯利 (Kelly, Kevin) 曾对机器连接和人类连接的趋势作出预言 (图 3-10)。他认为，随着机器连接和人类连接能力的不断增强，在人类连接和机器连接的两部分之间，逐渐交叠起来。两个区域将在中间箭头那块相遇。这块重叠交叉的区域将会被新兴的全球超有机体所占

---

　　① ［美］保罗·莱文森. 软边缘：信息革命的历史与未来. 熊澄宇等，译. 北京：清华大学出版社，2002. 原著前言.

　　② ［美］保罗·莱文森. 数字麦克卢汉. 何道宽，译. 北京：社会科学文献出版社，1997. 262.

据。这块区域所代表的实体不单是由所有其他机器连接起来而形成的统一体机器，也不完全是由所有人类智能连接成的超智能的智域（noosphere）。它是由所有人类智能及所有人工智能连接在一起所形成的活跃的杂合体。在这片结合区域内，所有产生信号的物体都是节点——不管是人类还是机器。^① 其实，这也符合媒介的未来发展趋势——"人的媒介化"与"媒介的人性化"走向交汇、共融，并达到水乳不分、互惠共生的状态。其最终的状态是"人机合一，人网合一，其哲学意义是'心物相连'，是'心物一元'"。^②

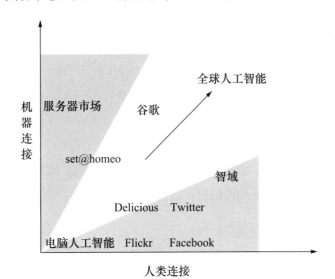

图 3-10　机器连接和人类连接的趋势

图片来源：[美] 凯文·凯利. 技术元素. 张行舟，余倩等，译. 北京：电子工业出版社，2012. 200.

对流众而言，在社交互动模式之后，还会经历更多的传播模式和传播状态。我们也有理由相信，随着传播技术的不断发展，流众传播的信息将更为丰富，针对流众的媒介应用和服务将更为多元，信息的传播机制将更为民主化和扁平化，束缚流众传播的时间素和空间因素，将会因技术的进步和媒介的演化，慢慢被削减消除。我们甚至可以大胆预测，技术的大踏步飞跃，使流众传播的基础——数字媒介成为落后媒介，正如今日广播、电视所面临的境遇。新

① 参见雷强. 网络领导. 北京：国家行政学院出版社，2012. 120.
② 参见雷强. 网络领导. 北京：国家行政学院出版社，2012. 120.

的传播技术，比如量子计算开创新的媒介形式，也开创新的传播类型。但无论技术如何进步，媒介如何演变，人类传播行为终将是趋向自由的。正如莱文森所说的那样，"我们渴望回到我们昔日自然传播的故乡"，"我们在延伸的过程当中超越了这个故乡。"①

对于人类而言，图3-10所示的"全球人工智能"的实现，也就意味着本书所说的纯粹自由传播时代的到来。纯粹的自由传播，则是以人为中心的，打通人与技术、与终端、与媒介之间"间隔"的，人与技术、信息、媒介自然相处、自在交互、自由传播的理想传播状态。"我们把媒介穿在了皮肤上，我们又回到了没有中心没有边缘的部落时代，一个平等、自由交流的部落时代重新回到了人类社会中。"② 到那时，传播已经幻化为人类的一种知觉，一种生理机能，一种自在状态。正如我们无时不刻都在呼吸，却感觉不到我们正在呼吸一样。未来，传播与媒介更多的是温暖亲密的技术和伙伴，是个人装置和持久的、轻松的以及自由自在的存在。那是一种自然的返璞归真，是人类记忆深处的最初状态。纯粹的自由传播状态，理论上是存在的，人类的传播行为正在无限趋向这一状态。只是趋向的过程还有很长。

三、流众信息的传播模式

必须说明，从纵向来看，流众传播模式经历了三个发展阶段，但这些模式并不是替代式发展的，而是在相当长的一段时间内共存的，至少在当前的情况下是这样。流众之间"独白式传播"和"互动分享式传播"的共存，也导致了流众之间信息传播方向的多种可能性。从横向角度看，流众传播是"多对多"的传播，其中隐含着以下几种信息传播状态：

（一）O2A（Organizational Bitizen to ALL）

广播模式。这是典型的大众传播模式，即代表特定利益的组织团体向大众发布信息的行为。这一模式中存在严格的信息把关行为，如门户网站、媒体机

---

① ［美］保罗·莱文森. 数字麦克卢汉. 何道宽，译. 北京：社会科学文献出版社，1997. 73.
② 石义彬. 单向度、超真实、内爆：批判视野中的当代西方传播思想研究. 武汉：武汉大学出版社，2003. 205.

构的网页版和政府、社团的官方网站等。

（二） I2A（Individual Bitizen to ALL）

自媒体模式。即由个体流众通过微博、微信、博客等自媒体渠道发布信息的行为。通常而言，这一模式下的信息传播，具有个性化、私人化、零编辑、低门槛、草根化和碎片化等特点。随着自媒体网络的不断发展，自媒体新闻开始对传统的新闻采集模式及流程产生挑战，往往能够产生事先难以预料的传播效果。

（三） O2O（Organizational Bitizen to Organizational Bitizen）

通讯模式。这一模式类似于通讯社与报纸、电视等传媒机构之间的传播关系。不同的是，组织流众之间的信息交互是双向的。这种信息传播行为通常发生在网络媒体对某一重大突发事件的报道中，因为没有第一手消息，常引用其他网站报道的信息。

（四） I2I（Individual Bitizen to Individual Bitizen）

聊天模式。有学者称之为"以媒介机构为媒介的'新人际传播'"[①]。这种模式发生在作为流众的个体之间，就像现实生活中的聊天场景，因为借助的新媒体应用形式的不同，可分为一对一的"私聊"，一对多的"演讲"，多对一的"声讨"或多对多的"开会"等传播类型。常见的聊天应用有即时通信、论坛、微博留言等。

（五） I2O（Individual Bitizen to Organizational Bitizen）

上传模式。这一模式下的信息传播存在两种情况：一种是政府、传媒或商业机构的意见征求行为，意在向个体流众征求意见，提升服务；另一种是个体流众的自发行为，多是因为其现实需求没有得到应有的满足。此外，还有学者总结了网络传播的特点，将受众主动通过媒体获取信息的行为称作是"拉"（Pull）的模式。如个体流众利用 RSS 阅读器订阅新闻。

---

① 杨继红. 新媒体生存. 北京：清华大学出版社，2008. 182.

（六）O2I（Organizational Bitizen to Individual Bitizen）

推送、反馈模式。推送模式是指组织流众通过一定的技术手段向个体流众推送信息的行为，如即时通信工具中常出现的新闻弹窗就是典型的推送模式。反馈模式是组织流众对单个或小部分个体流众的信息反馈行为，通常是对某一意见或行为的意见反馈。与广播模式不同，此类行为常不以信息传播为目的，而意在凸显反馈行为本身的重要性。

除上述六种模式外，流众传播中还可能存在"A2O""A2I""A2A"等信息传播类型。杨继红将前两者称为"N 对 1 的场式"[①] 传播。套用到流众传播中，是指多个流众或流众群体作用于单个流众的传播现象，其中的场由多个流众集合而成，但受到作用的单个流众多因特定因素引起广泛关注。杨继红将后者称为"N 对 N 的蛛网式"[②] 传播。对于流众传播而言，多个个体的同时交互，构成了异常复杂的传播行为。

第四节　流众传播的特征

基于对流众传播的界定及与其他传播类型的对比，我们认为，流众、数字化和网络化是流众传播的必要条件。流众的主体地位，是流众传播呈现出显著区别于新媒体传播的特征与属性，数字化和网络化使流众传播演变成高度融合的复杂传播形态。

流众传播与新媒体传播共同的基础是数字化和网络化，因而二者在特征和属性上也有很大的相似之处，新媒体传播在很大程度上也反映了流众传播的属性和特点。关于新媒体传播，互联网实验室[③]将其特征归纳为："互动性""主动性""个性化""移动化"[④]；宫承波将新媒体传播的特点归纳为："超媒体""交互性""超时空""个性化信息服务""虚拟信息传播"[⑤]；张文俊则认为，

① 杨继红．新媒体生存．北京：清华大学出版社，2008.192.
② 杨继红．新媒体生存．北京：清华大学出版社，2008.192.
③ 号称"中国网络空间第一智库"，由方兴东发起成立。
④ 2006—2007 中国新媒体发展研究报告，该报告由北京软件与信息服务业促进中心与互联网实验室联合发布。
⑤ 宫承波．新媒体概论．北京：中国广播电视出版社，2011.4 – 6.

"交互性""人本性""通约性""实时性""主控性"① 是新媒体传播的重要特征;孟波② 2011 年 7 月在上海交通大学演讲时提出,新媒体的特点在于实现了"全时传播""全域传播""全民传播""全速传播""全渠道传播""全互动传播""去中心化传播""议程设置""自净化"③;还有学者将微博作为典型的新媒体进行研究,将微博传播的特点归纳为"短、平、快、碎、即、开",意为:简短的语言、平等式交流、裂变式传播、碎片化呈现、即时性发布与搜索、开放式群聊,这些特点使网络上真正形成了微博的碎片化信息洪流。④

结合上述研究,作者认为流众传播有以下特征:

一、主体视角特征

(一)人本性

人本性是对人在流众传播中主体地位的确认。人是流众传播的主导因素,是数字技术、新媒体和信息传播等诸多要素的核心。流众传播的发生、发展和结束均以人的存在为前提,其传播机制、内容、效果等均是围绕人这一核心进行的。如莱文森所言:"人是积极驾驭媒介的主人。不是在媒介中被发送出去,而是在发号施令,创造媒介的内容。对别人已经创造出的内容,人们拥有空前的自主选择能力。"⑤ 我们认为,流众传播的人本性体现在:首先,数字技术的进步是人类知识生产和技术创新的成果,人类创新数字通信技术的出发点和目标也必然是服务于人类社会。反之,数字技术的更新和进步同样仰赖于人类智慧火花的碰撞和知识的更新;其次,人始终是数字媒体诞生、使用、创新和更迭的主体,新媒体的不断迭新也始终遵循着"人本"的基本逻辑;再次,无论技术如何发达、媒介如何发展,比特信息的流动传播依然是在人的设计和主导下进行的,即便是技术的自我衍生和自我复制等特性加剧了信息流动的复杂性和人类对其控制的难度,但其依然是人主导下的信息传播行为。

流众传播的人本性特征还突出表现在与大众传播的对比中。一般而言,除

---

① 张文俊. 数字新媒体概论. 上海:复旦大学出版社,2009.33 – 34.
② 孟波系新浪网副总编辑。
③ 谢耘耕,徐浩然. 传媒领袖大讲堂(第二辑). 上海:上海交通大学出版社,2013.42 – 145.
④ 朱海松. 微博的碎片化传播——网络传播的蝴蝶效应与路径依赖. 广州:广东经济出版社,2013.2.
⑤ [美]保罗·莱文森. 数字麦克卢汉. 何道宽,译. 北京:社会科学文献出版社,2001.56.

信息传播外，传统的大众传播还承担了较多的政治、经济和宣教功能，政府、市场等诸多外部力量的干预，使大众传媒将受众打包成无差别的群体和有待售卖的统计数字，受众作为人的属性，被淹没在大众传媒的意识形态控制和对经济利益的盲目追求中。与之相反，流众传播则是更加贴近人性的传播。首先，流众传播使人的主体地位得以确立，参与流众传播的个体或组织摆脱了大众传播时代主客依附的二元对立关系，恢复为自在交流的主体。其次，虽然流众传播依然是在政治和市场逻辑支配下的传播行为，但政治、经济等外部势力对流众传播本身的影响力已经大大降低。流众传播中，个体流众传播的信息量和活跃程度已远超商业机构和政府组织。再次，新媒体多样的传播方式、精细化传播手段为流众营造了近乎原生态的自在传播环境，"舒张了个人的意愿及表达空间，促进了社会的多元化发展进程"①。

（二）自在性

法国哲学家莫里斯·梅洛－庞蒂（Maurice Merleau-Ponty）提出，人的身体以两种方式存在：自在的存在和自为的存在，前者指展现在空间里的物体的存在，后者指意识的存在。本书所说的自在性，指流众传播的自由性、无约束性和自主性，不同于哲学意义上的"自在"概念。但梅洛－庞蒂关于身体的自在存在和意识的自为存在的观点，依然有助于流众传播的自在性分析。

流众传播具有自在性，首先体现在流众的自在性上。流众的自在性主要表现在两个方面：

一是流众身体的自在性。一方面，与传统媒介（广播除外）相比，数字媒体的灵活性有了较大的提升，移动化成为数字新媒体的显著特征，手机、Pad 等智能终端便携轻巧，打破电视收看、文字阅读等传统媒介行为对于固定场所的束缚。它们可随身携带，使人的身体得到解放；另一方面，数字媒体的存储、点播功能，使信息传播打破了时间的桎梏，历时传播使人的身体自由起来，按照自身意愿随时参与流众传播已经成为现实。流众身体的自在性还体现在感官的平衡上，新媒体实现了听觉、视觉、触觉等多种感官的平衡，有助于人类传播回归自在的传播状态。

---

① 张文俊．数字新媒体概论．上海：复旦大学出版社，2009.33

二是流众意识的自在性。这种自在性主要表现为流众的无压力参与过程和防抗、抵制的自由性。前者主要得益于新媒体传播的匿名性和去中心化：大部分情况下，在参与流众传播时，流众隐去了现实的社会角色和制衡关系，回归到本真自我的状态，甚至以一种"超我"的状态参与流众传播；数字媒体去中心化的网络结构，大大提升了干预的成本，即便是各国通常采用的事后过滤和追惩的做法也无法完全杜绝违规行为。后者得益于流众的生产性行为：流众通过对直接的话语和行为反抗、意义与符号的转嫁、荒诞无稽的解构、刻意的选择与回避等多种形式，实现意识上的自在。

此外，流众的信息传播过程也表现出一定的自在性。其一，比特是信息传播的基础，任何内容均可自由转换为字符串的形式；其二，数字媒体四通八达，只要有网络节点，信息就可以自由传播到世界的每一个角落；其三，流众传播的内容可通过多媒体形式来呈现，报纸、广播、电视等传统媒体的内容也可自由汇集到数字媒介中来。

（三）主动性

主动性本是人类传播行为的题中之义。传统研究将大众传媒所建构的社会称为"大众社会"，并将受众分为主动型和被动型。显然，这种划分忽视了受众研究的复杂性，也不符合真实的受众状况。对大众传播而言，其受众依然具有很强的主动性，这种主动性首先表现在对媒介的主动接触和选择上，继而表现为对信息的选择性理解，最后表现为对信息的选择性记忆。弗兰克·毕奥卡（Frank Biocca）曾指出"主动型受众"具有五个特征："第一个特征是选择性（selectivity）。主动型受众在媒介的使用上具有较强的选择性。第二个特征是实用性（utilitarianism）。主动型受众运用媒介满足某种特定的需要或者达到某种特定的目的。第三个特征是意图性（intentionality）——即有目的地使用媒介内容。第四个特征是参与性（involvement），或者努力。在此，受众主动参与、思考和使用媒介。最后，主动型受众具有不受外界影响（impervious to influence）的特征——即不容易被媒介说服。"① 这五个特征，其实就是受众主动性的表现。

与传统受众相比，流众的主动性表现得更为明显。我们甚至可以说，在流

---

① 转引自［美］斯蒂芬·李特约翰. 人类传播理论（第七版）. 史安斌，译. 北京：清华大学出版社，2004. 362.

众传播中，没有任何一个行为不是流众主动发起的。流众的这种主动性，不仅体现在流众信息生产过程中，也体现在信息的消费过程中。首先，数字空间内的大部分信息，都是由流众推动发生的，所有影响深远的重大网络事件无不与海量流众的积极参与密切相关；其次，数字信息的流动传播也是靠互动参与、分享转发才得以持续、迭进；再次，数字传播多重复杂的传播效果，也是流众主动参与数字传播的结果。就像朱海松所说的："网络传播的复杂适应性正是把传播系统的网友看作具有自身目的与主动性的、积极的'活的'主体。网络传播的过程也是竞争的过程，竞争是系统的反熵机能，通过竞争激发自组织以及整个传播系统的主动性、能动性、创造性，涌现出更大的整体效应。更重要的是，正是这种主动性以及它与环境的反复的、相互的互动反馈作用，才是网络信息传播系统发展和进化的基本动因。"[①] 研究也证实，流众是主动的、活跃的、自发的传播主体。新媒体传播中出现的诸多知名事件都是由流众推动发生的。如"微博的碎片化传播大部分是自发的，是极度复杂网络所包含的自组织的自然表达。一旦网络结构变得足够复杂，有大量中心节点控制其他长尾式的众多小节点，复杂和自组织行为就会涌现出来。"[②]

（四）个人化

流众传播是个人化传播的时代。传统媒体环境下，大众传播被专业主义和精英主义所主导，政治上的特许政策和对经济基础的依赖，使普罗大众与大众传媒相去甚远。新媒体环境下，只需一个终端、一个节点，个人就随时可以参与到流众传播过程中来。"由于媒介技术的发展及其应用向个体的回归，媒介网络化的发展以及技术网络的泛化，个体媒体与个人传播变得日益突出，一个以个体为主导的新传播时代已到来。"[③]

数字媒体鼓励个人化的传播形式。从媒介使用情境上来看，与电视鼓励家庭集体观看不同，无论是固定在桌面上的计算机，还是可随身携带的手机、

---

① 朱海松．网络的破碎化传播——传播的不确定性与复杂适应性．北京：中国市场出版社，2010.65.

② 朱海松．微博的碎片化传播——网络传播的蝴蝶效应与路径依赖．广州：广东经济出版社，2013.69.

③ 李家宝．中外文化精神十讲．北京：高等教育出版社，2009.259.

Pad 等移动终端,均偏向独处的使用情境。从流众传播的内容来看,除时政、娱乐、财经等由专业机构发布的信息外,流众关注的多是与自身密切相关的或自身感兴趣的信息。从传播机制上看,流众传播中点对点的双向传播模式,增强了流众的参与感,也更符合个人化传播的需求。

流众传播引领传媒进入个人媒体阶段。有研究者将传媒发展划分成三个阶段:"(1)精英媒体阶段——农业时代,主要特征是信息由少数人生产,少数人消费,传播模式为小众传播;(2)大众媒体阶段——工业时代,特征是信息由少数人生产,多数人消费,传播模式为大众传播;(3)个人媒体阶段——信息时代,特征是信息由多数人生产,多数人消费,生产和消费界限模糊,传播模式为个人传播。"[①] 尼葛洛庞帝也曾预言:"在后信息时代中,大众传播的受众往往只是单独一人。"当下的新媒体正处于大众媒体和个人媒体并存,或者说是由大众传媒向个人媒体演变的阶段。与之相对应的流众传播,多是与个人密切关联的传播行为,即越来越分化的个性需求,越来越个人化的传播方式,越来越细分的传播内容。可以说,流众传播正在引导当下的个人化传播行为,也必然引领流众走向个人媒体的发展道路。

麦克卢汉曾说:媒介即信息,媒介是人的延伸。在流众传播时代,人的媒介功能得到了前所未有的舒展和延伸,特别是互联网进入 Web2.0 阶段以来,人在数字信息传播过程中的作用和功效愈发凸显。仿照麦克卢汉的说法,我们甚至可以大胆说,在流众传播中,"人即媒介","人即信息"。美国弗吉尼亚媒体中心的沙尼·伯曼(Shayne Bowman)和克莱斯·威利斯(Chris Willis)提出的"We Media"(我们即媒体),就很好地体现了"人即媒介"的思想,目前已被广为接受的"自媒体"概念,更是直接将个人与媒介结合,使"人即媒介"的理念深入人心。2006 年,美国《时代》杂志曾将年度人物评选为"You",也就是参与流众传播的每一个人,甚至有学者称,"在网络世界里,每个人都是媒体,每个人都是话题中心,数十亿网民共同缔造了自媒体时代。"[②] 这足以证明流众传播的个人化特征。

---

① 东鸟.网络战争——互联网改变世界简史.北京:九州出版社,2009.17.
② 东鸟.网络战争——互联网改变世界简史.北京:九州出版社,2009.17.

二、机制视角特征

(一) 复杂适应性

复杂适应系统（Complex Adaptive Systems，简称 CAS）由美国圣塔菲研究所的约翰·H·霍兰（John H·Holland）在《隐秩序——适应性造就复杂性》一书中提出。霍兰认为，复杂适应系统是"由规则描述的、相互作用的主体组成的系统。这些主体随着经验的积累，靠不断变换其规则来适应。""在复杂适应系统中，任何特定的适应性主体所处环境的主要部分，都由其他适应性主体组成，所以，任何主体在适应上所做的努力就是要去适应别的适应性主体。这个特征是复杂适应系统生成的复杂动态模式的主要根源。"①

霍兰认为，复杂适应系统模型有七个基本特征：聚集、非线性、流、多样性、标志、内部模型以及积木②。格蔡尔（E·Andres Garcia）将之补充为③：

---

① ［美］约翰·H·霍兰. 隐秩序——适应性造就复杂性. 上海：上海科技教育出版社，2000. 9 – 10.

② 霍兰对这些特征解释为：（1）聚集有两个含义，第一个含义是指简化复杂系统的一种标准方法，即是把相似的主体聚集成类，相互作用，这是指主体聚集的条件。在这个意义上讲，聚集是构建复杂适应系统模型的主要手段之一。聚集的第二个含义是指较为简单的主体的聚集相互作用，必然会涌现出复杂的大尺度行为。这是指主体聚集后产生的结果，这种涌现的结果是复杂适应系统的一个基本特征。（2）非线性指主体以及它们的属性在发生变化时，并非遵从简单的线性关系。（3）流可以看成有着众多节点与连接者的某个网络上的某种资源的流动。一般来说，节点即是指主体，而连接者表明可能的相互作用。在复杂适应系统中，网络上的流动因时而异，节点和连接会随着主体的适应和不适应而出现或消失。因此，无论是流还是网络，皆随时间而变化，它们是随着时间的流逝和经验的积累而反映出变易适应性的模式。（4）复杂适应系统的多样性是一种动态模式，其多样性是复杂适应系统不断适应的结果。每一次新的适应都为进一步的相互作用和新的生态位开辟了可能性。如果与前面讲到的聚集结合起来看，这就是系统从宏观尺度上看到的结构的涌现，即所谓自组织现象的出现。（5）在聚集体形成的过程中，始终有一种机制在起作用，这种机制就是标志。在复杂适应系统理论中，标志是为了聚集和边界生成而普遍存在的一个机制。标志能够促进选择性相互作用，为了相互识别和选择，主体的标志在主体与环境的相互作用中是非常重要的。设置良好的、基于标志的相互作用，为筛选、特化和合作提供了合理的基础，这就使介主体和组织结构得以涌现。标志是隐含在复杂适应系统中具有共性的层次组织结构背后的机制。（6）霍兰用内部模型来定义实现主体实现某项功能的机制。在复杂适应系统中，当适应性主体接收到大量涌入的输入时，就会选择相应的模式去响应这些输入，而这些模式最终会凝固成具有某项功能的结构——内部模型。（7）复杂系统常常是在一些相对简单的部件的基础上，通过改变它们的组合方式而形成的。因此，事实上的复杂性往往不在于块的多少和大小，而在于原有积木的重新组合。参见 http：//baike. baidu. com/link？url = nd8jAsxRWWsKu5WeW3 xz-vkTAtoWTBDHBE8SD3UzCRa0waL1Yl29KsHXgN – NahQUZEfcmSel2i8tmK_ Bmg3FSVa.

③ 转引自金吾伦，郭元林. 运用复杂适应系统理论推进国家创新系统建设. 湖南社会科学，2004 (6).

复杂适应系统是由许多主体构成的网络，这些主体会自我管理，而且也是并列的，没有中心来控制它们的行动；

主体发现它们自己生存在一个与其他主体相互作用的环境里，它们总是根据其他主体的行动来做出反应，引起环境不断地改变和演化，并不断创生新奇性质；

行为的组织模式形成于主体间的竞争与合作；

主体不断地组织和再组织自己，以形成含有多层次组织的较大结构，某层次的主体成为较高层次主体的积木；当外部条件改变时，这些积木被修改、再联合和重组，而且主体学习、适应和演化，并把信息或经验嵌入系统的实际结构中；

适合于探索某些特殊行为位置的主体，就占据了这些位置，然而当环境改变时，旧的位置消失了，新的位置就产生了；

在某种程度上，主体预测未来，它们根据适用于一定条件的内部模型（关于环境的隐含的或明显的假设）做出预言，并采取特殊的行为；当主体获得经验时，这些内部模型能被检验、精制、重新处理；主体对来自环境中的反馈做出反应，从而调整它们的行为；

主体没有实际的方法来优化它们的行为（如适应性、使用性等），因为在复杂的、不确定的和迅速变化的环境中，可能性空间非常大；主体希望能做得最好的是，根据其他主体的行动来改变和提高它们自己。这些特征非常详细而具体，为我们理解和界定复杂适应系统提供了标准和框架。

通过上文分析可以发现，流众传播与复杂适应系统的特征高度契合：流众传播由数字传播主体构成，通过网络化的结构互联，没有明确的中心节点；流众通过与其他主体的互动，构建认知和行为；通过集体协作，分享智慧和经验；流众同样具有极强的适应能力和创新性，不断产生新的媒介体验，并以之促进数字媒介的发展，提高自身的传播能力；通过反馈和互动，流众不断修正自身的知识和行为模式，为新的传播行为提供参考。此外，流众传播中"流"的内涵，与霍兰将"流"看作有着众多节点与连接者的某个网络上的某种资源的流动的观点，更是不谋而合。由此可见，流众传播表现出显著的复杂适应性特征，其自身就是一个复杂适应系统。

（二）涌现性

涌现性是复杂适应性的重要特征。有学者认为，"涌现是指在复杂系统的自组织过程中涌现出新的、连贯的结构、类型和性质，相对于它们所出自的微观水平的分量和过程，涌现现象被定义为在宏观水平上出现的现象。"[①] 简单来说，"涌现性就是系统具有，而其组成部分所不具有的新性质"[②]，即我们平时说的"整体大于部分之和"。涌现的一大特征是，事先没有明显的预兆，偶发的因素或线索即可诱发涌现现象。涌现来也匆匆，去也匆匆，有一定的规律性，却并非简单的"还原论"所能解释："事物的涌现，都经历了一个'无序—有序—新的无序—终于有序'这样的过程。无序不是混乱，是存在着自组织的无序；有序维持着事物的稳定性，而无序则为事物提供资源以保持生命力。"[③]

时至今日，以互联网为代表的数字新媒体已逐渐演化为具有复杂结构的复杂系统，依托于新媒体的流众传播则表现出明显的涌现特征。在流众传播过程中，数以亿计的流众，基于关系、兴趣等维度分类聚集成不同的组分群体，在不断的交互和海量信息的冲刷中，相互作用、相互影响，不断改变环境，又不断适应环境，就在这反复的循环中，无数个体在集合行为中耦合出新的总体特征，这种特征非个体的简单叠加，而是总体上的涌现。有研究证明，新媒体传播与线性系统的本质差别就在于其非线性的复杂特征，或者说是非线性的结构决定了流众传播的涌现性，这其中孕育了无数个"沉寂—涌现—沉寂"的过程："人的自我表现欲望，通过电子书写和人机交流的形式得以在网络上实现，促使了敏感信息的产生；网络空间的遥在方式、趣缘关系和从众心理，进一步加速了信息雪球向涌现临界点的逼近；最后，走向秩序，归于沉寂。而新的涌现，已经在隐秘状态下开始了渐渐的孕育和发展。"[④]

[①]　朱海松．网络的破碎化传播——传播的不确定性与复杂适应性．北京：国市场出版社，2010．154．

[②]　朱海松．网络的破碎化传播——传播的不确定性与复杂适应性．北京：国市场出版社，2010．154．

[③]　李彪．舆情：山雨欲来——网络热点事件传播的空间结构和时间结构．北京：人民日报出版社，2011．75．

[④]　乔同舟．复杂性理论视野下的互联网涌现现象．四川大学硕士学位论文．2006．

流众群体的自组织性和网络结构的耗散性，是流众传播整体涌现的重要影响因素。"以海量的组分为基础的网络信息传播形成了巨量的个体自组织规模，自组织规模是形成网络传播系统整体涌现性的必要根据。而网络传播结构的耗散性，为信息在线上和线下相互缠绕的耗散式交流创造了环境条件。网络复杂系统的嵌套分形结构，使网络信息传播过程中产生无数的分叉，以及持续的对称性破缺，让信息在网络上的传播充满了新奇性和创造性。"①

当然，与一般涌现性相比，流众传播的涌现性还表现出一些变异特征："事件更具多样性，事件发生更加频繁，事件迸发的力度更具强烈，事件扩张的范围更加广阔，网络与现实之间的互动更加深入。"② "以涌现现象为标志的网络传播将人类传播进路中的那些偶然的、常隐于心灵深处的非理性的传播渴望以及群体间通过虚拟方式相互依赖的互动及其影响力放大到前所未有的状态。"③ 也正因如此，流众传播中涌现出的媒介景观才会如此波澜壮阔，影响深远。

（三）自组织性

"自组织"（Self‑organization）概念由普利高津（I. llyaPrigogine）在创建"耗散结构"理论时最早提出和使用。④ 协同论创始人哈肯（H. Haken）认为："如果一个体系在获得空间的、时间的或功能的结构过程中，没有外界的特定干涉，我们便说该体系是自组织的。"⑤ 这一定义突出了自组织最主要的特点——非外部干预。美国物理学家巴克（P. Bak）、汤超（C Tang）和维森菲尔德（K Wiesenfeld）在阐述自组织临界理论时则提出，"由大量相互作用成

① 朱海松. 网络的破碎化传播——传播的不确定性与复杂适应性. 北京：中国市场出版社，2010. 155.
② 彭虹. 涌现与互动——网络传播表现与动力机制的研究. 西南民族大学学报（人文社科版），2007（10）.
③ 彭虹. 涌现与互动——网络传播表现与动力机制的研究. 西南民族大学学报（人文社科版），2007（10）.
④ NicolisG，Prigoginel. Self‑organization innon-equilibrium syslem, from dissipative structure stoorder through fluctuations. New York：Wiley，1977. 60.
⑤ H. Haken，hffonnation and Self—Organization：AMaeroseopic Approach to Complex Systems，Ber—lin，Springer—Verlag，1988，P. 11.

分组成的系统会自然地向自组织临界态发展"。① 这意味着复杂结构中的自组织有一定的自发性和必然性。将这两点综合起来考虑,本书认为,"自组织"就是一种不受外界影响的、自发自为的行为。

"自组织"是相对于"他组织"而言的。很显然,现代传播类型中的大众传播和组织传播都带有鲜明的"他组织"色彩;网络新媒体传播则被认为具有一定的自组织特征。这是因为新媒体传播具备形成耗散性自组织的基本条件:系统开放、远离平衡、非线性关联、系统涨落和非稳定性②。新媒体是开放系统,其结构的非线性"揭示的是网络的基本结构形式,它可以算作进行信息链式反应的特殊装置;去中心化作为网民所认同的网络自由主义理念和原则,使得大量信息的存在成为可能;流作为信息的存在方式则把这种大量的信息动态化,呈汹涌之势;超链接作为信息组织方式,加快了地址之间的链接,消除了空间距离带来的时间延迟,使瞬间传输成为可能"③。"网络上,人就是媒体,传播同一信息的人的聚集,是自相似的聚集,网络传播的复杂适应系统最本质的特性就是自组织性;通过自组织,系统的整体属性由局部成分间的非线性相互作用产生,系统又能通过反馈作用或增加新的限制条件来影响成分间相互作用关系的进一步发展。因此,自组织过程包括'旧约束'的破除和'新秩序'的建立。在复杂适应系统中,'破除'引发'重建',有序出自无序。这种自组织不是系统'自上而下'的'预定目标',而是由于组成部分之间的相互作用产生的'自下而上'的集体效应所不可避免的结果。"④

流众传播具备同样的自组织特征:流众在开放的数字网络中交流互动,通过调整信息和传播结构的涨浮起落,实现流众传播的稳定与涌现。只是流众传播的自组织对象由以信息和媒介为中心,转向以人为中心。在整个流众传播过程中,即便有政府、企业、传媒机构等这样的"他组织"因素在,但倘若我们将其统统视为普通的数字化的传播主体,所谓的"他组织"自然就变成流

---

① 转引自朱海松. 微博的碎片化传播——网络传播的蝴蝶效应与路径依赖. 广州:广东经济出版社,2013. 77.

② 参见马费成. 网络信息序化原理:Web2.0 机制. 北京:科学出版社,2012. 5 – 9.

③ 乔同舟. 复杂性理论视野下的互联网涌现现象. 四川大学硕士学位论文. 2006.

④ 朱海松. 微博的碎片化传播——网络传播的蝴蝶效应与路径依赖. 广州:广东经济出版社,2013. 68.

众之间的"自组织"了。

　　流众传播的自组织性主要表现在主体和信息两个方面。作为主体，流众之间的自组织性主要表现在其集体协作、分享、创造的过程中。通过自发的协作和调整，流众之间正在形成一股"无组织的组织力量"，经常表现出一种与"乌合之众"完全相反的集体智慧。他们"制造热点，推动口碑，发动聚集，引起注意，造成围观，他们既是受众，也是媒体，他们既分享内容，也制造内容、传播内容，他们既是自媒体也是组织。……他们既是'一般人'又不是'一般人'，他们既是'沉默的大多数'又是'网络英雄'，网络上这种无组织的组织力量，正在重构社会形态，也在形成新的商业价值。"[①] 只不过，流众的自组织"是一种基于话语的、临时的、短期的、当下的组合，而不是一种长期契约"[②]。自组织还是流众传播的信息的重要属性，"任何一个信息，只要放在网络上发布，在它的传播结构内部就携带着关于它的自组织、它的自我实现、它的所有蓝图以及传播形式和传播目的"[③]，这样的内嵌性质，决定了信息必将在流众传播过程中按照自组织的方式传播。

（四）裂变性

　　裂变是物理学概念，本用来描述原子核分裂的过程：原子核在吸收中子之后会分裂成更多质量较小的原子核，同时释放出更多的中子和更大的能量，从而引发其他原子核发生裂变，形成链式反应。这一过程与流众传播的机制有一定的相似性，这种相似性主要表现在以微博和社会化网络为媒介的流众传播过程中。前文已分析，流众传播中，每个人都同时兼具信息生产者和消费者的角色，每个人都可以借助一定的媒介形式成为自媒体；同时，流众传播还可以借助网络化互联，形成信息传播的通路。每一个流众均处在一个点对面的信息扩散场域，宏观上的流众传播就是无数个信息扩散场域交叉重叠的结果。这一过

---

　　① 朱海松. 微博的碎片化传播——网络传播的蝴蝶效应与路径依赖. 广州：广东经济出版社，2013. 70.

　　② ［美］克莱·舍基. 未来是湿的——无组织的组织力量. 胡泳，沈满琳，译. 北京：中国人民大学出版社，2009. 5.

　　③ 朱海松. 微博的碎片化传播——网络传播的蝴蝶效应与路径依赖. 广州：广东经济出版社，2013. 70.

程中，流众扩散信息主要以转发和评论的方式进行，一旦对某一信息感兴趣，流众就会转发和分享，形成面向粉丝的"次级传播"，次级接收者同样会转发自身感兴趣的信息和话题，形成"N级传播"，如此循环往复，最后形成了"One-N-N"的裂变式传播模式，而无数条"One-N-N"的传播链条，则编织成纷繁复杂的流众传播网络。这正如马克·利维所言，"如果把大众传播的传统媒介比做一只信息沙漏，那么，新的传播技术结构就将是一种散布（disrtibuted）型的信息交流结构。可以把这种传媒结构比做新闻与信息交流的一个矩阵（nIatrix）、一张经纬交错的渔网（net）或四通八达的蛛网（web）"①。这其中，流众成为信息传播的主体和主要驱动力，流众间的关系网络则是裂变传播的演进渠道。

在数字信息的裂变式传播过程中，意见领袖的作用十分关键。"据不完全统计，5%的意见领袖是传播的最关键节点，能够将扩散面迅速覆盖到80%以上的人群。"② 当然，就像核爆炸会衰减一样，流众传播的裂变过程也会衰减：信息自身的演变衰弱、新的热点话题的出现、海量信息的过分干扰、政治和经济因素的干预以及流众的兴趣和注意力的分散等因素，会导致裂变传播能量的逐渐减少，直至完全销声匿迹。

（五）碎片化

从字面上讲，碎片化（fragmentation）原指物品破碎成片，后被引申为学术话语。有学者考察认为，"碎片化散见于后现代主义的研究文献，系诸多后现代理论家拒斥所谓世界观、元叙事、宏大叙事和整体性等现代性社会现实的一个关键概念。在传播学领域，碎片化是描述当前社会传播语境的一个形象性说法。"③ 碎片化是现代传媒发展的重要趋势，并非流众传播的独有特征。传统媒介，如广播、电视、报纸等都面临碎片化的挑战，只是比较而言，流众传播的碎片化特征更为明显。

----

① ［美］马克·利维：信息传播与交流的未来发展．宋小卫，摘译．新闻与传播研究，1997（1）．
② 马国良，南存微，彭旋子．新营销战——社会化网络营销实战解密．北京：机械工业出版社，2012．74．
③ 李文明，吕福玉．网络文化通论．北京：学习出版社，2012．299．

　　流众传播的主体、内容、渠道、方式、情境和模式，均呈现出碎片化的趋势，面临着碎片化挑战。从主体方面看，流众传播是"P2P"传播，是"所有人对所有人"的传播。"所有人"这一表述本身就意味着碎片化的无限可能，甚至会出现极致的碎片化情形——"一人对一人"传播。从传播者角度看，传统的由专业组织主导的传媒机构模式，在流众传播时代已不合时宜。作为个体的流众或小规模群体的流众主体，其传播动机必然隐含着碎片化的需求。从信息接收者角度看，流众群体中包含大量的一人化或分割化的目标受众群，碎片化趋势也在所难免。从内容和渠道方面看，微博、微信等新应用的出现，同样加剧了流众传播的碎片化趋势。140字的限制，随时随地的便捷发布，大量发布，大量阅读，大量转发、评论此类无连贯性、无逻辑性的信息，必然导向流众传播行为的碎片化。从传播情境上看，随时随地的"4A"传播，一方面造就了新媒体传播的"短、平、快"的特点，同时也破坏了流众就某一话题进行长期追踪、深度阅读的习惯和情境，这种"快餐式"的传播方式，限制了流众参与传播的深度和持久度，导致"传统的社会关系、市场结构及社会观念的整一性瓦解，代之以一个一个利益族群和'文化部落'的差异化及社会成分的碎片化分割"[1]。这也就造就了喻国明所说的，"碎片化"是描述当前中国社会传播语境的一个形象性的说法。传统的社会关系、市场结构及社会观念瓦解了，代之以一个一个利益族群和"文化部落"的差异化诉求及社会成分的碎片化分割。[2]

　　当然，碎片化并非只是导致流众传播走向割据和分裂的负面因素，它还有一定的正面效应。流众传播的一大特点是将由碎片化演化而来的"破碎时空"重新聚合成新的传播时空。"网络传播去中心化的结构式产生大量传播的'碎片'，这使信息在个人和群体间更自由地流动，这在过程中会产生聚合'碎片'的需求，产生新的整体涌现性的传播效果"[3]。同时，流众传播的碎片化，还为流众与意识形态霸权抗争、博弈提供了便利。在信息爆炸产生的碎片中，流众"倾向于寻找自身的利益群体进行交流，并与世界观、人生观、价值观

　　① 赵洁，曹芳华.2.0营销传播互动整合营销传播策略.厦门：厦门大学出版社，2009.225.
　　② 参见喻国明.解读新媒体的几个关键词.广告大观（媒介版），2006（5）.
　　③ 参见朱海松.微博的碎片化传播——网络传播的蝴蝶效应与路径依赖.广州：广东经济出版社，2013.108.

不同的其他受众群体进行交锋。"① 此外，流众传播的破碎化还意味着数字消费的多元化和个性化，意味着流众自我彰显、个性表达的可能。"其实，碎片化以及与碎片化相伴随的传播领域的分众化，并没有改变我们社会进步的趋势和潮流，它不过是除旧布新的一个必要的中介阶段。在这一阶段上，以往被忽视甚至被损害的普罗大众及每一个个体的个性与价值得到了空前的凸显和关注，学术权威和平民百姓，演艺明星和一个普通人之间的距离，至少在心理层面上不再横着一条不能逾越的鸿沟，……"②

三、其他特征

（一）传播的复合性

流众传播的复合性与数字媒体的融合趋势密不可分，或者说，流众传播的复合性是由数字新媒体的融合性引发的。流众传播的复合性表现在：

多主体复合。纵观人类传播行为，我们可以发现，几乎每一种传播类型的传播主体（这里限定为传播者）都是单一的：口语传播时代，传播者往往是语意表达的一个人；文字时代，也通常由某一个体或由个体代表组织、团体，进行书信往来，或发布信息、昭告天下；印刷时代，组织化、专业化的传播机构成为信息传播的单一来源；电子时代的广播、电视传媒，也由代表一定利益主体、持特定传播立场的专业机构来经营，其信息传播也多是单一的主体行为。进入数字时代，流众传播主体间的界限被数字技术消磨殆尽，传者与受者的角色不再泾渭分明，传受一体的情况开始成为流众主体的生存常态。个人、组织、社团、大众传媒和政治力量等诸多利益主体均可参与到流众传播中，均可成为流众传播的主体。

媒介的复合。一方面，数字媒体强势崛起，咄咄逼人，倒逼广播、电视、印刷出版等传统大众媒介"触网"，数字化和网络化成为传统媒体竞相选择的转型路径；另一方面，数字技术的标准化和网络技术的包容性，也在数字空间内衍生了融合文本、图像、音视频，甚至是体感等多信息类型的传播方式，进

① 朱海松. 微博的碎片化传播——网络传播的蝴蝶效应与路径依赖. 广州：广东经济出版社，2013. 14.
② 喻国明. 解读新媒体的几个关键词. 广告大观（媒介版），2006（5）.

一步加剧了传统媒介形式与数字媒介的融合趋势，加速了流众传播的媒介复合过程。

传播类型的复合。流众传播糅合了传统的人际传播、群体传播、组织传播和大众传播等多种传播模式。几乎所有的传播类型都可通过数字化，融入到流众传播中。

传播形态的复合。主要指流众传播中即时传播和异时传播可以共存。流众间的即时传播如在线 QQ 交谈、信息的即时反馈等；异时传播如微信的语音留言、邮件回复等。

（二）内容的通约性

"美国南加利福尼亚州大学视觉艺术系的俄裔教授列夫·马诺维奇在《新媒体的语言》一书中提出了其独到的软件媒体（software media）的理论。软件媒体的特征是可计算、可编程。他认为在计算机时代，电影以及其他已经成熟的文化形式，已经真确地变成了程序代码（code）。它现在可以被用来沟通所有形态的资料与经验，并且其语言被编码在软件程序、硬设备的接口与预设状态中。通过数字的表现，一个物体按照一定的算法可以被数学化地描述，即媒体变成了可编程的媒体"[①]。流众传播也是可编程的传播方式，可编程也就意味着流众传播具有通约性。

流众传播通约性的基础在于信息的数字化，即流众传播的所有内容都以统一的标准和技术基础——比特的形式来呈现，它们之间可以通过二进制的计算，实现多媒体信息的自由转换、生成、删除、复制、粘贴，所有的信息被融合成计算机可以读取、计算的字节，并以多种可视化的方式呈现在流众面前。

（三）参与的低门槛

流众传播的低门槛表现为三"低"：一是经济上的低成本。随着数字终端的普及和网络触角的不断延伸，借助新媒体终端上网已经由小众的精英行为扩散至寻常百姓，新媒体成为大多数人民能够用得起的媒介种类；对于企业和专业传媒机构而言，传播的成本也显著降低。在微博、微信等新媒体应用中，借

---

① 张文俊.数字新媒体概论.上海：复旦大学出版社，2009.33.

助非凡创意与流众进行互动宣传，成为众多企业的营销利器。二是文化上的低水平。新媒体传播声像兼具，只要具备基本的读写技能，即可参与。三是技术上的低门槛。随着数字新技术、新应用的不断发展，新媒体展现出越来越明显的"人性化"趋势，简单、便捷的操作方式，越来越"傻瓜式"的界面设计，使更多的人能够参与流众传播。

（四）过程的互动性

流众传播是信息共享的过程，互动也就成为流众传播的应有之义。当前，关于传统媒体、网络新媒体互动性的研究和讨论可谓是汗牛充栋，学界也基本达成共识——互动是新媒体传播的重要特征。依附于新媒体的流众传播也是典型的互动传播。流众传播的互动性主要为主体、信息、媒介等多重因素的互动。邵培仁曾说："互动传播和信息革命正在进入一种'临界状态'，一个崭新的社会即将到来，新的社会包容着整个世界，互动传播连接着整个人类"。[①]随着 Web2.0、Web3.0 等概念的不断深化发展，数字新技术、新应用的推陈出新，属于流众互动传播的崭新时代正向我们走来。

（五）效果的扁平化

现代管理理论认为，组织的管理可沿两个方向展开：增加有效管理的层次和扩展有效管理的幅度，这两者相互制衡，甚至直接决定组织管理的成败。传统社会，受管理幅度的限制，必然需要增加管理层次，形成所谓的"科层制"，这种方式借助高耸式的、自上而下的、等级森严的纵向结构，加强对组织群体的控制和管理，当管理层次趋少，管理幅度增大时，高耸式的等级机构的中间层次会大幅减少，向扁平化方向发展。

比较而言，扁平化意味着冗员的破除和效率的提高，但其前提是管理者拥有对于横向维度的超强控制力和对相对位置的精准到达率。在传统媒介时代，想实现这两点非常困难，而以数字新媒体为介质的流众传播简化了传播程序，"P2P"传播改变了传统媒体受制于体制、结构、渠道、规则的状况，形成了空前"扁平化"的传播结构。传播主体之间、媒介之间、终端之间的

---

① 邵培仁. 论人类传播史上的五次革命. 中国广播电视学刊, 1996 (7).

隔阂全暂时消解，几乎所有的传播因素都是对等的，都可直接互动。当然，扁平化并不是说，流众传播仅仅是流众群体在两个层面的直接互动，而是无数流众在纵横交错传播网络中的复杂互动。流众传播是复杂的扁平化，而非简单的扁平化。

第四章　流众传播的效果

对于效果研究的重视，一直是传播学研究的传统，也是传播学学科和理论不断发展的重要推动因素。客观来讲，几乎所有的信息传播行为，都会产生相应的影响。只是不同的信息传播行为，效果有大小、优劣或预期内外之别。当前，研究者大致认为，传播效果有双重含义：一种指微观效果，即带有说服动机的传播行为对个体参与者的心理、态度和行为产生的影响；另一种指宏观效果，即传播活动，主要是大众传播活动对个人和社会整体产生的一切影响的总和。在信息社会高度发达的今天，我们尤其应该重视流众使用数字新媒体所产生的综合影响。

IBM 公司前董事长路易斯·郭士纳（Louis V. Gerstner）曾言："开放的因特网是改变世界的核动力。"今天来看，这一说法丝毫不显夸张。从人类第一次"触网"开始，数字传播的"潘多拉盒子"就被打开。在这"魔盒"散发的魅力和诱惑中，流众传播显示出超强的改造世界能力，也开启了其对人类社会政治、经济、文化和大众传媒等领域的重塑进程。

第一节　流众传播与政治革新

传播对政治的影响从来都是存在的。多伦多学派先驱英尼斯在《帝国与传播》和《传播的偏倚》两本著作中反复论证了这一观点：一个帝国成功的关键，是在传播媒介和帝国组织的时间偏向和空间偏向之间保持平衡。否则，帝国则会因时空偏向的失衡而瓦解、灭亡。英尼斯宣称："一种新媒介的长处，将导致一种新文明的产生。"据此，我们认为，流众传播不仅会产生新的文化形式，还会产生新的政治生态，并影响政治革新，甚至是政体国家的历史进程。

为什么传播对政治会有如此影响？当代民主理论重要思想家罗伯特·达尔（Robert Dahl）认为，"民主运作的主要威胁，更多来自信息和知识的不平等，而非来自财富或经济地位的不平等。"[①]，我们也可以将这句话解读为，政治革新的重要推动因素是信息和知识的传播。因此，媒介和传播在政治生态演变中的作用显得至关重要。与大众传播相比，流众传播的政治影响是显著和复杂的："在这种没有门牌号码、没有科层结构、没有章程规范的松散社群中，网民们有社区无单位、有意见无领袖、有集结无纪律。集体行动无需长时间酝酿，没必要精心组织动员，暴风骤雨说来就来，厚重乌云说散就散。"[②] 当前，几乎所有学者都承认，新媒体挑战了原有的政治制度，但对新媒体究竟如何影响政治生态，影响程度如何，效用如何等问题的看法，依旧众说纷纭。怀着这些问题，本节将从技术赋权、公共领域、民主图景等视角，对流众传播的政治影响一探本源。

一、流众传播与技术赋权

信息通信技术是流众传播产生的前提，也是向流众赋权的基础。但单纯的技术革新无缘政治话语，更不会向大众赋权。传播研究者认为，"赋权作为一个互动的社会过程，离不开信息的沟通与人际交流，所以它与人类最基本的传播行为有着天然的联系。"[③] 赋权的主体和对象必须是人，仅有技术或仅有媒介，新媒体的技术赋权则无从谈起。因而，新媒体传播的技术赋权是通过数字传播的主体——流众来实现的，其本质是流众借助数字媒介的交互和传播行为。美国著名传播学者罗杰斯（Everett M. Rogers）判断，赋权是"一种传播过程，这一过程往往来自小群体成员之间的交流"。[④] 通过流众之间的交互和传播，技术得以赋权，传播得以兴盛。

---

①　Robert A. Dahl, Democracy and Its Critics（New Haven, CT：Yale University Press, 1989）.

②　李永刚. 我们的防火墙——网络时代的表达与监管. 南宁：广西师范大学出版社，2009. 47.

③　丁未. 新媒体与赋权——一种实践性的社会研究. 国际新闻界，2009（10）.

④　Rogers E. M. &Singhal A.（2003），"Empowerment and Communication：Lessons Learn—ed from Organizing for Social Change"，Communication Yearbook，27：67—85.

流众传播赋权是一个加减并举的过程。

首先是做加法。流众传播的加法赋权主要表现在三个方面：

一是为国家与社会的互动搭建平台。流众传播不仅提供了参与、对话、协商的空间，丰富了民主的内容和形式，增加了民主的数量，还成为公众挑战威权、社会反噬国家的"拨火棍"①，成为公民运动兴起的利器和工具。

二是拓展了公民和社会发声、行动的自由和权利。去中心、无把关、低门槛的流众传播，打破了国家对传播的控制和垄断，增加了"草根阶层"话语权利，为数字化公民的民主参与提供了广阔的舞台。数字网络中的流众，不再是大众传播时代的一盘散沙式的、匿名分散的原子化个体。通过新媒体聚合、协作，流众可快速形成特定的群体，并借助社会化网络放大他们对公共事务的声音。

三是增加了国家和公权的责任和义务。一方面，随着流众传播的不断发展，"一种'共景监狱'的监督方式正在形成。"② 全景监控，使国家和政权的一举一动都暴露在数字公民的监视之中，自然就会形成福柯提出的"全景监狱"效应——面对公众的关注，政府不得不进行自我监控，自我收敛，自我革新。另一方面，流众群体频繁的政治参与和挑战，也在倒逼国家和政府改善形象、提高效率，进行政治和机构改革，以回应公众关切，并最终影响政治决策和政策制定。

其次是做减法。分化权力是流众传播对国家权力做减法的重要表现：流众传播打破了国家对信息的绝对垄断，实现了权力的分散和信息的均衡传播。流众传播时代的"权力正在从遵循自上而下运行原则的机制向民主地分配权力的新范式迁移，以前是这些权力的机构高高在上汇集信息，告诉我们如何生

① ［加］罗伯特·A.海科特，威廉姆·K.凯偌尔.媒介重构公共传播的民主化运动.李异平，李波，译.广州：暨南大学出版社，2011.140.

② 法国哲学家福柯的"全景监狱"理论提出，在环形监狱的中间有一个塔楼，从塔楼里看守们很容易看到环绕塔楼四周的监狱及监狱里的囚犯，而塔楼的构造使得监狱里的犯人永远都不知道自己是否受到监控、何时受到监控。这样每时每刻囚犯都有受到监视的感觉，久而久之犯人就成了自己的监视者，逐渐实现了自我监控。参见王金水著.网络政治参与与政治稳定机制研究.北京：中国社会科学出版社，2013.107.

活，现在则是我们所有人共享这些权力。"①

此外，流众传播还"打破先前精英分子们形成的'知识垄断'，这种转变为其他社会和政治势力重构传播领域的方式创造了潜在的机会。"② 垄断被破除，信息和资源就可以自由流动。"由于信息技术扩大了信息和通讯的流动，它使得政府更加透明，政府越透明，精英对全体民众所享有的信息优越感就越小。"③ 精英优越感的减少，意味着草根群体参与力和话语权的增强，同时也意味着国家与社会的共识在增长，分歧在缩小。

二、流众传播与公共领域

公共领域（Public Sphere）一词由哈贝马斯发扬光大。哈贝马斯在《公共领域的结构转型》（The Structural Transformation of the Public Sphere）一书中实现了对公共领域的概念化。他认为，公共领域是"我们的社会生活的一个领域，在这个领域中，像公共意见这样的事物能够形成。"④ 从传播的角度讲，"有些时候，公共领域说到底就是公众舆论领域，它和公共权力相抗衡。有些情况下，人们把国家机构或用来沟通公众的传媒如报刊，也算作'公共机构'。"⑤ 因而，大众传媒被视为公共领域的重要载体，被视为国家和社会进行互动和辩论的主要场所。

随着数字技术的发展和新媒体传播的普及，流众传播成为影响公共领域的重要因素：一方面，开放、互动的传播形式和技术，为公共领域的形成和扩张提供了技术支持、搭建了传播平台；另一方面，碎片化的传播方式、国家对通信技术和设施的控制，也使公共领域的发展始终笼罩着危险的气息。

（一）对公共领域的积极影响

流众传播对公共领域的积极影响显而易见。之所以有此判断，是因为流众

① ［美］亨利·詹金斯. 融合文化——新媒体和旧媒体的冲突地带. 杜永明，译. 北京：商务印书馆，2012. 311–312.

② 参见［加］罗伯特·A. 海科特，威廉姆·K. 凯偌尔. 媒介重构公共传播的民主化运动. 李昇平，李波，译. 广州：暨南大学出版社，2011. 87.

③ 郑永年. 技术赋权——中国互联网、国家与社会. 北京：东方出版社，2014. 98.

④ ［德］哈贝马斯. 公共领域. 汪晖，译. 天涯，1999（3）.

⑤ ［德］哈贝马斯. 公共领域的结构转型. 曹卫东，译. 上海：学林出版社，1999. 2.

传播平等、开放、自由、去中心化的特征，与公共领域对公共意见的发表和辩论要求高度吻合。相较于流众传播，以往的信息接收和传播从未如此便捷和迅速，公民的参与、动员、行动的结果、效能也从未如此迅速和影响巨大。传播环境的变化，使人们对公共领域概念的认识发生变化。伯特曼和韦茨纳（Bertman and Weitzner）认为，通过信息与通信科技的计算机中介传播，可实现哈贝马斯的"理想言谈的沟通情境"，促成真正共识的达成。① "美国学者皮特－道尔格林认为，互联网的正面影响是扩展了公共领域并使其多元化。法兰克福学派传人科尔勒也指出，网络能拓展公民政治参与，并创造崭新的公共领域。"② 当然也有研究者认为，哈贝马斯的公共领域概念早已不适应新媒体时代的政治形势。他们尝试结合新媒体传播的特点，对公共领域的概念进行修正。英国政治学者约翰·科因（John Keane）提出，在新媒体传播环境下，过去那种以民族、国家为范畴的单一公共领域已经绝迹，取而代之的是一种由大小不同、相互交叠、并互相连结的"马赛克拼贴"式的"复数"公共领域。在马赛克式的多元公共领域中，没有人可以拥有控制权，从而也保证了民主。科因赋予公共领域以崭新的定义，认为公共领域是一个人们透过各种传播工具，环绕着既有的互动环境的权力关系，或更大的社会与政治结构，所形成的特定空间的人际关系。③ 修正后的观点，突出了人际关系因素在公共领域中的地位。这与本书所认为的，流众传播是基于数字技术和新媒体网络的传播主体之间的交互关系和行为不谋而合。也就是说流众传播仰赖的数字媒体为公共领域的扩张提供了支撑，流众传播为流众就特定议题如何进行辩论互动，形成更为民主的权力关系提供了基础。

具体来说，流众传播对公共领域的积极影响表现在以下几个方面：

扩展公共领域的范围。流众传播的出现，进一步丰富了公共领域存在的载体和类型，并将公共辩论的介质由大众传播扩展至新媒体传播。与传统类型的

---

① See Bertman, Jerry and Daniel J. Weitzner, Technology and Democracy. Social Reseach, 1997, 64 (3): 1313－1320.

② 洪贞玲，刘昌德. 线上全球公共领域? 网路的潜能、实践与限制. 资讯社会研究, 2004 (6).

③ 参见John Keane (1995). Structural Transformations of the Public Sphere. The Communication Review, volume 1 (1), pp 1—22. 转引自邹军. 看得见的声音——解码网络舆论. 北京：中国广播电视出版社, 2011. 65.

大众传播相比，流众传播更具个人化色彩，很多原本属于私人传播范畴的话题和体验，通过自媒体传播被放大，逐步渗透到公共领域的讨论中，成为公共话题。相反，很多原本在传统媒介时代被特殊处理的、没有进入公共领域的话题和空间，又被分散、碎片式的流众传播侵蚀、分化到公共空间中来。通过这样一正一反的互动，公共领域的边界被显著扩大了。

形成公共领域的"去封建化"。大众传播时代，文化工业打着经济理性的口号，暗地里将国家意识形态引入公共领域，政治势力和商业主义开始堂而皇之地入侵公共领域，导致公共领域面临着哈贝马斯所说的"再度封建化"的危险：大众传媒被政治势力和经济寡头垄断，政治话语开始被严格控制，而无关痛痒的娱乐信息以迎合大众需求的形式大行其道。传媒的批判意识，被追逐利益的商业逻辑所取代，"批判的媒介"被转变为"娱乐化商品"的"生产车间"，而"'文化批判的公众'变成了'文化消费的公众'"①，最终导致公共领域受到挤压，走向没落。进入流众传播阶段以后，个体流众的传播权得到了空前的提升，通过自媒体传播和技术赋权，个人取得了可以与组织、国家对抗的平台和际遇；与此同时，政府和传统媒体的力量却与追求创新、开放、自由、分散的流众传播精神显得有些格格不入，直接削弱了政府和大众传媒等传统力量在新媒体空间中的话语权和控制权，促进了公共领域的"去封建化"。

推动公共辩论的民主化。流众传播不仅扩展了公共领域，更"民主化了公共领域"②。首先，这依然要归功于数字传播平等、开放、匿名和去中心的特征，传播的低门槛使大多数流众群体、大部分公共话题都可以进入到公共领域中来。其次，流众传播分散的传播架构，提高了集中的难度和管控的成本。公权力控制信息的集权时代已经一去不复返。相反，原本处于分散状态的原子式的个体，却通过社会化网络和自媒体加深了彼此之间联系和集体化诉求，不仅使个体流众的话语权得到极大提升，也加大了其对公权力的监督权。这些现象倒逼掌权者向大众妥协，迫使公权力以协商妥协取代强硬压制。再者，匿名的传播方式，使大众更敢于表达内心真实的想法，挑战政府的威权。此外，灵

---

① ［德］哈贝马斯. 公共领域的结构转型. 曹卫东，译. 上海：学林出版社，1999. 58.
② ［英］弗兰克·韦伯斯特. 信息社会理论（第三版）. 曹晋，梁静，李哲，曹茂，译. 北京：北京大学出版社，2011. 258.

活的传播方式，也便于政府与大众进行对话，便于民主化辩论机制的形成。

促进公共辩论的理性化。新媒体传播通过"超链接提供了海量信息咨询和教育功能，而这是理性、文明的公众的前提。"① 各方意见的充分表达，为国家与社会的协商对话提供了充分的论据，并揭示了各种观点可能触发的后果，促进了公共辩论的理性化。同时，流众传播对现实身份的消解、政府权威的颠覆，更容易使参与者将辩论的焦点集中于话题本身。任何偏向一端的辩论和决定，都会引起流众的反弹，进而引发决策者的自省，或者是大众的进一步激烈辩论，从而使政府决策更为理性，更加符合大众的期待。

（二）对公共领域的消极影响

也有看法认为，流众传播存在两面性：新媒体技术既可以对大众赋权，也可以为官僚所用；既可能拓展公共领域，也可能抑制公共领域的发展。2001年哈贝马斯访问中国时，就曾对互联网与公共领域的关系表露出审慎的看法。他说："互联网有可能起到一种破坏性作用，因为它会抽离一些国家当局的控制。这点无论是极右集团还是民主主义者，都可以加以利用。关键是我们怎样去使用这一在传递信息上已消除时间与空间的交往媒介。它能够创造种种新的联系，在迄今不曾有过的公共领域，建立起文学的、科学的和政治的公共领域，它也能够肢解现有的公共领域，因而使富有意义的联系化为乌有。"② 这一担忧也引发部分研究者的共鸣，他们担心数字网络技术自身的缺陷和流众个体素养的不足加剧数字技术对公共领域的负面影响。

类似的担忧还有：

首先是国家和传统势力的干扰。持这一观点的学者认为，科技的发展有可能被官僚统治阶级和商业主义所用。他们担忧国家通过对数字网络进行垄断，达到控制公共领域的目的。从现实情况来看，这种担忧并非杞人忧天。当前大多国家的通信技术和产业的发展依然是由政府主导开发和建设的，最为基础的数字网络资源依然被政府所掌控，这为国家对公共领域的入侵提供了可能。现

---

① 参见 Kees Brants (2005). Guest Editor's introduction: the internet and the public sphere. Political-communication, 22: 143—146.

② 转引自邹军. 看得见的声音——解码网络舆论. 北京：中国广播电视出版社，2011.65.

实生活中，公权力对公共领域的入侵，甚至颠覆也并非从未出现，类似"斯诺登事件"的曝光则更是加剧了人们的这种忧虑。

其次是商业主义的侵袭。"面对互联网技术日益商业化的事实，传播政治经济学者指出，尽管互联网技术具有非常强大的推进民主的潜力，但是被嵌入全球资本主义体系中的互联网，为私人利益所操纵，它只会进一步加深社会不平等，造成新的社会分化，而不会带来一个民主、自由、参与的社会。"① 具体而言，新媒体的运营、发展依然是利益追逐的商业行为，流众传播依然摆脱不了商业利益的侵袭。实际生活中的新媒体企业也多是资本市场上的佼佼者，也难逃资本驱利性的影响。

再次是流众素养的不足。不同个体流众的经济地位、文化水平和媒介素养有着显著的差别，导致流众传播中存在巨大的信息鸿沟，形成妨碍各方参与公共协商、各方意见表达的诸多屏障，阻碍了观点和意见的自由流通，难以形成充分的意见辩论，也就难以形成符合社会预期的协商成果。此外，流众传播虚拟、匿名的特征，也为个体流众的非理性表达提供了掩护。部分个体的冲动、暴戾、阴暗倾向被激发，或扰乱公共论坛秩序，导致公共决议流产。

最后是传播机制的缺憾。有学者提出，流众传播的碎片化已经使数字空间内的公共领域变得支离破碎，流众传播形成了诸多网络亚文化群体，他们对主流话语已经失去兴趣。在流众传播中，还存在较传统媒介差别更为明显的"信息鸿沟"。这是因为，"互联网对一些社会群体进行赋权，而对另一些社会群体则没有。"② "信息技术的发展，使得接近数字媒体的人能够放大他们对公共事务的声音，同时也可能在进一步边缘化那些无法接近数字媒体的人。"③现实生活中，总有些人因为经济实力、政策导向和媒介素养等因素羁绊，不能与"信息富有者"享有同样的信息资源，这导致不同的群体之间存在较大"信息鸿沟"。对于流众传播而言，"信息鸿沟"不仅存在于流众之间，更存在于流众与非流众之间。非流众意味着没有机会接触数字媒介。对数字公共领域而言，再也没有比无缘参与数字场域的辩论和协商更致命的危害了。

---

① 刘晓红. 西方传播政治经济学研究. 上海：上海人民出版社，2007. 150.
② 郑永年. 技术赋权——中国互联网、国家与社会. 北京：东方出版社，2014. 114.
③ 郑永年. 技术赋权——中国互联网、国家与社会. 北京：东方出版社，2014. 103.

三、流众传播与网络民主

长久以来，都有研究者认为，新的传播类型将有助于民主政体的发展，甚至有可能推动威权政体向民主政体转变。他们认为，"新技术促进和捍卫了民主和言论自由，新技术本身就蕴含着一种潜力，会使更多人在民主参与的方式下卷入社会生活的洪流中去。"① "他们相信，互联网创造了一个技术环境，使熊彼特式的精英民主向直接的大众民主转换。"② 我们认可新媒体对民主的促进作用，认为这种促进体现在以下四个方面：

一是新技术提供了扩大民主的另类途径，扩大了民主发展的信息资源，使民主的扩张有了新的空间和载体。

二是促进了传统代议制民主的完善。一方面，借助流众传播分散化、去中心、无边界的特点，可实现对选举的数字化管理，优化选举流程和选举效率，推动代议制民主向直接民主转变，从而克服了代议制民主中民众间接参与的弊端。另一方面，作为个体流众的候选人可借助自媒体，实现对选民的点对点传播，与选民进行直接、畅通的互动，宣扬自己的参选理念，争取选民支持。"网络总统"奥巴马就是善于利用自媒体传播的翘楚，自由激进博客《哈芬顿邮报》创始人阿里安娜·赫芬顿（Arianna Huffington）曾声称："要是没有互联网，巴拉克·奥巴马不会当选总统，甚至连民主党总统候选人的资格都拿不到"③。反之，选民也可以借助流众传播查阅候选人的信息，了解选举流程，与他人分享选举相关的意见和看法，并借助新媒体对选举流程进行监督。再者，对选举机构来说，新媒体的出现无疑提高了其运行的效率，他们可以借助网络程序分发、统计选票，并通过新媒体发布选举结果。

三是新媒体为国家和社会的互动提供了"自由的平台"。通过互动，选民的意愿逐渐被体制内的改革派吸收，改革派的阻力也因获得民众的支持而大大减少。这种对话驱使体制自新，形成了渐进的民主图景。

---

① 王金水. 网络政治参与与政治稳定机制研究. 北京：中国社会科学出版社，2013. 108.

② Joseph A. Schumpeter, Capitalism, Socialism and Democracy（New York& Row Publishers, 1975），269.

③ [美] Erik Qualman. 颠覆——社会化媒体改变世界. 刘吉熙，译. 北京：人民邮电出版社，2010. 51.

四是促使极端情况的发生。威权体制的反对者借助新媒体散布鼓动性信息，并通过新媒体行动，甚至是武装、串联，衍生出影响深远的"线下革命"。如有研究者认为，"互联网在推翻印度尼西亚的苏哈托（Suharto）政权上起到了重要的作用。"①

与公共领域类似，也有学者对新媒体与民主之间的关系持负面看法。传播政治经济学者认为，人们对新技术无条件的乐观期待，产生了一种"数字乌托邦"的假象，所谓的"网络民主"实为一种理想主义的幻象。这些学者声称，通信技术和数字网络的设计和发明，是由政府、商业机构和其他管理组织来决定的，虽然新媒体在形式上是分权的，但其本质上仍然是"一个中央注册、监控和控制的工具"②，这为上层控制提供了便利，对数字民主构成了直接的威胁。此外，数字技术的便利性和脆弱性，也为集权控制和恶意攻击打开了方便之门。事实也证明，"政府确实在控制互联网，但是它也在利用这项技术来动员社会力量支持自己的路线。"③ 还有学者研究发现，"网络连通性和政治自由之间有着重要的相互关联，但这些结果并不能决定性地确定其中的因果关系。"④ 英国学者布莱恩·罗德（Brian Loader）在《数字民主》一书也得出"信息通信技术既能使政治扩散也能使政治集中"⑤ 的结论。

总结而言，民主发展的历程，实质上是国家与民众、政府与社会关系演化的过程。新技术、新媒体是影响民主进程的重要因素，但它们之间的关系绝非简单的"决定与被决定"那么简单。国家与社会的斗争注定是一个持久且艰难的过程，技术和传播仅仅是引子，其爆发出来的威力究竟如何，最终取决于身处其中的流众的选择，"取决于国家和社会力量在社会结构中的互动"⑥。

---

① David T. Hill and Krishna Sen, "The Internet in Indonesia's New Democracy," Democratization, Vol. 7 No. 1（Spring 2000），pp. 119 – 136.

② ［荷］简·梵·迪克. 网络社会——新媒体的社会层面（第二版）. 蔡静，译. 北京：清华大学出版社，2014. 104.

③ 郑永年. 技术赋权——中国互联网、国家与社会. 北京：东方出版社，2014. 25.

④ Christopher R. Kedzie, Communication and Democracy：Coincident Revolutions and the Emergent Dictator's Dilemma（Santa Monica，CA：Rand，1997）

⑤ 转引自［荷］简·梵·迪克. 网络社会——新媒体的社会层面（第二版）. 蔡静，译. 北京：清华大学出版社，2014. 105.

⑥ 郑永年. 技术赋权——中国互联网、国家与社会. 北京：东方出版社，2014. 167.

第二节　流众传播与经济发展

传媒产业从来都与经济发展密切相关。这种关系，在大众传播时代表现得十分抢眼，以至于有学者称大众传播本身就是商业话语，这也是法兰克福学派称之为传媒工业的重要原因。对于流众传播而言，新媒体的发展不仅改变了人类的传播方式和生活方式，更直接推动了世界经济的发展。我们也可以说，流众传播不仅改变了传媒工业的生产、发售、消费等环节，也对经济的运行模式和规则产生了深远影响。

一、传媒经济的新变化

"传媒经济是以传播媒介为中心或为主导而形成的各类经济活动的总称。"[1] 自人类传播活动产生以来，与媒介息息相关的经济活动就一直存在，只是到大众传播阶段，传媒经济的地位和作用才得到充分重视，并逐渐发展为国民经济中的重要领域。传媒经济的运行和发展，需适应和遵守经济运行的普遍规律，同时又在传媒产品的生产、流通、交换和消费等环节形成了个性特征。一般认为，传媒经济的属性有三种解释："注意力经济、影响力经济和舆论经济。"[2] 这是传媒的信息传播属性在经济领域的价值体现。

步入流众传播阶段以后，传媒经济的构成开始分化，以往大众传媒一家独大的局面开始受到新媒体崛起的冲击，大众传播经济运作的方式和规律也逐渐被流众传播产销合一、分众碎片等特点改变：大众传播时代，内容交易、广告到达率和对受众的"二次售卖"是其盈利的主要方式。这一过程中起主导作用的是传媒机构，它们是"信息工厂"，负责生产媒介产品，交易产品，并获取经济价值。按照达拉斯·斯迈思（Smythe，D.）"受众商品论"的观点，这一过程存在两次售卖：产品售卖和"受众售卖"。前者是所有经济活动均具有的行为，而后者则是媒介工业的个性特征。关于"受众售卖"，"用经济学的术语来说，受众商品是一种被用于广告商品销售的不耐用的生产原料。受众商

---

① 周鸿铎．传媒经济学教程．北京：中国书籍出版社，2011. 3.
② 卜彦芳．传媒经济理论．北京：中国广播电视出版社，2012. 3.

品为买他们的广告商所做的工作就是学会购买商品，并相应地花掉他们的收入。有时是购买任何分类的商品（飞机制造商一般出售他们的飞机运输，牛奶工业出售各种品牌的牛奶），但大多数情况下是特殊'品牌'的消费商品。"① 在流众传播阶段，新媒体经济运行发生了显著的变化，表现出明显区别于大众媒介的经济特征：

首先是媒介角色的改变。媒介及其所有者的角色已不再是唯一的产品生产者，或者说其在新媒体经济中承担的角色由大众传播时代的生产商，开始向平台搭建者和维护者转变。新媒体经营者内容生产的职能变得不像以往那样重要，平台的搭建、服务的提供、经验的分享开始成为媒介所有者施展拳脚、吸引流众的重要因素；与此同时，对海量信息的聚合、整理，对新媒体技术的研发和平台的维护管理，也是媒介经营者重要的工作内容。

其次是经营内容的改变。新媒体经营者提供的产品不再局限于信息和内容。随着诸多以体验、服务为主的多媒体形式的兴起，如何创造新的使用体验，提升网络服务的质量和效果，开始成为新媒体运营的重要内容。

再次是主体地位的改变。传受一体，使个体流众的传播控制权得到了极大的提升，流众转身变成了内容的创造者、提供者和生产者，而不再仅仅是信息的接收者。个体流众甚至还可以借助自媒体，开创一人主导的媒介经营时代，"微博女王"姚晨等名人自媒体的兴起，便是个体流众在新媒体时代华丽转身的最佳注脚。

最后是运行规则的改为。固然，大众传播时代的产品售卖和受众售卖，在流众传播阶段依然存在，且依然有很大的生存空间。但流众传播鼓励参与、分享和创新的特质，使新媒体经济产生了一个令人惊诧的现象：流众自己生产内容，并将自身包装售卖，新媒体运营者没有参与内容生产，却能在一旁坐收渔利！这一现象令人费解，到底是什么因素驱使流众如此乐此不疲地去生产，同时又盲目无知地为新媒体经营者售卖自己？

社会学家马尔库塞在《单向度的人》一书中提出的"虚假需求"的概念可以为我们解释上述现象，他认为"虚假需求"是指"那些在个人的压抑中

---

① ［英］奥利弗·博伊德－马雷特，克里斯·纽博尔德. 媒介研究的进路：经典文献读本. 汪凯，刘晓红，译. 北京：新华出版社，2004. 273.

由特殊的社会利益强加给个人的需求：这些需求使艰辛、侵略、不幸和不公平长期存在下去"①。与真实需求相比，"虚假需求"往往不是理性思考的结果，并不能由个体自主掌控，也并不缘于流众的真实需要。除此之外，流众之所以心甘情愿地盲目生产并售卖自己，还在于消费社会对流众需求的控制，即经济学者常言的"供给创造需求"——新媒体经营者通过制造各种"虚假需求"，诱导流众对之迷恋、追逐，使流众"沉醉于由消费带来的表面的自由和娱乐中，而看不到其背后隐匿的现实本身。"②"虚假需求"得到满足后，个体流众反而会对新媒体所营造的需求假象产生一定的认同感，沉溺其中并丧失批判精神和理性意识，甚至循环往复地被"再次售卖"。

二、新经济的产生

传播的影响从来都不止于传播。流众传播对经济的影响也不止于新媒体经济发生的变化。麦克卢汉曾言，"一旦一种新技术进入一种社会环境，它就不会停止在这一环境中渗透，除非它在每一种制度中都达到了饱和（McLuhan, 1964：177）。"③也就是说，数字技术主导的媒介模式和思维模式，会在社会中形成强大的技术渗透力和思维习惯，将相关思维和定势渗透进社会的经济结构中，并促使新元素和新系统的产生。

近些年，部分研究者提出的所谓"新经济"④，就是以信息技术为基础，将技术创新、资本市场和政策革新结合起来而创造的一种高增长、低膨胀的经济类型。其中，新媒体传播及媒介融合形成的产业集群的影响力和贡献度不断提高，也说明流众传播对于产业革命和宏观经济产生的深刻影响。与流众传播类似，技术、媒介、信息和体验是"新经济"的重要组成元素，这使"新经济"表现出明显区别与传统经济的新特征："第一，信息经济的产品是以高发展成本和低（再）生产成本为特征的。第二，信息经济的又一个特性是信息

---

① ［美］赫伯特·马尔库塞. 单向度的人. 张峰，吕世平，译. 重庆：重庆出版社，1987.6.

② 闫方洁. 西方新马克思主义的消费社会理论研究. 上海：上海人民出版社，2012.88.

③ 转引自［加］洛根. 理解新媒介 延伸麦克卢汉. 何道宽，译. 上海：复旦大学出版社，2012.67.

④ 最早提出"新经济"概念的是1996年12月30日一期的美国《商业周刊》的文章《新经济的胜利——全球化和信息革命带来的收获很大》。文章认为，美国新经济的基础是市场全球化和信息革命。

是一种体验商品。第三，信息是一个特殊的商品或产品，因为生产商能够不必失去他本身而把商品出售和转移给一个购买者，信息被生产商和购买者共享。"①

本节选择"新经济"中与流众传播密切相关的数字经济、免费经济、玩乐经济和众筹经济等概念进行论述。

（一）数字经济

数字经济概念的兴起，缘于数字技术的蓬勃发展。正如克里斯·安德森（Chris Anderson）在《免费：商业的未来》一书中所说："20 世纪的经济主要是一种原子经济，而 21 世纪的经济则是一种比特经济。"数字经济是信息、媒介、产品和服务的统一体，是数字信息资源在经济运行中的价值体现。从本质上讲，数字经济是数字信息和数字资源流动的过程，因而可以说，数字经济是流众传播在经济学上的体现。数字经济的运营过程，实际上是经营者借助数字媒介，实现数字化产品流通、交换的过程。从传播视角看，其中的生产者和消费者也无形中扮演了流众的角色，只是数字经济中的流众，不仅交换了信息，还实现了信息资源的经济价值。

从历史的角度看，IBM 公司总裁刘易斯·盖斯特（Louis V. Gerstner）早在 1995 年就郑重宣布，全球计算机行业进入了数字经济时代。1998 年，美国商务部在《浮现的数字经济》（The Emerging Digital Economy）报告中正式使用了数字经济的概念，并指出"数字革命、互联网、电子商务和通信技术在新的经济形式中扮演着重要角色。其特征是信息技术及整个社会经济的迅速发展。"② 此后，美国商务部连续多年发布了数字经济发展报告，并阐述数字经济发展面临的问题及影响。相关报告显示，数字经济的发展，不仅改变了信息的传播方式、人们的日常生活，甚至改变了人类的历史进程和社会的发展状态。

关于数字经济的未来，唐·塔普斯科特（Don Tapscott）在《数字经济时

---

① 参见［荷］简·梵·迪克. 网络社会——新媒体的社会层面（第二版）. 蔡静，译. 北京：清华大学出版社，2014. 81.

② 转引自赵苹，陈守龙，郭爽. 企业信息战略管理. 北京：清华大学出版社，2006. 3.

代》一书预测了 12 个趋势①：

1. 数字经济是以知识为基础的时代；2. 数字时代一切信息数字化；3. 信息数字化使得一切都可虚拟化；4. 网络的诞生将企业组织分子化；5. 企业可以依赖因特网的发展模式，建立网络化的组织；6. 现在消费者和生产者可以通过网络直接接触，使得两者之间的中间商消失；7. 产业间相互结合发展新产业是未来的趋势；8. 在知识经济时代，创新对企业的重要性远胜过原料与厂房；9. 在生产者和消费者可以经由网络直接接触后，生产者和消费者之间的界限也变得模糊；10. 在信息以光速传输的新时代，意志坚决、行动迅速就是成功的新关键；11. 随着网络无远弗届的延伸，以及知识无国界的影响，数字化经济必定是全球化的经济；12. 在这一切新发展的冲击下，工作环境与工作内容都彻底改变。

上述大部分趋势都与信息革命、数字传播、技术革命相关，或者说与流众传播及其特征和影响息息相关。数字经济知识化、信息化、数字化、网络化、互动化、融合发展以及生产者与消费者之间的界限消失等特征，都与流众传播高度吻合。数字经济对速度和创新的追求、全球化经济的兴起，亦是新媒体发展的趋势和流众传播的导向。数字经济的未来，取决于信息技术的创新，取决于新媒体传播的发展，也取决于流众在信息革命和数字浪潮中对经济价值的追求和抉择。

（二）免费经济

任何经济行为都以盈利为最终目标。因而，对消费者进行收费就成为企业盈利的重要手段。通常情况下，收费越高，企业的盈利越大，这也是传统商业运行的基本逻辑。这种思维的产生，源于所谓的"二八定律"，即任何一组事物中，最重要成分的占比仅为 20% 左右，而剩余的 80% 虽然占比较大，对财富的占有或对业绩的贡献却并不突出。这一观念对传统的原子经济产生了重要影响：20% 的重要客户和主流市场受到重视，剩余 80% 的长尾群体则长期受到忽视。但克里斯·安德森却一反传统，提出了与"二八定律"观点截然相

---

① 唐五湘等. 知识经济与企业管理创新. 北京：社会科学文献出版社，2000.334－335.

反的"长尾理论"（the long tail）。安德森先是指明了"二八思维"的弊端："我们一直在忍受这些最小公分母的专制统治……我们的思维被阻塞在由主流需求驱动的经济模式下。"① 后又惊叹"这个世界太疯狂，全世界都在发送免费的午餐"②。长尾理论认为，只要渠道够大，原本非主流的、分散的小量商品销售也能够产生主流渠道的销售效果。即占比80%的长尾市场的个性化需求得到开发和满足时，必然会形成强大的规模效应。

该如何开发那被原子经济时代忽略的长尾市场？免费是很好的路径。当然，在原子经济时代，就存在用"免费"诱饵吸引顾客的手段，但那种免费是暂时的，最终的目的还是吸引消费者付费。免费经济真正得以广泛兴起，还是在数字经济兴起以后，或者说，免费经济在数字时代才得以光大和普及。这是因为，"新技术应用的真正力量在于，可以让人们免费去做以前他们不得不花钱去做的事情。"③ 对于数字时代的免费趋势，安德森曾指出："数字化科技的产物，就像无法摆脱地心引力一样，不可避免地变得越来越廉价。"④ 安德森还忠告称："一切可数字化的东西都最终会出现免费版本，因此，你的任务就是如何与免费竞争。你要提供免费版本无法提供的服务，就像iTunes提供的便利。因为，这个时代正在逐渐由销售产品转变为销售服务。"⑤

数字经济如何得以免费？免费经济与同属数字时代的流众传播又有何关联？免费经济的最终落脚点不在免费，同样在于价值回报。即便在流众传播时代，这亦是铁律。数字经济时代的免费经济是通过价值的转移来实现的。除了为传统商业津津乐道的"吉列剃须刀"模式外，数字免费经济还有以下几种免费模式：

渐进免费模式。即开始不免费，凭借资源的稀缺性和业态的不成熟性先收费，并快速发展壮大。随着市场规模的不断扩大，前期投入的成本逐渐减低，直至成本趋于消失，最终实现免费。该模式之所以能实现，是因为数字经济与

---

① 转引自孙世杰. 做一个智慧的校长. 重庆：西南师范大学出版社，2011. 207.
② 转引自新经济年代，2009（11）.
③ 胡泳. 信息渴望自由. 上海：复旦大学出版社，2014. 5.
④ 转引自［韩］李志勋. 魂创通乔布斯稻盛和夫柳传志的能力系统. 天津：天津社会科学院出版社，2011. 249.
⑤ 转引自［韩］李志勋. 魂创通乔布斯稻盛和夫柳传志的能力系统. 天津：天津社会科学院出版社，2011. 251.

原子经济的运行法则不同：前者的生产成本随着社会化范围的扩大而不断增加，后者的生产成本则随着社会化范围的扩张而迅速递减。近年来，随着通信技术的不断成熟和网络企业间博弈的升级，数字产品的边际成本递减，最终趋向"零边际成本"。如电子邮箱企业由收费到降低收费再到免费的发展模式，就是延续了这一路径。再如，近些年来，基础电信运营商不断降低的资费趋势，也是渐进免费模式的佐证。

部分免费模式。这其中最广为人知的是"免费增值模式"，先用试用版本或低级版本来实现吸引大批用户，使自己的产品在市场上占据主流地位，以此锁住用户，再借此吸引广告投放，将免费消费者的注意力打包售卖，以回收成本，赚取收益。如 Google 的运营模式。或者对服务和用户进行分类升级，将部分服务升级为收费项目，将部分优质用户升级为付费的"高级"用户。如 Skype 的用户分类策略。

礼品经济模式。这是一种与交换经济相对的经济模式。换言之，礼品经济的价值实现，并非借助物物交换或价值的交换来实现，而是借助对他人的馈赠来实现。在经济活动中，吸引个人参与的因素并非只有经济利益，个人的声誉、同情心、表现欲和自我实现也是影响人们参与经济活动的重要因素。在网络媒体时代，礼品经济的实现有两种途径：一种是企业免费赠予，其目的依然是扩大产品的市场占有额，使其成为主导产品；另外一种是用户或消费者之间的"馈赠"，如脸谱网创始人马克·扎克伯格所言："每个人在脸谱网上的表达"，都是"对另一个人的'馈赠'"①。类似脸谱网，其他的社会化媒体的兴盛，也都源于其用户之间互相"馈赠"。借助"馈赠"，信息得以传播，价值得以增长，企业的盈利得以实现。

"天下没有免费的午餐"。这一长久来形成的俗语总有其合理之处，流众传播时代的免费或许真的存在，但身处其中的用户虽然没有付费，却为之贡献了价值，比如时间和精力。若非数字技术边际成本的递减效应，若非流众传播培育的海量流众群体，若非流众之间独具的创新、分享、协作精神，流众传播时代的免费经济也不会如此兴盛。反过来看，也正因为流众传播的兴盛，免费

①［美］大卫·柯克帕特里克.Facebook效应.沈路，梁军，催铮等，译.北京：华文出版社，2011.238.

经济才会爆发出如此旺盛的生命力和影响力。这恰好验证了安德森的预言：免费经济将主导未来生活的互联网，免费经济即将接管未来。

（三）玩乐经济

按照通常的理解，经济活动总是与劳动相伴相生。在大多数人的印象中，劳动是辛苦付出的过程。人们能理解劳动与快乐之间存在关联，毕竟劳动是收获的过程，劳动中的快乐也终究是存在的。但很少有人会将玩乐与赚钱相关联。因为按照传统生活经验，玩乐从来都是需要花钱的。然而，"身兼游乐场和工厂"的网络新媒体却打破了劳动与玩乐之间的对立关系，使流众的休闲、玩耍、快乐和生产相连，并将这种消遣行为变成一种劳动。让·鲍德里亚（Baudrillard）就巧妙地将互联网比作"迪斯尼乐园"，认为"网络空间就像主题公园那样通过'隐瞒人为边界内部和外部的真实性'产生一种想象效应"。①一方面，流众消费新媒体提供的服务，放松了身心，获取了乐趣，同时为互联网企业生产了价值，生产了供其售卖的点击率和注意力；另一方面，新媒体经营者需要不断创造新的服务形式和信息需求，以吸引更多的流众投入更多的休闲时间，以获取更多的收益。这样一来，原本泾渭分明、毫无关联的矛盾对立面——休闲和劳动就被有机统一，玩乐变成了劳动，玩乐劳动创造了一种新的经济形态——玩乐经济。

那么，流众如何在闲暇的时间进行劳动？它怎么又会给新媒体经营者创造经济价值？英国学者奥利弗·博伊德－马雷特曾分析了受众劳动的本质。博伊德－马雷特先指出，"自由和闲暇时间思想是资本主义上层阶级的陈旧思想。它来源于上层阶级享受'官方文化'的享乐观念。如维布伦（Veblen）在《有闲阶级论》一书中所揭示的，在帝国主义力量达到顶峰的 19 世纪末，它采取了仿效有钱人或有权人的消费意识的形式。在垄断资本主义时期，它发生了转型，意味着模仿高消费。因为，如维布伦指出的，垄断资本主义的政策就是'在公开与稀有之间展开竞争'。"② 他举例称，"如真空吸尘器可以减轻他

①　[美] 詹姆斯·E·凯茨，罗纳德·E·莱斯. 互联网使用的社会影响. 郝芳，刘长江，译. 北京：商务印书馆，2007. 21.
②　[英] 奥利弗·博伊德－马雷特，克里斯·纽博尔德. 媒介研究的进路：经典文献读本. 汪凯，刘晓红，译. 北京：新华出版社，2004. 276.

们的劳动，使他们不再用扫帚扫地，那么它需要他们花时间购买过滤器以及其他设备，并安排'维修工'对这些设备进行维修。而且不断增加的、吵闹着要成为家用消费品一员的新商品（如电子罐头开启器、电子剃须刀、电动割草机，等等）要求人们花大量的所谓自由时间去购买、使用和维护，因此，'自由时间'的思想已经荒谬可笑。"① 由此可以判断，传媒工业时代的自由时间依然是被工业意识形态所控制的劳动时间。也正因如此，博伊德－马雷特总结称："也许此刻就这一点得出的唯一结论就是根本没有脱离受众行为的、未被其他与市场有关的活动预先占据的自由时间（包括睡觉的时间，如果你想胜任你明天的市场测试，它也是必要的）。在任何社会，睡觉和其他非劳动行为对于维持生命和恢复劳动力都是必不可少的。劳动本身在本质上不是压制性的。在垄断资本主义社会中，在所谓的闲暇时间内进行的商品生产劳动造成了压制行为与解放行为之间的矛盾，人们没有及时地获得这种劳动的报酬。"② 流众在"闲暇时间""自由时间"所从事的玩乐活动，显然属于伊德－马雷特所言的"非压制性劳动"，属于流众对自身的解放行为，而这一行为又被传媒工业利用，被"诱导"到其价值生产的劳动中。

换个角度看，玩乐经济之所以能够流行，还与流众自身相关。一方面，工业意识形态创造出源源不断的虚假需求，引导流众去追逐、享受；另一方面，新技术带来环境的巨变、生活节奏的加快和人与人交流的困境，也衍生出一种新的经济形式——无聊经济。新媒体抓住了流众群体的"空虚""寂寞"心理，用所谓的"娱乐营销"和"寂寞营销"，为流众提供形形色色的娱乐、消遣服务，填补流众的心灵空虚，利用流众的碎片化时间创造经济价值，创造出繁荣的"无聊经济"。

据美国《时代》周刊报道，2015年，玩乐经济的产值将占美国GDP的一半份额。新技术可让人们把50%的生命时间、2/3的收入用于玩乐。未来，肯定会出现更多的玩乐产品和服务，也必将有更多的人投入到"玩乐经济"当中。随着这一趋势的不断发展，玩乐与劳动之间界限或将不断减小，甚至有可

① ［英］奥利弗·博伊德－马雷特，克里斯·纽博尔德. 媒介研究的进路：经典文献读本. 汪凯，刘晓红，译. 北京：新华出版社，2004.277.
② ［英］奥利弗·博伊德－马雷特，克里斯·纽博尔德. 媒介研究的进路：经典文献读本. 汪凯，刘晓红，译. 北京：新华出版社，2004.280.

能完全融为一体。需要特别说明的是"这种玩乐和工作界限模糊的生活可能会让人拥有一个更为丰富的世界，也可能是一种难以决策的奴役和剥削形式。"①是在玩乐中被奴役，还是在劳动中觉醒，未来取决于流众的选择。

（四）众筹经济

新媒体技术和环境的发展，产生了一种全新的经济运行方式——众筹经济。众筹作为一个正式的概念，源于美国《连线》杂志记者杰夫·豪（Jeff Howe）在《众包的崛起》（The Rise of Crowdsourcing）一文中提出的"众包"②概念。杰夫·豪在其博客中为"众包"下了两个定义："第一个定义称为白皮书版本：众包指企业把原来由内部员工完成的工作，以完全开放的形式外包给企业外部没有指定的大众群体。第二个定义称为 Soundbyte 版本：众包指开源的思想在软件之外领域中的应用。"③ 杰夫·豪将众包划分为四个类型："集体智慧（crowwisdom）、集体创造（crow creation）、集体投票（crowdvoting）和众筹（crowdfunding）。"④ 这里可以看出，众筹就是众包思维在经济领域的体现，这一概念强调的是对大众资金聚集利用和开发。2006 年 8 月，美国学者迈克尔·萨利文正式利用众筹的概念致力于创建一个名为"Fundavlog"的融资平台。同年 9 月，迈克尔·萨利文将众筹定义为："众筹描述的是群体性的合作，人们通过互联网汇集资金，以支持由他人或组织发起的项目。"2010 年 2 月，《麦克米伦词典》网页版收录"Crowdfunding"一词，并将之定义为："使用网页或其他在线工具获得一群人对某个特定项目的支持。"2011 年 11 月，《牛津词典》也收录"Crowdfunding"一词，认为"Crowdfunding"是指："通过互联网向众人筹集小额资金为某个项目或企业融资的做法。"近几年，众筹经济迎来了发展的"黄金期"，并在互联网经济领域产生了深远的影响。2012 年，美国研究机构 Massolution 的一项调查显示："该年度全球众筹平台筹资金额高达 28 亿美元，而在 2011 年只有 14.7 亿美元。2007 年，全球众筹平

① ［美］霍华德·莱茵戈德. 网络素养：数字公民、集体智慧和联网的力量. 张子凌, 老卡, 译. 北京：电子工业出版社, 2013. 151.
② Jeff Howe：The Rise of Crowdsourcing. http://www.wired.com/wired/archive/14.06/crowds.html.
③ 转引自侯文华, 郑海超. 众包竞赛：一把开启集体智慧的钥匙. 北京：科学出版社, 2012. 2.
④ 文卫华, 李冰. 众筹新闻：社会化网络时代调查报道的新探索. 中国记者, 2014 (3).

台的数量不足 100 个，截至 2012 年底已超过 700 个。2012 年 12 月 27 日，美国福布斯网站发布的报告曾判断：2013 年，全球众筹平台的筹资总额将会达到 60 亿美元；到 2013 年第二季度，全球众筹平台将增至 1500 家。未来，众筹模式将会成为项目融资的主要方式。"①

众筹经济之所以能够如此繁荣，得益于两大因素：一是有一定经济能力和技术水平的业余爱好者数量的快速增长。如果募集的对象达不到一定数量，资金不能形成一定的规模，众筹模式就成为无本之木、无源之水；二是新媒体网络和流众传播的兴起。众筹的运作需借助一定的技术平台，需要遵循一定的运作机制，否则即便有再多的募集对象和资金，也形成不了规模效应。而流众传播则为众筹经济"提供了一个'具有'良好共享性'优势的系统'，可以让人们互相帮助，而不必拘泥于正式礼节，也不必因经济交换而产生摩擦。"② 这样的便利和优势，将会吸引更多的人参与众筹经济，创造更多具有意义的经济模式。

当前的研究认为，众筹包括四种类型："基于捐赠的众筹（donation-based）、基于奖励或事前销售的众筹（rewardbased or Presales）、基于股权的众筹（equitybased）、基于贷款或债务的众筹（lending or debtbased）。"③ 无论哪一类型，众筹的实质都是一个传受双方个性需求得到平衡和满足的过程，是一种符合流众传播时代市场细分趋势的运作模式。

近几年，我国也出现了"人人贷""人人快递"等诸多新型众筹模式。虽然相关行业的发展并不算顺利，但随着流众需求的愈发强烈和相关行业的不断成熟，我国众筹经济的蔚然成风指日可待。

第三节　流众传播与文化嬗变

媒介是文化的容器。文化的传播需以媒介为载体，媒介的发展也会影响文

① 范家琛. 众筹商业模式研究. 企业经济，2013（8）.
② ［美］乔纳森·奇特林. 互联网的未来——光荣、毁灭与救赎的预言. 康国平，刘乃清等，译. 东方出版社，2011.75.
③ 李雪静. 众筹融资模式的发展探析. 上海金融学院学报，2013（6）.

化的革新。在媒介与文化的相互作用中，技术是不容忽视的重要因素。关于技术对文化的影响，西印度洋群岛大学传播学教授阿加瑞·布朗分析称："在日常生活中，文化的不容置疑性（taken – for – grantedness）总是遮蔽了技术在文化创造中的重要作用。只有在技术出现革命性突破时，我们才会审视技术在文化创造过程中的核心地位。"① 数字技术对媒介和文化的影响一直都是革命性的，这种革命性不仅体现为文化机理的变化，更体现为日常生活中每一个人切身感受的变化。

流众传播对文化产生了巨大的影响。丹尼斯·麦奎尔提出，"也许文化最为普遍和重要的属性就是传播，因为没有传播，文化就无法形成、存在、延续以及在总体上获得成功。"② 曼纽尔·卡斯特在《千年终结》中也写道："一个真实虚拟的文化，围绕着相互影响日益加强的视听宇宙被建构起来，渗透到每一处精神表征和沟通传播中，以电子超文本整合文化的丰富性。"③ 数字技术在文化中的渗透，使数字文化越来越倾向于：一种标准化的而又分化的文化；一种碎片化的文化；一种拼贴状的文化；一种加速度的文化；一种直观化的文化；一种海量化的文化。④

上述倾向带来了显著的改变：知识生产方式发生变化，草根文化开始崛起，网络亚文化有了生存的土壤，民族文化受到了冲击，文化融合带来了新的挑战。当然，数字文化更大的影响还在于对人的改造。而如何在数字文化的洪流中，保持文化的本真和主体的独立，则取决于流众的素养和掌控数字媒介的技能和水平。正如麦克卢汉在《理解媒介》一书中所说的：媒介文化已经把传播和文化凝聚成一个动力学的过程，将每一个人都裹挟其中。生活在媒介文化所制造的仪式和景观之中，我们必须"学会生存"。⑤

---

① 阿加瑞·布朗. 从远处近观：媒体与板球文化. 载于［英］罗杰·迪金森，拉马斯瓦米·哈立德拉纳斯，奥尔加·林耐. 受众研究读本. 单波，译. 北京：华夏出版社，2006.14.

② Denis McQuail：Mass Communication Theory：An Introduction. London：SAGE Publications I，td. 2000. 93.

③ ［美］曼纽尔·卡斯特. 千年终结. 夏铸九，王志弘，译. 北京：社会科学文献出版社，2003. 2.

④ 参见［荷］简·梵·迪克. 网络社会——新媒体的社会层面（第二版）. 蔡静，译. 北京：清华大学出版社，2014. 206.

⑤ ［加］马歇尔·麦克卢汉. 理解媒介. 何道宽，译. 北京：商务印书馆，2000. 426.

一、知识生产方式的变化

批判观念认为，大众是被传媒工业异化的一盘散沙式的、孤立的个体。原本人与人之间的传统的、稳定的邻里关系，受到工业理性和社会分工的冲击，变得疏远和冷漠，逐渐失去了原有的人情味和凝聚力。在工业意识形态塑造的大众社会中，情感和社区纽带变得弱不禁风，法律和理性开始成为人类行为的重要准则，大众沦为"单向度的人"。这意味着大众"否定""批判"和"超越"能力的丧失，在知识生产方面则表现为创新能力的不足。此外，大众还受到"群体心理"的影响，成为古斯塔夫·勒庞（Gustave Le Bon）笔下的"乌合之众"，最终导致知识生产的权力被文化统治者和各领域精英垄断的局面，专业主义和专家范式成为传统时代知识创新的主要导向。

流众传播使知识生产步入了"人人时代"，克莱·舍基将这一现象称为"大规模的业余化"①。数字新媒体开始成为人们获取信息、传递信息和创造知识的重要平台，越来越多的人开始依赖网络从事阅读、学习、工作和研究。众包式的在线协作开始成为知识生产的重要方式，"'互联网辅助下的人类协作'，从认知层面转向社会层面。"② 这对传统精英式的知识生产产生了严重的威胁：流众在新媒体时代开始表现出一种与"乌合之众"截然不同的创新欲望和分享精神，由他们发起的知识生产和网络传播行为，在众多领域操控着知识和文化的走向。无论是否专业，流众都会竭尽所能地推销自己的知识生产行为。这导致"从不同的专业层转移出来的这些能力到了公众手中，这是一个划时代的事件。"③

其实，早在 20 世纪 90 年代末，渥太华教授皮埃尔·莱维就在《集体智慧：人类在网络空间里的新世界》（Collective Intelligence：Mankind's Emerging World in Cyberspace）一书中，"把集体智慧看成技能、理解和知识的聚集：技

---

① ［美］克莱·舍基. 未来是湿的——无组织的组织力量. 胡泳，沈满琳，译. 北京：中国人民大学出版社，2009. 5.

② ［美］霍华德·莱茵戈德. 网络素养：数字公民、集体智慧和联网的力量. 张子凌，老卡，译. 北京：电子工业出版社，2013. 16.

③ ［美］克莱·舍基. 未来是湿的——无组织的组织力量. 胡泳，沈满琳，译. 北京：中国人民大学出版社，2009. 11.

能和读写能力一样，能够让个人找到新的道路，人们必须积极使用这些技能，从前人积累下的知识宝库中获取新知。"① 2002 年，耶鲁大学法学教授尤查·本科勒（Yochai Benkler）在《科斯的企鹅，Linux 和企业的本质》（Coase's Penguin，or Linux and the Nature of the Firm）一书中也论述了类似"集体智慧"的概念——"共同对等开发"。本科勒分析称，"有三种原因导致了这种生产方式出现：第一，电脑已经变得非常便宜，同时又是强大的生产工具，可以生产很多特别的商品，比如说，知识、新闻、娱乐、教育、软件等知识密集型产品；第二，全球化的网络能够以高效而成本低廉的方式配置劳动力，并实现知识密集型产品的生产和分配；第三，生产和分配的方式不在资本家手里，工人本身就拥有这些生产方式。"②

在这个"大规模的业余化"的时代，流众成为知识生产的重要力量。"大众的判断""多数人的智慧"，开始成为类似维基百科等在线协作网站信奉的法则。维基百科自称是"任何人都可以自由编辑的百科全书"，并宣称"不是所有人都有机会进入常春藤大学，但每一个人都有机会学习成为一个维基人。"这样的变化缘于一个简单的信念："如果每个人都贡献出一点力量，一个看似艰巨的任务就会变得简单。"③ 事实也证明了这一策略的成功：在很短的时间内，维基百科就成为"世界上最大的知识库"，并曝光了诸多对世界政治、经济形势产生深远影响的信息。在线协作的事例还如，美国国会图书馆拟给大量描绘美国生活的照片打上标签，但囿于资金匮乏，无力完成。有聪明的工作人员将照片上传到 Flickr④，很快便有上百万志愿者义务地完成了添加标签的工作。

流众的参与性协作也带来了深刻的影响。在新媒体环境下的知识生产过程中，权威消失了，广大流众开始成为判断对错的重要标准。通过数以亿计流众

① ［美］霍华德·莱茵戈德. 网络素养：数字公民、集体智慧和联网的力量. 张子凌，老卡，译. 北京：电子工业出版社，2013. 179.

② ［美］霍华德·莱茵戈德. 网络素养：数字公民、集体智慧和联网的力量. 张子凌，老卡，译. 北京：电子工业出版社，2013. 196.

③ ［美］乔纳森·奇特林. 互联网的未来——光荣、毁灭与救赎的预言. 康国平，刘乃清等，译. 北京：东方出版社，2011. 176.

④ Flickr，雅虎旗下图片分享网站。它是一家提供免费及付费数位照片储存、分享方案之线上服务，也提供网络社群服务的平台。

的在线创作和反复修订，人类知识的标准、结构和构成发生了显著的变化。"这等于说，再也不存在商业机构一手垄断图像、艺术、信息、舆论等事项的大规模分发出口的情况了。"① 在诸如谷歌之类的搜索引擎中，其运算法遵循的就是流众关注力的偏好："对于一条信息的搜索结果，其排序是由以前网民对这些结果的浏览次数决定的，并不以真实性和可靠性作为参照，唯一的决定因素是网民对一条信息的访问次数。这样，网民的访问总量重新塑造了人类知识——政治、时事、文学和科学等。"②

同样是聚集的人群，为何在大众传播时代是群氓，在流众传播时代就是集体智慧的缔造者？当然，这个疑问只针对趋势，并不是一个绝对必然的假设。我们认为，之所以会出现这样的趋势和变化，原因有三：

首先是人类组织方式的变化。大众时代，人的聚集多以家庭、部落和组织的形式进行，传统的组织形式制定了严格的组织规则，迫使大众去遵守和执行，个体对陈规的突破被视为破坏和违规的行为，知识的生产和传播也受到政治和教育体系的控制。勒庞笔下的"乌合之众"虽是偶发的群体集合，没有任何规制，反而激发出个体冲动、暴躁和破坏性的一面，难以产生一致的行动和效果；流众传播时代，流众通过社会化网络聚合协作，基于共同的兴趣爱好、知识、情感自发形成"新知识社群"，这一术语的提出者詹金斯（Henry Jenkins）认为，"新知识社群"的"交往行为意愿、短暂且目的性很强，群体成员的构成不受地域传统限制，灵活、流动性强，每个成员能同时隶属多个不同社群。在詹金斯看来，粉丝群在汇聚知识的过程中的交流和互动突破了传统信息交流加之于每一个成员身上的诸多限制，形成了'1＋1大于2'的集体智慧，而集体智慧正是知识型文化形成的不可或缺的要素。"③

其次是知识生产方式的变化。传统时代的知识生产以精英为主，精英的知识创新需经历时间的历练，是受先人启迪和知识迭新的过程。就像牛顿所说的，精英的知识生产需要"站在巨人的肩膀上"。而新媒体时代的知识生产，

---

① ［美］克莱·舍基. 未来是湿的——无组织的组织力量. 胡泳，沈满琳，译. 北京：中国人民大学出版社，2009. 13.

② ［美］安德鲁·基恩. 网民的狂欢——关于互联网弊端的反思. 丁德良，译. 海口：南海出版公司，2010. 89.

③ 王士宇，翟峥，［新西兰］劳伦斯·西蒙斯. 解读新媒体. 北京：世界知识出版社，2013. 124.

则表现出一定的横向拓展特征——知识的产生和发布经由大量自由、松散的流众参与，经过反复的协商、讨论，最终达成对某一问题相对一致的看法，形成知识创新。这是一个对参与动机、智力资本、基础资源的综合调控过程。当然，我们并不否定流众知识生产的历时性，流众传播中的知识生产依然不能脱离先人的积淀，也需要经历一定时段的凝练和提升。此外，传统的知识生产所遵循的专家范式创造了"外部"和"内部"之分，有些人知晓内情而其他的人则不知情，而集体智慧则假定每个人都可对知识的创新有所贡献，将这些贡献汇集起来，去伪存真、去糙取精，就是知识创新的过程。

再次是人群和知识聚合机制的变化。"《纽约客》专栏作家詹姆斯·索罗维奇在其《群体智慧》一书中分析了群体智慧的产生前提，认为形成智慧人群的四大必要条件是：意见的多元化：每个人都应当拥有私人化的信息，即使那仅仅是对已知事实的不合常理的解释。意见的独立性：人们的观点不被周围的人所左右。去中心化：每个人都术业有专攻，从自己的领域内吸取和贡献知识。聚合：存在一些机制来让私人判断汇聚成集体决策。"[①] 这四点其实是知识聚合机制的保障——有足够多的人参与和足够多的意见表达，去除中心和权威，并通过特定的平台和技术将知识和意见聚合，才能形成真正的集体智慧。当然，仅有上述四个条件，可能还不够。因为不排除有人在聚集的过程中采取恶意的行为和做法，干扰、破坏集体智慧的形成。如此一来，适度的管理显得非常有必要。这是针对协作媒体的管理者而言的，因为即便是自由的流众传播，也需要一定的秩序和规则。否则，集体智慧和协作生产就无从谈起。

还需要说明的是，知识的生产是无尽的过程，集体智慧也只能"永远在路上"。正如詹金斯所说的："把集体智慧凝结在一起的不是对知识的占有——它是相对静止的，而是获取知识的社会过程——它是动态和参与的，不停地验证和重申着湍急的社会纽带。"[②]

---

① 参见何威. 网众传播——一种关于数字媒体、网络化用户和中国社会的新范式. 北京：清华大学出版社，2011. 108.

② ［美］亨利·詹金斯. 融合文化——新媒体和旧媒体的冲突地带. 杜永明，译. 北京：商务印书馆，2012. 101.

二、网络草根文化的兴起

"草根"（grass roots）一词并非开始就是学术话语。有考究认为，"草根"始于19世纪美国的"淘金"狂潮期，因为当时流传山脉表层土壤草根生长茂盛的地方埋藏着黄金。"20世纪前半期，这词通常被用来反映大众的（通常也是乡村的）真实政治诉求。到60年代，随着消费主义的发展，'草根'同时也代表了一种理想有新生的机会。这时的'草根'也有了更多的文化含义，意思就是在文化诉求上向更加自然的状态回归，减少现代公司文明以及公司文明的印记。后来'草根'一说引入社会学领域，被赋予了'基层民众'的内涵。"① 现如今，"草根"成为与"精英"对立的术语，草根文化也成为代表社会底层和普通大众意志的未经修饰的，区别于正统文化、精英文化、高雅文化的一种文化类型。

草根文化并非网络媒体独有，却经由流众传播发扬光大。随着通信技术和网络技术的不断发展，草根文化获得了空前肥沃的生存土壤，视频剪辑、拍摄技术和文本表达技术的通俗化、人性化和低门槛，使流众群体中的草根阶层能够根据自己的意愿和设想，表达对艺术、文化和社会各方面的看法。草根文化流行形成了一股强大的文化动力，也造就一系列影响广泛的文化奇观。诸如庞麦郎《我的滑板鞋》之类的"神曲"爆红，正是网络草根文化生命力和影响力的见证。这也恰好验证了流众传播的草根性特征，还说明了流众传播化腐朽为神奇的魔力："每个人都是生活的导演"，"每个人可以成为网络明星"。

网络草根文化的兴起有着深厚的社会基础。现实社会中，日益扩大的贫富差距，精英阶层对文化资源的垄断，常被曝光的腐败及社会不公现象，都是草根阶层愤而起身维护社会公平正义的动力，也为草根的文化创作提供了源源不断的素材。此外，草根流众群体的参与热情、创作热情和分享热情，也是网络草根文化兴盛的重要原因。

与高雅文化强调对艺术的追求不同，网络草根文化具有明显的生存主义特征，也就是说草根文化极力追求流众的注意力和点击量，这是草根文化的立命之本。"'草根'们需要被更多的关注，这种强劲的平民之风，正在越刮越烈，

---

① 奚洁人. 科学发展观百科辞典. 上海：上海辞书出版社，2007. 173 – 174.

大大补充了主流文化，从而使新文化的外延更加丰富。"①

除上述描述外，网络草根文化还表现出如下特征：

娱乐性。网络草根文化常常以娱乐话语呈现在流众面前，多聚焦影视、音乐和名人八卦类题材，常以"无厘头""标新立异"的方式呈现。

亲民性。"草根文化"源于草根、兴于草根，多为草根群体的呼声和表达，是草根群体未经加工的原生态的真实想法。草根文化不仅与普通民众的日常生活有着千丝万缕的联系，还常以大众喜闻乐见的形式来呈现，这种方式符合普通大众的思想状态和心理期待，在大众面前表现出强烈的亲和感，乐于被大众接受。

反抗性。同主流文化、精英文化抗争是网络草根文化的重要特点，对精英文化进行解构、反讽、戏谑和贬斥是草根文化的常用手段。草根群体寄希望于通过与精英文化的抗争，获取更大的话语权和生存空间。

网络草根文化对社会文化产生了深远的影响。一方面，它打破了精英主义对文化的垄断，为草根阶层提供了"发声"的机会和展现的舞台，客观上丰富了人类文化的形式和内容，促进了人类文化的繁荣和发展；另一方面，草根文化的繁荣壮大，草根文化与精英文化的抗争，也促发精英阶层开始重视和思考底层群体的呼声，关注草根题材文化创作。不断出现的草根文化打破了精英文化的创作传统和审美惯性，成为精英文化自我革新的重要动力，也为精英文化的创新和拓展提供了更为多元的视角和素材来源。

当然，草根文化并不等于优秀文化，草根文化也有一定的劣根性：自发性、随意性、非专业性等特质，使草根文化表现出一定的集体无意识性——"三xing"（性、星、腥）、暴力、低俗类信息常为草根文化吸引流众眼球的手段；碎片化、随意性的"无厘头"表达，无益于系统理论的建构和人类审美能力的提升，常导致草根文化陷入粗略的、低级的、快感式的境地，给人们留下肤浅、庸俗、苍白和虚无的印象。有些草根文化为取悦大众，不惜打破社会道德的底线，社会影响变劣，应坚决加以抵制。

---

① 严三九. 新媒体概论. 北京：化学工业出版社，2011. 154.

三、网络亚文化的滋长

亚文化（subculture）是一个相对的概念，是与主流文化相对的分支文化。传统社会中，多元的阶级观念、宗教信仰、民族习惯和生活环境，会形成不同的文化体系，其中为大多数社会群体共同接受的部分是主流文化。主流文化外，还散落着诸多小部分人以一己思维方式和价值标准形成的小众文化和边缘文化，形成所谓的亚文化。网络亚文化是从流众传播中滋养出来的一种新型亚文化。网络新媒体是一个自由统一的平台，不同知识层次、不同价值体系、不同社会背景下的亚文化形态，都被集纳到网络平台上，共同构成了网络亚文化体系。

流众传播为网络亚文化的滋长提供了得天独厚的土壤。其一，流众传播和新媒体的普及不仅为网络亚文化的萌芽提供了技术支持和生存空间，还为网络亚文化的肆意生长和传播提供了自由平台。无论何种文化，何种社会群体，都可以借助新媒体网络创建、扶持独有的文化系统；其二，流众传播为网络亚文化提供了生长的"温床"。再也没有另外一种媒介比新媒体更具包容性了。无论想法有多偏执，价值体系如何怪异，信奉人群多么小众，抑或是对主流文化的挑战如何具有颠覆性，所有的亚文化形式都可被流众传播包容接纳，并受到流众传播孜孜不倦的滋养。其三，流众传播还为传统亚文化提供了"庇护的场所"。现实生活中，那些常不被主流文化和价值观容忍的的亚文化群体，都会在新媒体中找到合适的生存空间，部分亚文化群体甚至借助网络交互、串联，促成亚文化传播和普及，最终实现亚文化的主流化。

除技术和媒介等因素外，网络亚文化的滋长还有着深刻的社会原因：

首先是后现代主义的冲击。随着信息社会的不断发展和技术主义的肆意扩张，后现代主义逐渐成为世界性的文化思潮，作为信息社会的重要传播类型，流众传播为后现代主义的快速扩张提供了重要的传播基础。因此，滋生于流众传播的网络亚文化也不可避免地带有后现代主义的影子。这种影响具体表现在，后现代主义与网亚文化在特质上具有相当的一致性："后现代解构主义文化致力于对先验性解构进行消解，使其逃离权力中心的控制和话语制约，最终使得社会从创造支配性话语的知识权威们的观念束缚中挣脱出来。因而，后现代主义文化主要表现为自我多元的个性追求和以大众的名义对传统、权威精英的戏谑化反抗、消解中心，自由多元、彰显个性等。而网络亚文化的核心内核就是独特、多元的价值体系，传达的也是一种对传统的颠覆和对意义的转换或拆解"①。可以说，后现代文化的思潮成为网络亚文化产生的催化剂，它促使亚文化对二元主义、霸权主义和中心主义发起一场彻底的清算运动，对主流文化的解构消解之时，也就是网络亚文化生根萌芽之日。

其次是流众群体的认同危机。美国心理学家埃里克森（Erik H Erikson）在研究青少年亚文化时提出，亚文化主要来源于认同危机（Identity Crisis），而认同是个人进行自我身份确认的主要方式，主要包括对自我、性别、集体、文化和社会的认同。但由于生活际遇、价值理念和个人观念的不同，部分流众群体无法对主流的价值观产生认同，又不愿受困于认同缺失带来的困扰，便会萌发出对特定价值观的关注和追寻，或试图创造出一套适合其群体特点的价值体系，形成全新的认同方式，新的网络亚文化形态便应运而生。

再次是主流文化压制的结果。流众传播中，信息包罗万象，价值观也千姿百态，为维护自身的正统地位，主流文化不会轻易接受网络中流行的价值观念，更不会容忍新的价值体系冲击其主导地位。即便在流众传播中，主流文化依然会压制网络亚文化的生长，这必然导致亚文化群体对主流文化霸权的抗衡，亚文化群体必然会采取更多的措施，以获得更大的生存空间和话语权。当然，主流文化并非固若金汤，亚文化也有可能演变为主流文化，这取决于整个社会价值观念的转变、亚文化与主流文化间的博弈以及主流文化的包容性。

此外，网络亚文化还是社会问题堆积的产物，"是社会变迁和危机的症候和隐喻"②。社会中存在的失业问题、腐败问题、贫困问题，心理问题、性压抑问题，长期得不到有效解决。这些问题堆积发酵，便会在文化和符号层面衍生出对抗主导文化的价值和观念，这些观念通过"风格化""标签化"的方式聚合，变形成新的亚文化形式。我们可以断定，只要社会中诸多不合理的荒谬现象继续存在，主流文化对弱势群体的压迫和排斥继续存在，亚文化就有滋生的空间和土壤，其对主导文化霸权的抗争就会继续存在。

当前，网络亚文化形式多元，内容丰富，覆盖的范围也十分广泛。借助网

---

① 王凯．网络亚文化现象理论解析．西南政法大学硕士学位论文．2010.
② 转引自赵勇．大众文化理论新编．北京：北京师范大学出版社，2011. 300.

络游戏、即时通信、网络文学、网络论坛和自媒体等平台，亚文化群体用特有的网络语言、比特符号、行为方式打造属于其自身的网络亚文化，他们崇尚自我、行为不羁、推崇自由，在网络中标新立异、针砭时弊、除恶安民，利用极具个性化的语言方式和创造力，表达对社会不公和丑恶现象的不满。诸如同性恋文化、哄客文化、黑客文化、晒客文化、山寨文化等亚文化类型，都在新媒体中间中找到了立足之地。它们戏仿经典、藐视权威，构筑了一个全新的文化世界。当然，亚文化也并非全是网络正能量。部分亚文化群体宣扬对网络色情、赌博、暴力的追求，不仅与社会主流价值观相去甚远，误导大众，甚至会危及人类文明和社会秩序。

四、文化帝国主义的冲击

流众传播迎来全球化时代。麦克卢汉预言的"地球村"，不仅在传播意义上成为现实，也在全球政治、经济、文化等领域逐步成真。全球化的益处毋庸多言，其弊端也显而易见。这是因为在全球的信息流动中，网络发挥的作用越来越大，网络不仅成为全球化体系中最重要的资源之一，对数字网络资源的占据，也就意味着对全球化主导体系的控制。同时，由于发展阶段和发展背景的不同，不同国家之间、不同地区之间、不同民族之间、不同文化之间均存在巨大的"数字鸿沟"，这给强势国家的文化传播和价值推广提供了空前的便利——借助商业主义在全球的迅速扩张，强势国家迅速占据了落后国家的文化市场，弱势国家的民族文化和地域文化的根基受到冲击。"一个事实上的网络国家（Netstate）正在崛起，威胁着现有的民族国家。"① 这里所说的"网络国家"，实质上就是文化帝国主义在流众传播时代的具体表现。

网络传播使文化帝国主义的推行如虎添翼，导致了严峻的全球化问题。卡洛斯·威利（Carlos Valle）曾论述了五个全球化问题："信息过度商品化；南北之间在媒介和控制以及传播技术上存在的鸿沟；南北之间信息和媒介内容流向的不平衡；新的对外干涉形式（如跨国企业控制过量数据）对许多国家的信息主权构成的威胁；作为国民教育、言论表达和宣传工具的基层媒介，即另

---

① 夏德元. 电子媒介人的崛起——社会的媒介化及人与媒介关系的嬗变. 上海：复旦大学出版社，2011. 193.

类传播形式的发展等。"① 上述现象归根结底，还是信息传播的不均衡问题，除不同国家的经济、社会发展存在差别外，还与数字网络的历史和现状密切相关。

互联网是全人类的互联网，却被部分西方发达国家当作推行霸权主义的工具。从严格意义上讲，"互联网是美国的互联网"②，其他国家使用的互联网均是美国的国际网。这是因为，在用来管理互联网的根服务器中，唯一的一台主根服务器和 9 台辅根服务器均在美国，美国互联网领域的的"八大金刚"（思科、IBM、谷歌、高通、英特尔、苹果、甲骨文、微软）占据了世界互联网技术和应用的大部分市场，而以好莱坞大片、迪斯尼动画和快餐文化为代表的美国文化也在席卷世界，深刻影响了发展中国家的生活方式和消费方式。

数字时代的文化帝国主义摧毁了原本由时间、空间或意识形态控制的文化壁垒，使落后国家的民族文化遭遇空前危机——发达国家和跨国商业资本极力在全球打开消费市场，将其主张的消费观念和文化模式包装成"普世价值"，并将之夸大为"超越各个国家和民族传统行为方式的'普遍性'"③，以取代不同国家和民族的特殊性和差异性。事实上，他们已经部分达成了这一目标：由商业资本跨国流动引发的消费文化，很快被模仿和接受，原本基于地域、信仰、民族和国家建立起来的文化体系，正逐渐被流动性的商业文化所改变，对于自我和群体的认知也逐渐由文化认同向消费认同转变。英国社会学家莱斯利·斯克莱尔（Leslie Sklari）称之为"消费主义的文化意识形态"。"消费主义的文化意识形态"并非直接与民族国家及其意识形态进行直接的破坏和对抗，而是采取了一种更为巧妙的方式——慢慢消解民族文化，并不断地重构民族文化，最终使之逐步融入消费主义的意识形态。这种做法显然收到了不错的成效。以批判的眼光来看，"消费主义的文化意识形态"本质上是一种"虚假需求"，是商业文化人为创造出来的"消费诱饵"，最终目的是通过对落后民族国家消费文化的入侵，占据其消费市场，并将之改造为与消费社会价值观一致的"现代化国家"。

---

① 参见［加］罗伯特·A. 海科特，威廉姆·K. 凯偌尔. 媒介重构公共传播的民主化运动. 李昇平，李波，译. 广州：暨南大学出版社，2011. 91.
② 吕述望. 中国没有互联网. 看历史，2013（10）.
③ 彭兰. 网络传播概论. 北京：中国人民大学出版社，2001. 381.

五、文化传承与融合的挑战

(一) 前喻文化的挑战

流众传播还对文化传承的模式带来了挑战。一般认为，文化的传承是先辈对后辈耳传面授的过程，先辈是文化的先知和传导者，后辈则是文化的学习和接受者。流众传播打破了这一传统：年轻一代对数字技术和数字媒介表现出更浓厚的学习情绪和更强的驾驭能力，面对数字文化的冲击，年纪稍长一些前辈常陷入费解和无能为力的境地，反而得转身向年轻一代寻求指导和帮助，才能缓慢适应数字时代的生活观念和行为方式。

不仅如此，新媒体传播中的"新"不仅仅表现为新技术，新的观念、新的知识、新的思潮均通过新媒体散布、传播，年轻一代很容易吸收、消化新媒体传播带来的这一切新事物，并由此获得了对前辈进行文化反哺的话语权。对于这一现象，美国未来学家唐·泰普斯科特（Don Tapscott）有更为专业和细致的论述，他将在新媒体环境下成长起来的孩子比喻为"比特里泡大的网络世代（简称 N 世代）"，并认为这代人借助新媒体传播产生了新的文化形式和社会形态："N 世代成年了，在数字化里的成长经历深深地影响了这些年轻人的思维方式，甚至改变了他们大脑的构造。……他们重塑了职场、市场、政治、教育、家庭的基本结构和其他各种现代生活中的制度习俗。"① 美国人类学家玛格丽特·米德（Margaret Mead）将之定义为"前喻文化"②，将之与"后喻文化"相对，意谓后辈向前辈传递文化信息、适应生活的责任。的确如此，新媒体是年轻一代的媒体。新媒体环境下，先辈不再是权威，后辈才是新媒体文化的主宰。对此，"文化滞差"理论的提出者——美国文化学家威廉·奥格本（William Ogburn）认为，适应技术进步的过程是痛苦的。"用科学史专家乔治·戴森（George Dyson）的话来说：一种新的智能将会出现。我们当下所经历的对新技术的精神上和身体上的过度依赖，仅仅是在适应这种新的智能

---

① ［美］唐·泰普斯科特. 数字化成长（3.0 版）. 云帆，译. 北京：中国人民大学出版社，2009. 12.

② 玛格丽特·米德在《文化与承诺》一书中，把文化传承模式分为后喻文化、互喻文化、前喻文化三种类型。

的过程中的生理疼痛。"① 奥格本警示，"要防止进步太过迅猛而给社会带来颠覆性、革命性的阵痛。"② 对年轻的 "N 世代" 来说，这绝对是不容忽略的忠告。

（二）文化融合的挑战

流众传播带领我们进入高度媒介化和网络化的时代，它促使信息资源在全球流动，形成强大的动力学过程。它将世界各地的文化要素聚合起来，使它们在数字网络的场域中互相借鉴、吸收、融合。流众传播中，新旧文化相互碰撞、民族文化相互交织、地域文化互通有无，迸发出绚烂多彩的文化融合景观。毫无疑问，不同类型的文化互相交流、借鉴，有助于消除传统文化中冲突、对立或是容易造成误解的地方，有助于促进不同文化类型的进步和繁荣。但令人担忧的是，消费主义主导的文化融合，还有可能导致部分民族文化、特色文化的消亡，形成 "文化同质化" 的倾向。当前形势下，同质化主要 "指以美国为代表的西方社会的意识形态、价值观和文化观念成为国际传播中的话语主导，对人们的思想观念、社会生活和日常行为产生影响，造成各种文化的趋同现象。"③ 英国学者约翰·汤林森（John Tomlinson）在著作《文化帝国主义》一书中声称，全球的文化同质化已是大势所趋，无法改变。这一判断为文化霸权和文化殖民主义摇旗呐喊，带有浓厚的 "西方中心" 论调，忽略了当前民族国家、民族文化的险恶处境，无视民族文化对于促进人类文化繁荣的重大意义。显而易见，并非只有以西方国家为代表的消费文化才是人类文化的精华，散落于世界各国家、各民族和各地域的文明均是人类文化的重要组成部分。就未来的发展趋势来看，单一性和同质化也绝非人类文化繁荣兴盛的标志，如何在文化融合中保持特色，在发展中推进融合，是全世界各国共有的责任，也是数字媒介文化主体和对象——流众的使命所在。

---

① ［德］弗兰克·施尔玛赫. 网络至死. 邱袁炜，译. 北京：龙门书局，2011. 10.

② ［美］威廉姆·戴维德. 过度互联——互联网的奇迹与威胁. 李利军，译. 北京：中信出版社，2012. x.

③ 刘燕南，史利. 国际传播受众研究. 北京：中国传媒大学出版社，2011. 120.

第四节　流众传播与传统大众传媒

　　流众传播时代，信息的生产方式和传播渠道正在发生颠覆性的改变。流众传受一体，既动摇了传统媒体长期把控信息传播权的局面，也消解了大众传媒在时间和空间上的传播优势。由传统传播脱胎而来的流众传播，在传播技术和主体素养方面还存在诸多短板，特别是个体流众传播在深度性、系统性和专业性方面依然存在诸多不足，决定了流众传播不能取代传统的大众传播。本书认为，流众传播与传统的大众传播皆有继续存在的理由和价值。面对日渐复杂的信息环境和传播形势，融合共生或成为未来两者之间更好的路径选择。

一、衍生蜕变

　　新媒介由旧媒介衍生而来。麦克卢汉曾说："旧媒介作为新媒介的内容"。这句话强调的是旧媒体对新媒体的启发作用，也道出了新旧媒体之间的衍生关系。"媒介变形"论（Media Morphosis）者罗杰·菲德勒（Roger Fidler）在《媒介形态变化：认识新媒介》一书中提出，"传播媒介的形态变化，通常是由可感知的需要、竞争和政治压力，以及社会和技术革新的复杂相互作用引起的。"菲德勒认为，媒介是"复杂的、具有适应性的系统"，媒介"通过一个自发的自我组织过程来应对外部的压力。像生物物种一样，媒介进化是为了在不断变化的环境中增加生存的几率。"[①] "新媒介不会自发和独立地产生，它们是在旧媒介的变形中逐步形成的。"[②] 有"数字麦克卢汉"之誉的莱文森也认为，"媒介进化是一种系统内的自调节和自组织，其机制就是补救媒介，即后生媒介对先生媒体有补救作用"[③]。我们认可新旧媒介中的这种连带衍生关系，认可数字新媒体并非是凭空产生的，其诞生、发展依然孕育在印刷媒介和电子传播的基础之上。同时认为，以新媒体为传播介质的流众传播，与印刷传播和

---

　　① ［美］赛佛林·坦卡德. 传播理论：起源、方法与应用（第5版）. 郭镇之，徐培喜等，译. 北京：中国传媒大学出版社，2006. 331.
　　② ［美］赛佛林·坦卡德. 传播理论：起源、方法与应用（第5版）. 郭镇之，徐培喜等，译. 北京：中国传媒大学出版社，2006. 331.
　　③ 转引自刘强. 融合媒体受众采纳行为研究. 上海：上海交通大学出版社，2012. 28.

电子传播存在同样的衍生蜕变关系。

初级阶段的数字媒介是传统大众媒介的数字化和网络化化身，流众传播则继承了人际传播、印刷传播和电子传播中的主要特质，通过二进制的数字转换，将这几种传统的传播类型集合到流众传播中。这一过程为人际传播和大众传播的"数字化生存"提供了技术机遇，也扩大了传统媒体的生存空间和生存基础。当下，流众传播与大众传媒的这种衍生关系，突出表现在媒介融合的趋势之中。

进入 Web2.0 阶段以后，网络新媒体开始呈现出更多的"蜕变性"特征。数字技术和通信技术的加速创新，创造了具有革命性意义的"新新媒介"，也使流众传播进入了新的阶段——社交互动阶段。如果说，初级阶段的流众传播，是对传统媒介和传播形式的继承和发展，那么，当下的流众传播更多的则是创新和飞跃。它已经完全摆脱了传统大众传播和媒介的发展路径，成为可以和大众传播分庭抗礼的重要一极。

二、分庭抗礼

麦克卢汉在《理解传媒》一书中写道："新媒体从来就不是旧媒体的附加物，它也不会让旧媒体在那里高枕无忧。在新媒体为自己找到新的表现形式和应有位置之前，它从来不会放松对旧媒体的压制。"[1]

"新媒介的逻辑早晚会被加于传统媒介之上。"[2] 数字传播赋予流众前所未有的传播权力，对传统媒体也构成了空前的威胁。与传统媒介相比，新媒体的优势是明显的：去中心化的网络结构，碎片化的传播方式，精准化的个性服务，海量的信息存储，新闻报道的全方位、多样化和立体化表达以及前所未有的互动形式，均压倒性地战胜了传统大众媒介。

这样的优势带来了显著的变化：

首先表现为大众信息接收习惯的改变。"不久前，我们还只是打开电视机

---

① 转引自［美］尼古拉斯·卡尔. 互联网如何毒化了我们的大脑. 刘纯毅，译. 北京：中信出版社，2010. 95.

② 胡泳. 信息渴望自由. 上海：复旦大学出版社，2014. 10.

收看电视节目，如今，我们可以启动电脑，或是打开我们的手机……"① "随着互联网应用的日益增加，不断减少的是人们用来阅读印刷品的时间，阅读报纸和杂志的时间变化最为明显，图书也是一样。在四种主要的个人化传媒当中，印刷媒介现在用得最少，远远落后于电视、电脑和广播。根据美国劳工统计局的统计结果，截至2008年，14岁以上的美国人每周用于阅读印刷品的时间已经下降到143分钟，比2004年的平均水平减少了11%。25—34岁的美国人是最活跃的网民，他们在2008年每周用于阅读印刷品的平均时间总共只有49分钟，比2004年的平均时间减少了29%。"②

随之而来的是经济上的改变。传媒领域再次出现了托马斯·莫尔（Sir Thomas More）③笔下的"羊吃人"景象："在Web2.0时代，出现了电脑'吃掉'记者的情况：大多数人失去了谋生的手段，只有少数人幸免于难、得以暴富——在莫尔的时代，这些幸运的人是拥有土地的贵族；在如今时代，则是MySpace网、YouTube网和谷歌这类公司的高管。"④

流众传播不只是分割了大众传媒对信息传播的掌控权，占据了大众的媒介接触时间，降低了大众传媒的市场份额，还改变了传统新闻机构的运营方式。这种改变体现为：

（一）议程设置上的变化

由美国学者马克斯韦尔·麦库姆斯（Maxwell McCombs）和唐纳德·肖（Donald Shaw）提出的议程设置理论认为，大众传媒并不能决定公众怎么想，却可以决定公众想什么。也就是说，大众传播通过新闻报道赋予不同议题不同的显著性，并影响人们对相关议题及其重要性的判断。在传统大众传播时代，议题的发起者通常为大众媒介，其对公众议程发挥着举足轻重的影响作用。但进入流众传播阶段后，情况发生了改变：

---

① ［美］安德鲁·基恩. 网民的狂欢——关于互联网弊端的反思. 丁德良，译. 海口：南海出版公司，2010. 121.

② ［美］尼古拉斯·卡尔. 互联网如何毒化了我们的大脑. 刘纯毅，译. 北京：中信出版社，2010. 93.

③ 英国空想社会主义学说创始人，《乌托邦》一书作者。

④ ［美］安德鲁·基恩. 网民的狂欢——关于互联网弊端的反思. 丁德良，译. 海口：南海出版公司，2010. 127.

首先是议程设置的主体由原来单纯的大众媒体，演变为传统大众传媒与流众并举，而且流众表现出更为优越和强大的议程设置能力。特别是现有传媒体制下，大众传媒对公众的议程设置，往往离预期相去甚远，有些时候甚至可能引起相反的传播效果。反而，部分由个体流众发起的，经由自媒体传播发酵的议题往往产生出乎预料的议程设置能力。这些话题不仅能引起大众共鸣，还可能被大量传统媒体转载、评论，产生影响巨大的"溢散效应"（spill-over effect）。

其次是议题内容发生变化。传统大众传播中，媒介往往由国家或特定的利益团体所控制，其散布的多是宏大叙事和严肃话题，而流众传播的议题具有社会性、草根性、个人化的特点，很多以往不能进入公众议程的话题，经由流众传播成为大众热议的焦点。

再次是传播机制的变化。流众传播中还会产生一定的"共鸣效应"（reso-nance effect），传统大众传播与流众传播之间的议题发生重叠，议题的影响力会被千万倍放大。

最后，流众传播中的议程设置更为复杂，媒体议程、公众议程、流众议程与非流众议程之间均存在一定的互设关系。流众议程具有很强的自发性特征，可对大众媒体议程起到修正、补充、批判和重设的作用。

需要补充的是，与流众相比，非流众群体更容易受大众媒体议程的影响。

（二）公民新闻的挑战

公民新闻的兴起与自媒体的发展息息相关。所谓"自媒体就是为私人化、平民化、自主化的传播个体提供信息生产、积累、共享、传播的独立空间，可以从事面向多数人的、内容兼具私密性和公开性、交互信息传播的传播方式的总称。自媒体的核心是普通公众对信息的自主提供与分享。"[1] 自媒体是数字媒体民主化、去中心化和开放性的进一步延伸，它的贡献在于"将传播关系从独角戏转变为对话，并授予大众媒介的受众，使受众本身'成为媒介'"[2]。

---

① 喻国明. 全民 DIY：第三时代网络盈利模式. 新闻与传播（人大复印报刊资料），2006（2）.
② ［加］罗伯特·A. 海科特，威廉姆·K. 凯偌尔. 媒介重构公共传播的民主化运动. 李异平，李波，译. 广州：暨南大学出版社，2011.45.

自媒体使公民新闻的出现成为可能。

流众传播时代，人人都是记者。公民新闻对大众传媒形成空前的挑战：

首先，公民新闻打破了大众媒介的生产方式和生产流程，以往专业化、系统化、集中化、需要反复筛选把关的新闻生产方式，渐渐失去垄断地位。新闻的生产方式开始由集中式向协作式、社会化和碎片化方向转移，由个体流众发起的，多渠道、碎片化、自发性的公民新闻登上历史舞台，并对传统媒体的精英霸权提出挑战，新闻的话语权开始由精英向大众回归。

其次，公民新闻还促使新闻信源由单一走向多元、由专业走向草根。以往由专业机构采写新闻的方式，已不能满足公民在信息时代日益多元的信息需求，而分布于社会各阶层的、分散于世界各角落的流众群体，则成为新闻报道的重要线索和来源。

再者，公民新闻还促进了大众传媒的转向。"公民新闻事件对传统媒体新闻报道内容的动态范式订定，使传统媒体的新闻报道内容更多呈现公共性偏向，主要表现在：首先，传统媒体吸纳的公民新闻事件，大多是关乎公众利益的、能引起受众感同身受的事件；其次，相对开放的自由空间，使公民新闻的表达更开放、更有现实针对性……传统媒体在市场化竞争及新闻专业主义理念的影响下，也会在不触动新闻雷区的前提下，积极呈现公民新闻中的批判性话语，从而形成传统媒体新闻报道中的公共性偏向。"[1]

最后，公民新闻还给大众传媒的职业规范和身份认同带来了危机。公民新闻的发展"改变了传统新闻业的生产、传播和职业规范，从而模糊了传媒新闻业的定义……内容生产和使用方无需中间环节、直接互动的脱媒现象加剧了网络新闻的竞争并影响其传播效果，因为它为非媒体机构及个人提供了媒体市场准入许可。从本质上看，机构媒体在新闻信息传播中的传统中间人地位给新闻业带来身份危机。"[2]

三、融合发展的机遇

不同的媒介，可满足不同的传播需求，也体现不同的传播价值。到目前为

---

① 申金霞. 自媒体时代的公民新闻. 北京：中国广播电视出版社，2013.156.
② 锺布，黄煜，周一凝. 新媒体时代的网络新闻研究前沿. 传播与社会学刊，（总）29.235-65.

止，还没有一种旧媒介因新媒介的产生而消亡，也没有一种全能媒介能涵盖其他媒介的所有功用和优势。相反，不同类型的媒介，因相互融合、互惠共享，共同造就了当下的媒介繁荣景象。

新旧传播方式之间的融合是相互的。

一方面，传统媒介通过网络化和数字化拓展生存空间。在数字新媒体的冲击下，"触网"成为传统媒体的共同选择。从最初的设立网络板块，到如今的网上内容交互、设立社会化网络渠道、开发适应新媒体环境的网络应用，传统媒体的"触网"程度越来越深，发展趋势也越来越多元。借助新媒体技术，传统媒体可克服其在时空传播方面的弱势，实现更为及时、广泛的信息传播。同时，大众传媒还吸收、借鉴流众传播，特别是个体流众参与自媒体和公民新闻生产过程中产生的新的理念和经验，弥补传统媒体传播范式的不足。香港学者李立峰提出的"范式订定事件"（paradigm defining event）有助于我们更好地理解这一观点。李立峰认为，新媒体的快速发展对传统媒体的既定范式造成了一定的冲击。面对冲击，传统媒体并不会不动于衷、坐以待毙，而是会通过吸收或暂时吸纳的方式修订既有的范式。这样一来，同一类型的新媒体事件就会被常规化，甚至不会再次发生。周葆华则认为，传统媒体不仅有能力吸纳新媒体带来的冲击与挑战，还有可能改革生产常规，并产生新的新闻价值观念。[①]

另一方面，新媒体需要传统媒体提供内容，提供新闻生产的基本流程范式和操作规则。新媒体以技术和平台擅长，在内容生产方面存在短板。因而，需要大众传媒提供内容给养。新媒体时代，个体流众传播的多是碎片化的微观信息，难以形成系统化和专业化的表达范式，因而需要以大众传媒为主的组织流众对网络信息进行重新聚合、梳理，方能达成理想的传播效果。

媒介融合的结果是，新旧媒介始终处于动态的互动变化中：一方面，旧媒体变得反应更快、更透明公正、互动性也更强，它们不时借助个体流众传播，特别是草根传播进行补充，并完善自身的传播方式和渠道；另一方面，新媒体不断从传统媒体中汲取营养，也渐渐学会了系统化、专业化的表达方式。持续

---

① 参见申金霞. 自媒体时代的公民新闻. 北京：中国广播电视出版社，2013.155.

进行的媒介融合使谢尔·以色列① (Shel Israel) 笔下的 "辫子新闻" (braided journalism) 成为当前新闻传播领域一道亮丽的风景线。所谓辫子新闻指由传统媒体、公民新闻和社会性媒体三股绳子拧结、交织而成的新闻报道。与之相类似，还有近些年借助社会化网络新出现的新闻运作方式 "众筹新闻" (Crowdfunding Journalism)：由专业新闻机构发布新闻调查机会，向有兴趣的公众筹集资金和信息支持，在调查完成后给予参与公众响应的回报。目前，有关众筹新闻的探索正日益兴盛。类似的新旧媒体融合的方式，既重新定义了个体流众与组织流众之间的关系，又开创了新旧媒体融合共生的新途径。

四、后传媒工业的猜想

大众传媒是工业社会的产物，其信息生产、流通和消费都是严格按照商业模式进行的。因而，大众传媒也是典型的媒介工业。按照西方批判学者的观点，媒介工业中的新闻和信息生产者揣摩大众需求，并根据大众需求对新闻的生产流程进行分工，然后将生产出来的新闻产品贩卖到传媒市场中，其最终目的是与其他商品进行交换，获取价值。批判视野中的 "工业" 一词，意味着生产过程及产品标准化，也凸显大众传媒的产业属性。

现代社会中，大众传媒继续承担了葛兰西笔下所谓的 "文化霸权" 功能，成为统治阶级维护统治、涵化大众的 "麻醉剂"。即使进入新媒体传播时代，由组织流众主导的 "O2A" 传播模式依然在扮演维护 "市民社会" 的角色，只是组织流众将新闻生产和技术革新融合得更为巧妙。借助新媒体的分众趋势，组织流众对个体的需求满足更具针对性，更体贴入微。它们高举民主、自由、人性化、开放性的旗帜，麻痹流众的神经。它们设定了一个骗局：什么最打动人，最吸引人，就制造什么给人享用。它们尊奉："大众社会不需要文化，只需要娱乐，娱乐行业提供消费品就是为了让社会享用。如果荒唐的故事可以取悦于人，那就大量地生产它们吧；如果悲苦人物的命运更有'卖点'，就让天下都高唱苦命人的悲歌吧。"②

---

① 美国《商业周刊》专栏作家、社会性媒体记者、网络趋势研究先锋。

② 石义彬. 单向度、超真实、内爆：批判视野中的当代西方传播思想研究. 武汉：武汉大学出版社，2003. 33.

　　新媒体技术的不断进步，滋养了社会化网络和自媒体的成长，为个体流众传播的崛起提供了舞台。大众传媒以及大众传媒在流众传播中的影子——组织流众传播开始衰退，个体流众传播和公民新闻日渐崛起。这导致大众媒体（或带有传统媒体色彩的传播形式）开始萎缩，小众媒体和自媒体传播快速增长。这样的趋势带来了显著的变化：

　　一是组织流众与个体流众之间的博弈日趋激烈。虽然并非每一次斗争中的个体流众都能取得胜利，但自媒体和公民新闻的发展趋势却显然印证了未来的趋势——个体流众将会在不久的将来占据上风。

　　二是传媒"工业化"色彩的淡化和退却。传统工业社会中的标准生产和文化霸权受到了空前的挑战，组织化的新闻生产和结构模式俨然不能完全适应新媒体时代的传播特点，即便大众传媒的"工业化"色彩不会消失殆尽，也至少会被迫去适应流众传播的特点，并不断汲取公民新闻的养分和理念，以求得个体流众的观念认同和自身发展。

　　三是大众传媒有可能走向自媒体发展的极端情况——无数个体流众编织成复杂媒介传播体系，个体流众传播占据人类信息传播的绝大部分比例，传媒工业的垄断地位将被个体流众传播所取代。到那时，后媒介工业的时代或将真的到来。

第五章　流众传播的困境

事物普遍存在两面性，流众传播也不例外。"传播方式的每一次变革既拓展了我们的视野、改变了我们的语言和交往的方式，同时又给我们的认知设置了新的障碍。"① 同样，数字技术和新媒体传播，既促进了流众群体的兴盛，赋予其对信息、媒介和传播以前所未有的掌控力，推动了政治、经济、文化和传媒领域的重大变革，也给人类传播带来了新的困惑和挑战。形象一点说，新媒体传播好比一辆高速前行的列车，它带给我们更多、更快、更好的诱惑，带领我们进入信息爆炸的时代，令我们沉迷其中，却无视危险和歧途的存在。

其实，在这看似欣欣向荣的媒介景象中，危险的种子早已埋下。美国地缘政治学家兹比格涅夫·布热津斯基（Zbigniew Kazimierz Brzezinski）曾在《失去控制：21 世纪前夕的全球混乱》一书中预言，21 世纪将会发生媒介失控。而如今，数字媒体的裂变式传播已经使这种失控初见端倪：人性固有的弱点、数字技术的双刃性以及传播机制和外部环境的弊端，将使我们陷入前所未有的困境。

第一节　数字技术的双刃性

美国未来学家丹尼尔·贝尔（Daneil Bell）曾说："技术具有破坏性"。随着技术革命的不断涌现，技术的双刃性特征表现得越来越明显："任何一种技

---

① 赵庆寺. 青年网络亚文化的文化逻辑. 当代青年研究, 2010（1）.

术都既是负担、又是福音；不是非黑即白，而是利弊共存。"① 技术的进步既为人类创造了飞机、汽车、电话、电脑，造福人类生活，促进人类文明；也带来了枪支、弹药、舰船、大炮，它们为战争所用，造成生灵涂炭，给人类历史造成深重的灾难。可悲的是，人类往往并不时刻反思技术的负面效应，这导致历史的悲剧不断重演。

数字技术的负面效应并不如军事技术那样直接，那样罪难深重，但依然不容小觑。正如"数字化时代的女先知"埃瑟·戴森（Esther Dyson）所指出的："数字化的世界是一片新的疆土，可以释放出难以形容的生产能量，但它也可能成为恐怖主义和江湖巨骗的工具，或是弥天大谎和恶意中伤的大本营"。②

面对技术，未知显然大于已知。传播学先驱施拉姆曾提醒："我们往往有低估新的传播技术的效果的倾向。"数字技术的负面影响可能比我们想象的要严重得多。

一、数字技术的负效应

创新往往意味着对过去的某种失去。早在 20 世纪 60 年代，麦克卢汉就已注意到技术对人类经验和能力的削减效应。他提出，"每一次技术革命就是人类的一次自残：汽车的出现削弱了人的奔跑能力，电视的出现减少了人'亲身经历'的可能。如今，电脑也同样削弱着人类的思维和决定力。"③ 身处数字传播时代，我们已然正陷入空前的悖论："一方面，我们需要那些可以分析我们的软件，靠着它们，我们可以在信息洪流之中更好地生存；另一方面，我们使用这些软件的结果就是我们逐渐失去了一种感觉：我们有选择的能力，我们有自由意志。"④ 英国阿伯丁大学教授、技术哲学家格雷厄姆（Gordon Graham）在《互联网哲学的探索》一书中也表示："人们不应盲目崇拜新科技所促进的那些被公认为合理的价值观"。对于流众而言，想要在悖论中更好地适

---

① ［美］Neil Postman. 技术垄断——文明向技术投降. 蔡金栋，梁薇，译. 北京：机械工业出版社，2013.3.

② ［美］埃瑟·戴森. 2.0 版——数字化时代的生活设计. 胡泳，范海燕，译. 海口：海南出版社，1998：17.

③ ［德］弗兰克·施尔玛赫. 网络至死. 邱袁炜，译. 北京：龙门书局，2011.59.

④ ［德］弗兰克·施尔玛赫. 网络至死. 邱袁炜，译. 北京：龙门书局，2011.82.

应数字潮流、掌控自由意志，就需要对数字化、网络化技术可能带来的不良影响，保持清醒的认识，并时刻加以防范和警惕。

（一）固化思维模式

麦克卢汉说："技术带来的效应不是出现在观点或观念层面。"更确切地说，它们"不断地改变着人们的感知模式，并且没有遇到任何阻力"①。换言之，数字媒介技术正以其非线性、超链接、碎片化的特性，革命性地改变流众的思维习惯和行为模式。数字技术早已给我们的思维设下了条条框框，而使用数字媒介，参与流众传播，也就意味着必须遵循数字世界的逻辑和规则。强大的数字规则和逻辑，直接影响流众获取信息的方式、对外部世界的感知、理性思考的能力，甚至是人类大脑的构造。当然，令人倍感忧虑的是，新媒体传播"没有违背我们的意愿去改变我们的思维习惯，而是在顺应我们意愿的情况下，改变了我们的思维习惯。"② 这使我们很快就在这些改变面前俯首称臣、束手就擒，却丝毫觉察不到其中暗藏的危险。

本书认为，数字技术对人类思维方式产生的负面影响有：

碎片化。美国经济学家泰勒·考恩（Tyler Cowen）研究发现："在能够轻易获得信息的情况下，我们通常喜欢简短、支离破碎而又令人愉快的内容。"新媒体传播充分利用了流众的这一特点，占据散落于我们茶前饭后、工作之余的碎片化时间，引领我们进入一个支离破碎的世界。新媒体传播中的信息，常常以缺乏上下文、超链接和碎片化的方式呈现，而且其信息容量已经大到难以全部接收，流众看到的始终是"冰山一角"。对此，作家凯莱布·卡尔（Caleb Carr）批评道，"信息技术让人们哑口无言：它教会了人们如何收集大量非常琐碎的信息，却没有同时教会人们如何将收集到的凌乱信息整合成系统的知识。"③ 信息、媒介和传播的碎片化，终将导致传播效果和流众思维的碎片

---

① ［美］尼古拉斯·卡尔. 互联网如何毒化了我们的大脑. 刘纯毅，译. 北京：中信出版社，2010. xxvii.

② ［美］尼古拉斯·卡尔. 互联网如何毒化了我们的大脑. 刘纯毅，译. 北京：中信出版社，2010. 97.

③ ［美］詹姆斯·E·凯茨，罗纳德·E·莱斯. 互联网使用的社会影响. 郝芳，刘长江，译. 北京：商务印书馆，2007. 17.

化——长期浸淫在碎片化传播环境中，流众开始习惯非线性的跳跃思维和支离破碎的传播环境。流众不得不持续变换思维，关注那些屏幕中不断闪烁的信息，而很少有系统性、专注性和深度性的思考和阅读。这导致流众掉进了数字技术设下的陷阱——新媒体"吸引我们的注意力，只是为了分散我们的注意力。"① "在这样的世界中，我们迷失了方向，不知道该如何集中精力和安排有限的时间"②，也"不再拥有保持深刻所需要的注意力"③。

　　浅薄化。如前文所述，某一领域的技术越发达，人类在相关领域的生理机能就萎缩得越厉害。数字技术人性化程度很高，自动聚类和人工智能技术异常发达，这显然为大脑的"偷懒"提供了便利，似乎所有信息都可以借助"电脑"完成计算、存储和关联，仿佛人类的大脑从此也就再也不用记忆和思考了。"网络成为虚拟地形学中一种拟像的领域，电脑屏幕代替了挡风玻璃。在这种经验中，'航行者'进入了一个苍茫世界，却又止步于一种'无深度的表面'。"④ 新媒体传播的非线性和碎片化特点，也是导致流众传播浮光掠影的重要因素：微博等自媒体应用的写作篇幅甚至不能超过 140 个字，这样的限制显然只为吸引流众的注意力，而无助于深刻思考；流众在使用搜索引擎时，搜索到的信息也是只见树木，不见森林，"更有甚者，我们连树木也看不到，我们看到的知识末梢和树叶。"⑤ 长此以往，"我们不再对相关信息进行筛选，而是通过唤起我们经验中简化了的'原稿'作出仓促而考虑不足的反应。"⑥ 总之，面对不断变换的数字符号，我们没有精力也没有动力去深入了解，当然也就不再会有深刻的思维。这导致流众现象式思维的出现，"包括碎片式思维、并行式思维、协同式思维、非线性思维、创新式思维……这些与互联网传媒高度匹

---

①　[美] 尼古拉斯·卡尔. 互联网如何毒化了我们的大脑. 刘纯毅，译. 北京：中信出版社，2010. xiii.

②　[美] 安德鲁·基恩. 网民的狂欢——关于互联网弊端的反思. 丁德良，译. 海口：南海出版公司，2010. 56.

③　[美] 尼古拉斯·卡尔. 互联网如何毒化了我们的大脑. 刘纯毅，译. 北京：中信出版社，2010. xiii.

④　马克·纽尼斯. 网络空间的鲍德里亚：网络、真实与后现代性. 闫臻，译. 转引自李永刚. 我们的防火墙——网络时代的表达与监管. 南宁：广西师范大学出版社，2009. 18.

⑤　[美] 尼古拉斯·卡尔. 互联网如何毒化了我们的大脑. 刘纯毅，译. 北京：中信出版社，2010. 96.

⑥　[德] 弗兰克·施尔玛赫. 网络至死. 邱袁炜，译. 北京：龙门书局，2011. 91.

配而具有'浅薄'特点的思维方式，与黑格尔时代传统工业化'深刻'思维方式格格不入，却正是人类大脑演进的方向。"① 这种"崭新的平面而无深度的感觉，正是后现代文化的第一个，也是明显的一个特征"。②

涣散化。按照麦克卢汉等人的观点，不同时代的信息传播方式，会刺激大脑神经系统形成不同的映射反映，并强化大脑神经的相应部位。在印刷传播阶段，平心静气、聚精会神的深度阅读成为最流行的信息接收方式，静心、专注和线性深入思考是必备条件，学识渊博、博闻强识、睿智深邃是大脑发达和智慧的重要象征，沉浸其中成为检视阅读状态的衡量标准。新媒体传播阶段，阅读方式从书本转向屏幕，从文字理解转向多媒体传播，不断闪烁的屏幕信号持续刺激着大脑神经，使我们难以形成持续沉浸的阅读状态；网络信息杂乱无章，排序纷繁散乱，多种应用程序交替弹出，不断分散我们的注意力；非线性传播使我们的阅读行为永远在跳跃……这对沉浸阅读构成了严重的威胁：屏幕阅读正彻底颠覆印刷传播所养成的沉浸状态，使我们变得心绪不宁、神志不清，同时也使人类刚被强化的深度阅读神经趋于萎缩，导致沉浸阅读成为无法还原的田园景象。

机械化。新媒体终究只是一种机器，一种指令输入与回应系统。这一特点赋予新媒体传播的显著的"正强化"特征，即我们对某一信息的需求越多，指令输入强度越大，得到的信息反馈就越多；对某一信息关注的人数越多，此类信息的生产量也就越大。也就是说，与其他机器类似，新媒体同样鼓励人类进行机械式的行为操作。美国学者艾米丽·萨瓦特拉（Emily Salvaterra）和其同事的研究也证实，"有一种心理过程强化了互联网的使用，最终形成了'反复登陆'的强迫行为。"③ 新媒体传播的人机交互与现实生活中的人人交互存在巨大的差异：人机交互是机械式的，不带有感情色彩的，非自然的交互；而人与人之间的交流，往往是亲切和谐的、自适自然的、情感联系密切的主体间

① ［美］尼古拉斯·卡尔. 互联网如何毒化了我们的大脑. 刘纯毅，译. 北京：中信出版社，2010. xi.

② 詹明信. 晚期资本主义的文化逻辑. 上海：上海三联书店，1997. 440.

③ Emily Salvaterra, K. T. Hanson, Gonzalo Brenner, dan Hannah Jackson, "Caught in the Net: The Internet and Compulsion," Neuroanthropology Blog, May 28, 2009, http://neuroanthropology.net/2009/05/28/caught-in-the-net-the-internet-comlulsion.

的交往。因此，机械化交互是新媒体传播的一个重要特点，只是新媒体传播的机械化与我们的大脑表现出更多的联系：新媒体"会向我们大脑中的视觉皮层、触觉皮层和听觉皮层发送稳定的刺激输入流。我们点击鼠标、滚动转轮、敲击键盘、触摸屏幕的时候，会有通过手和指尖传来的感觉产生。"① 长此以往，人类的精神状态和智力状态将不可避免地流露出机械化倾向。也许你我都有过类似的经历：长时间使用新媒体后，常感到目光呆滞、思维僵化、对外部世界的感受力和敏感度明显下降，在与他人交流时常感焦虑，不知所措……而这肯定不是少数人才有的切身体会。换言之，机械式的反复操控，常导致部分流众沉迷于人机互动，而忽略与现实生活中的亲人、朋友的互动。"在这种状况下，新媒体传播意味着对面对面人际传播的彻底取代，导致传播质量在某种程度上消失了。"②

（二）弱化大脑机能

数字传播的兴盛，还引发了流众大脑机能的变化。这些变化可能完全超乎数字技术发明者的预料和初衷，因为数字传播的影响已经远超个体能够感受和测量的范围。没有人知道数字传播的未来将会如何，也没有人知道数字传播对人类机能的影响究竟有多大，但这并不意味着影响就不存在。牛津大学神经学教授苏珊·格林菲尔德男爵（Susan Greenfield）曾预言："数字技术的广泛应用将改变我们大脑的形态和化学构成，激烈的视频游戏和高强度的网络互动将导致精神疾病，例如孤僻、无精打采、思维混乱和神经过度疲惫等。"③ 也有大脑研究者发现，大脑具有"神经重构"的能力。"我们脑中的神经连接已经不明原因地有所改变。进化研究者也温和地表示，这种改变已经开始改造我们脑中的'本我'。一些迹象也表明，人类精神的建构也随之开始变化。这种变化就像卡夫卡笔下的格里高·萨姆莎，早上醒来发现自己一夜之间变成了一只

---

① ［美］尼古拉斯·卡尔. 互联网如何毒化了我们的大脑. 刘纯毅，译. 北京：中信出版社，2010.126.
② ［荷］简·梵·迪克. 网络社会——新媒体的社会层面（第二版）. 蔡静，译. 北京：清华大学出版社，2014.3.
③ ［美］安德鲁·基恩. 网民的狂欢——关于互联网弊端的反思. 丁德良，译. 海口：南海出版公司，2010.158-159.

甲虫。我们正在上演这样的'变形记'。"① 尼古拉斯·卡尔也认为，"数字网络带来的坏习惯，最终会损害我们的大脑，戕害人类的文化。"② 面对数字网络，"我们突然发现，需要不断更新的不再是电脑，而是人类自身；不再是微处理器，而是我们的大脑；不再是内存，而是我们的记忆力。我们不再需要让电脑的智能向人脑靠拢，而是恰恰相反。"③

与大脑机能密切相关的，是我们的专注、记忆和思考能力。卡尔认为，互联网的使用者们渐渐培养出一套"智识伦理"（intellectual ethics），这是一种关于思维运作模式的假设，"智识伦理"正在削弱我们的专注力。"互联网内在的狂乱和肤浅的特性被植入我们的神经系统"，导致"大脑在获取信息时，正在按照网络传播信息的方式来进行的：快速移动，像粒子流一样。"④ 印刷传播阶段的轻松田园式的深入阅读方式一去不复返。屏幕阅读还不断削弱我们的记忆和思考能力，影响我们对社会的看法和评价。面对海量的信息存储、快捷的获取方式，我们用硬盘代替了大脑，并下意识地认为，有了电脑，就再也不用费力去记忆那些生僻晦涩的知识了，这让我们变得健忘，使大脑的记忆神经慢慢萎缩。

记忆外包，文明便面临威胁。卡尔说："从形而上学的角度看，我们正在经历文明的倒退：从知识的培育者变成了电子信息丛林中的捕猎者和采集者。"⑤ 我们没有了专注的投入，没有足够的知识储备，也就不再会有深入的思考了。此外，新媒体传播中不断迸发的噪音，也对流众的理性思考造成了干扰，最终导致"洞察力的终结"⑥。夸张一些说，上述因素还可能造成严重的病态影响，"对于数字化刺激的渴求，可能和暴食症、性成瘾等具有相似之处。最初，人从事的都是健康的行为，渐渐地滑向强迫行为的深渊，最终影响

① ［德］弗兰克·施尔玛赫. 网络至死. 邱袁炜，译. 北京：龙门书局，2011. 18.
② 转引自［美］霍华德·莱茵戈德. 网络素养：数字公民、集体智慧和联网的力量. 张子凌，老卡，译. 北京：电子工业出版社，2013. 52.
③ ［德］弗兰克·施尔玛赫. 网络至死. 邱袁炜，译. 北京：龙门书局，2011. 32.
④ Nicholas Carr. Is Google Making Us Stupid? http://blog.sina.com.cn/s/blog_ 49e321af0100gchv. html
⑤ Carr, The Shallows, 118, 138.
⑥ ［德］弗兰克·施尔玛赫. 网络至死. 邱袁炜，译. 北京：龙门书局，2011. 58.

人的正常机能。"①

（三）抑制社会创新

数字传播环境中，不仅流众个人的大脑机能和创新能力受到影响，有关学术创新和社会创新的机制也颇受抑制。

其一，信息的无限增殖，使流众产生了"迷失"的困扰，对信息的搜寻和检索成为衡量流众个人能力的重要标志。"在我们这个社会，已经没有所谓的'最能干的人'，而只有'获得信息最多的人'。"② 遇到难题时，流众的第一反应往往是上网搜寻，我们忙于在海量信息中搜索现成的答案，沉迷于疑问得到解答的快乐中，而无暇思考和创新。"但是我们都知道，信息一旦装进大脑，它们都已经陈旧了。"③

其二，流二进制的编码方式在方便信息保真的同时，也为复制粘贴打开了"方便之门"，这给剽窃者提供了便利。网络空间内，未经许可的剽窃行为屡见不鲜，不仅导致垃圾信息和冗余信息充斥网络，也抑制了知识创新和社会创新。这一现象在学术研究领域表现最为突出，美国神经科学家迈克尔·梅尔泽尼奇（Michael Merzenich）曾论述称，"现代化的搜索引起和交叉引用的网络站点功能强大，使得调查研究和通信交流有了极高的效率，这是毫无疑问的。在我们使用追求'效率至上'、一开'二手参考资料（而且脱离上下文）'而且'浅尝辄止'的调查研究策略的时候，大脑在综合处理信息过程重点参与程度会更间接、更肤浅，这同样也是毫无疑问的。"④ 类似维基百科和谷歌式的新媒体应用，只提供数据查询和内容存储的空间，并不强调对版权和原创的尊重，这样的机制也在无形中助长了"智力盗贼"的气焰。"正如利兹城市大学的萨莉·布朗教授所指出的那样，这些人是后现代的、折中主义的、谷歌式的一代维基百科分子，他们没有必要去了解原创者和所有权这样的概念"⑤。

---

①　Matt Richel, "Attached to Technology and Pagying a Price", New York Times, June 6, 2010. 52

②　［德］弗兰克·施尔玛赫. 网络至死. 邱袁炜，译. 北京：龙门书局，2011. 94.

③　［德］弗兰克·施尔玛赫. 网络至死. 邱袁炜，译. 北京：龙门书局，2011. 94.

④　［美］尼古拉斯·卡尔. 互联网如何毒化了我们的大脑. 刘纯毅，译. 北京：中信出版社，2010. 147.

⑤　［美］安德鲁·基恩. 网民的狂欢——关于互联网弊端的反思. 丁德良，译. 海口：南海出版公司，2010. 23.

其三，流众传播往往是基于兴趣、爱好和有特定共同经历的人群的结合交互，是典型的聚类传播，后者将相似信息和内容聚合在特定的网络空间中，形成了基于特定人群、话题、区域和兴趣的聚合传播机制。这样的机制一方面有助于信息的共享和协作，有助于推进集体智慧和在线协作；另一方面也会形成相对封闭的信息环境，使流众沉醉于所谓的"志同道合""高山流水"的氛围，最终导致流众陷入自我编制的"信息茧房"——其接收到的都是与自身观点相似的理念和信息，交往的对象也是与自身相似的一群人，反而很少能听见异见和其他群体的声音。没有百花齐放、百家争鸣，没有对同质化意见的质疑，显然无益于知识生产和创新。

二、数字技术的脆弱性

技术是人类意志的延伸。它起源于人类的需求，却又脱离人体的控制。技术是逻辑推演的产物，必须遵循一定的运行规则，任何一点偏差，都会产生很大的负面效应。因此，技术往往表现出一定的不可控性和脆弱性。对于错综复杂、编织缜密的数字传播而言，脆弱性表现得更为突出。虽然经过多年的快速发展，数字网络技术已经相当成熟，并在全球范围内得以普及，但高度互联和密集分布的新媒体网络及其传播技术依然处于脆弱的状态，崩溃的可能依然时时存在。常见于新闻报道的服务器宕机、系统崩溃、网络中断、黑客攻击、病毒感染等，便是这种脆弱性的表现。

除所有技术具有的共性弱点外，数字技术之所以存在脆弱性，还受其个性特征影响：

首先，数字技术的开放性威胁网络安全。数字技术是开放共享的，其本意试图通过代码共享、创新协同，促进数字网络技术的不断进步，实现数字新媒体的更快、更好发展。毫无疑问，也正是因为开放和共享，才会有今天新媒体传播的繁盛景象。但开放原则给不怀好意之人以可乘之机。同时，新媒体是公开的、全球性的网络，到目前为止，尚未形成对网络攻击行为具有全球束力的国际法规，这在一定程度上纵容了跨国网络攻击，危害全球网络安全。

其次，安全与性能一直是新媒体传播的矛和盾，二者处于此消彼长的状态。一般而言，网络的安全性能高，其传播性能就会受到一定的限制。相反，传播性能好，势必需要牺牲一定的安全性。因而，新媒体传播视域下的安全是模糊的安全和相对的安全。而实际上，网络空间也并不存在绝对的安全状态。任何终端只要入网，也就意味着迈进了危险的世界。

再次，新媒体网络是人类历史上规模空前的超级工程和自愿项目，牵涉到数以亿计的节点、终端和应用和无数人的智慧。规模巨大、节点众多、分布广泛、网络密集……这些特征使新媒体网络的构建过程异常复杂，从数据的编码、存储到传输都需要经过复杂的计算和缜密的考量，也不可避免地会留下一些薄弱环节，甚至是漏洞，而这些均可能成为网络攻击的潜在目标。此外，数字存储和通信技术依然处在不断的更新和发展过程中，很多新技术、新应用的稳定性和可靠性尚未得到最终验证便被应用推广，也成为新媒体传播的潜在威胁。

复次，从根本上保证新媒体网络及其系统的绝对安全是"不可能完成的任务"。新媒体网络的安全防护只能是相对的防护，只能减少系统崩溃的风险，而不能杜绝风险。全球范围内，绝对核心的数字存储和传输技术，只掌握在少数的企业和少数的国家手中。这一现实暗含了技术作弊的可能性，即垄断企业有可能在产品和技术标准中暗加后门，在必要时打开后门，窃取用户其他国网络系统的隐私和秘密，或在关键时刻致使目标网络崩溃。

总之，数字技术自身的技术性和网络传播的开放、共享特征，决定了新媒体传播的脆弱性和危险性，其中的任何一个节点、任何一种技术、任何一个终端出现漏洞，都隐藏着极大的风险。对于流众而言，正因为数字网络脆弱，才要更加小心地呵护；因为危险，才需要更加谨小慎微；因为未知，才需要更加清晰地认识自我。

三、数字技术的非人性

技术是人类的创造物，兼具人性和物性的特点。技术创新和应用不仅使人类的体力和脑力得到解放，生活质量得到提高，还促进了人类认识能力和思维能力的发展，促使人类萌发有意识、有理想的追求，这是技术人性化的体现。同时，技术作为人造之物，还表现出一定的物性特征。所谓物性，是指技术的非自然的物质属性，即技术作为非自然之物被人类强加于自然系统后，对自然物质循环、转化过程所造成的干扰和紊乱。这种干扰不仅危及自然物性，也会危及身处自然的人类，导致"非人性效应"。黑格尔曾把这种物性和物性的冲突叫做"自然界反对自然界"①。技术物性与自然物性冲突产生的负面影响，首先表现为技术对人的异化："技术的高度发展使得技术在事实上越来越成为社会的支配力量，社会越来越被技术化，人也被技术化了，生命活动越来越成为一种纯粹的机械作用和机械过程。这样，技术活动的结果就不仅是给人类造福，而且是在日益广泛的范围和程度上导致生物体的敏感性、自发性和生命力的丧失，导致人的异化，导致社会异化，技术越来越多地具有了反生命、反人性、反社会的性质。"② 其次表现为技术对人类生存环境的破坏。近年来，愈演愈烈趋势的环境污染、生态破坏，以及经济社会高速发展所引发的情感、社会、伦理、生理、健康等一系列问题，就是技术物性危害人性的表现。

对于流众传播而言，数字技术的非人性同样显而易见：

其一，数字技术的本质依然是机械行为，对人类的生理和心理行为产生了诸多不良影响。数字通信技术和存储技术的产生，解放了人脑，化解了跨时空传递信息的困扰，并以友好的界面设计、游戏环境和精彩的内容，吸引了流众的深度参与；但同时，数字技术依然没能摆脱技术物性的弊病，重复的鼠标点击、键盘敲打和屏幕输入，始终在强化流众的重复操作和机械行为。这对流众的生理和精神状态产生了诸多不良影响，颈椎病、"鼠标手"、近视眼等不良反应陆续出现在"电脑世代"的身上；大脑记忆神经萎缩，刺激、反应能力衰减，长时间沉迷于数字网络后的精神萎靡、目光呆滞、感知匮乏等诸多神经性反应也开始在流众身上显现；同时，组织流众用市场逻辑和商业利益控制个体流众的身体和灵魂，导致部分流众沦为新媒体时代"文化工业"新的"受害者"，沦为数字时代"单向度的人"。

其二，数字技术和数字传播的复制和扩散能力，超乎人类的预料。短短数十年间，数字技术就以锐不可当之势风靡世界，并在经济领域渗透至大部分行业。近期，所谓"互联网＋"等概念的提出，表明这种趋势将会进一步深化，数字技术的影响力将进一步得到增强。而与数字技术风头正劲相对的，却是人性在经济、社会各领域的相对衰减。如对此不加以重视，技术或使人成为

---

① 转引自肖峰. 论技术的非人性效应及其根源. 人文杂志，1994（5）.
② 魏屹东等. 当代科技革命与马克思主义. 太原：山西科学技术出版社，2003.329.

"淹没在物体、机器和无数的具体事物的世界之中的一个微粒"。①

其三,数字传播的物性还表现为其强烈的侵入性。这种侵入首先"表现为边界彼此溢出和内爆——国家、地区之间,工作和家庭之间,工作和休闲之间,时区之间,公共空间和私人生活之间。这种侵入导致高度自主的个人传播与公共习俗以及与他者的冲突,导致个人的持续焦虑以及主体的行为、精神与情感特征的突变,接近的冲动与逃避接近的意愿成为人们传播互动的两难困境;同时侵入允许了更多的隐私侵入和欺骗、围捕等关系暴力。因此,侵入带来的社会秩序、公共安全以及个人生活的剧变已经成为'社会焦虑的场所'(Harkin,2003:26)。"② 其次表现为接纳意愿的入侵。无论你身处何方,是否愿意,数字洪流所及之处,都好似"蝗虫过境"。正所谓"顺势者昌,逆势者亡"。任何人、任何机构、任何国家都无法抵挡数字技术的强势侵袭。

其四,数字技术和数字传播还呈现出一定的反自由性。数字技术高扬"自由的旗帜",赋予流众以空前的传播自主权,意谓自由传播时代的降临。但不容忽视的是,流众传播是数字技术逻辑和秩序确定的过程。规则确立意味着自由的失去。因而,数字传播趋向自由,却又"反对自由"。只不过数字技术的反自由,是其顺应技术逻辑和运行规则的内在需要。对流众而言,将大量时间、精力消耗在数字媒介,也意味着其他自由时间和自由选择的失去。

其五,技术还可导致流众的数字"成瘾"。"成瘾"使流众沉迷于虚无的数字幻象中无法自拔;或激发流众心底暗藏的欲望和非理性因素,成为人性堕落、道德沦丧的诱因。

最后,数字技术的自我复制和自我繁衍功能,有可能超乎人类的控制能力。特别是随着人工智能的进一步发展,技术伦理与人类道德的矛盾和冲突表现得更为明显。技术进步存在一定逃脱人类控制的倾向。"马斯克和霍金此前在公开场合就表达过对人工智能发展的担忧。马斯克多次表示人工智能很可能将召唤出恶魔,在五年内可能就会发生人类不可控的事情,他甚至还将人工智能视为超过核武器的人类最大威胁;而霍金则得出结论称'彻底开发人工智

---

① 转引自魏屹东等. 当代科技革命与马克思主义. 太原:山西科学技术出版社,2003.329.

② 转引自胡春阳. 寂静的喧嚣永恒的联系——手机传播与人际互动. 上海:三联出版社,2012.167.

能可能导致人类灭亡。'"① 如放任数字技术和人工智能肆意发展，美国科幻电影《2001：太空漫游》中的智能终端"哈尔"9000 型电脑违背人类意志、杀害人类的情形，有一天或许会真实上演。

当然，除上述因素外，数字通信技术还存在一定的互斥性，准确说是标准的不兼容性，也是掣肘流众传播发展的负面因素。

综上，数字技术是把"双刃剑"，工具性、两面性、脆弱性和危险性共存，人性与物性俱在。如何驾驭数字技术，就像我们在生活中如何用刀一样，需要我们遵照"技术—人—社会—自然"和谐共处的自然法则和技术伦理，发挥制度和法规的约束力和规范性，将数字技术的"刀刃"规制在厨房和车间，而不能任其行凶伤人。

第二节　过度互联的危险

互联的优点有目共睹。它将不同的事物、元素链接起来，发挥各自的优势和长处，方便资源的自由流通，使世间万物的联系更加紧密，不仅催生了分散的原子世界无法想象的协同景象，还实现了社会、经济、文化各领域的快速发展。

新媒体将世界串联成数字化的网络，将越来越多的事物和元素裹挟其中，创造了空前繁荣的网络经济，使人类步入真正意义上的信息社会。同时，将一切事物互联，也带来了潜在的威胁：良莠不齐的应用形式、信息过载和无限增殖，流众对数字技术的滥用、对互联的过度依赖，都给流众传播的有序运转和信息社会的稳步发展带来了严峻的挑战。

一、过度互联的弊端

凡事过犹不及。万物的互联也并非全是优点。著名风险投资家、英特尔前高级副总裁威廉姆·戴维德（William H·Davidow）在《过度互联——互联网的奇迹与威胁》一书中强调："我坚信只要按照新规则行事，我们就能够从互

---

① 人工智能太危险，霍金、马斯克真急了. http://www.ithome.com/html/it/123077.htm.

联性急剧增加的现实中大受裨益；相反，如果忽略新规则的潜能，我们将以更高的频率遭遇更多的危机。"按照程度的不同，戴维德把互联程度分为四种状态："互联不足状态，这一状态从古一直延续至 20 世纪；互联状态，当环境逐渐发生变化时，企业、经济制度以及政府有充足的时间调整、保持相同的步调；高度互联状态，能够保证一切系统顺利运转；过度互联状态，各种系统发生剧烈变化，以至于其赖以维持的环境难以应付。"① 其中，过度互联可能导致社会不稳定，甚至可能引发灾难性的影响。

戴维德认为，"网络空间早已从高度互联状态转化为热逸溃式的过度互联状态。"② 虽然作者并不认同当前的新媒体传播已经达到"过度互联"的状态，但依然认为有必要警示"过度互联"，或是"高度互联"的潜在危险。

过度互联绝非只是好事。戴维德认为，"互联性的迅速增长会引发两种后果。第一，它能以极快的速度驱动变革，速度之快如威廉·奥格本在定义'文化滞差'③ 这一术语时所写，'文化中与环境相协调的某一元素发生变化，而环境无法与这一变化保持同步。'因互联性的增长而产生的技术变革具有创造新系统的潜能，而环境常常没有能力容纳这些新系统，这种环境与技术变革的脱节就意味着过度互联会导致巨大的文化滞差。第二，我们周围的环境由那些和我们联系的事物所组成，因此，如果互联程度的大幅提高突然改变了那些与我们相联系的事物，我们的系统就会经历迅猛的环境变化。如果这一系统并不极其灵敏，则该系统无法与环境的改变保持一致，其结果是，巨大的文化滞差将再次出现。"④

本书认为，过度使用、依赖数字技术和新媒体传播，将在诸多领域产生负面影响：

---

① 银华基金. 警惕《过度互联》. 第一财经日报 2014. 11. 24.
② ［美］威廉姆·戴维德. 过度互联——互联网的奇迹与威胁. 李利军，译. 北京：中信出版社，2012. 63.
③ 社会学家威廉·奥格本（William Ogburn），创造了"文化滞差"这一术语，用来描述当文化的某一个元素发生变化，而其他元素保持不变时所产生的社会失调现象。……他指出，适应技术进步的过程是如何痛苦，因而他认定放慢技术前进的步伐或许是大有裨益的，要防止进步太过迅猛而给社会带来颠覆性、革命性的阵痛。参见［美］威廉姆·戴维德. 过度互联——互联网的奇迹与威胁. 李利军，译. 北京：中信出版社，2012. x.
④ ［美］威廉姆·戴维德. 过度互联——互联网的奇迹与威胁. 李利军，译. 北京：中信出版社，2012. 12.

首先，过度互联将原本孤立、简单的事物和问题变得错综复杂，多重因素的互为因子、交互耦合，形成系列复杂的触发效应，并可能引起链式反应，形成难以预料的灾难性后果。

其次，过度互联使社会运转和信息传播的节奏更加迅速，哪怕再为细小的问题一旦发生，便会很快形成燎原之势，很难在短时期内加以控制。

再次，过度互联意味着万千事物和众多因素的加入，这其中势必隐匿了危险的因素和脆弱的环节，而任何一个环节触发的问题，便很可能传导至整个网络，殃及网络流众。

复次，过度互联还有明显的放大效应。"互联性越强，对问题的放大效应就越大，地区问题转变成国家问题，国家问题升级为国际问题。"① 原本可以轻松解决的单一问题，有可能会演变为无法解决的复杂问题。

最后，过度互联还有可能引发无用传播。数以亿计的节点和路径以及信息传播存在的诸多可能性。一方面增加了信息流通的途径，增加了信息共享的效率；另一方面也为无用传播提供了生存空间和土壤，造成传播资源的浪费。

除上述影响外，数字网络的过度互联，还可能直接威胁流众的社会关系及信息安全。长时间的"网上冲浪"侵占了原本与家人、朋友一起交流、参与户外活动的时间，大量的虚拟生活代替了真实生活，从而导致孤独、感觉麻木和道德沦丧，降低个人的组织水平和社交能力。最终使个体沦落。此外，过度互联使无数个人的隐私和信息都被集纳在网络空间中，别有用心之人就有可能从中挖掘出"蛛丝马迹"，威胁他人信息安全；同时，过度互联还可能千百倍地放大网络攻击和木马病毒的危害，甚至可酿成全网性、全球性的灾难。

耶鲁大学著名组织学理论家罗斯·佩罗（Ross Perot）提出，"在一个高度复杂、紧密连接的系统中，事故属于正常事件，根本无法避免。"② 还有学者称，"一旦系统发展到高度互联阶段，当发生多重故障时，我们就只能束手无

---

① ［美］威廉姆·戴维德. 过度互联——互联网的奇迹与威胁. 李利军，译. 北京：中信出版社，2012. xi.

② ［美］威廉姆·戴维德. 过度互联——互联网的奇迹与威胁. 李利军，译. 北京：中信出版社，2012. 33.

策，眼睁睁地看着事故发生，甚至灾难降临。"①

面对日趋紧密的互联社会，能否平衡好互联与控制的关系，处理好数字互联与经济、社会发展的节奏和步伐，是我们能否平稳度过"过度互联"这一险关的关键所在。

二、意义的"内爆"

"内爆"（implosion）是麦克卢汉提出的，与"外爆"相对的概念。麦克卢汉在《理解媒介》一书中提出："凭借分解切割的、机械的技术，西方世界取得了三千年的爆炸性增长。现在它正在经历内向的爆炸。"麦克卢汉笔下的"三千年的爆炸性增长"就是信息的"外爆"，意谓现代传媒技术对信息增殖的促进作用，特别是电子技术和数字技术触发的信息爆炸，并无休止地向外扩张的景象。麦克卢汉同时认为，"印刷文字将美学、政治、经济、公共领域与私人领域隔离开来，人们被僵硬的等级界限包围着，而电子传媒技术和在信息'外爆'的冲击下，这种水平和垂直的界限将会重新予以构建，人们将会栖息在一个相互交叠的社会，没有文化等级也没有领域分工。地球在水平的、垂直的、瞬间的'爆聚'。在麦克卢汉看来，信息不仅会'外爆'而且会改变已有的社会结构；内爆就是消除区别的过程，各领域相互渗透，政治的、公共领域的、商业的。但内爆与资本的同一化不同，后者是把一切囊入自己的控制之下，内爆则更像是步入一种虚无、空渺的交互形式，一种没有权威的境界。麦克卢汉甚至指出，内爆的全面发生意味着人性在自我中坍塌，又回到了口语社会的村落特征中。但这并不表示麦克卢汉对媒介技术带来的变化持悲观态度，相反，他认为新兴的媒介技术将会产生更具参与性和交互性的全球性交往形式，增加公民的民主意识和参与感。"②

借助麦克卢汉的"内爆"概念，让·鲍德里亚（Jean Baudrillard）提出，当今的"内爆"是真实与虚构之间界限的"内爆"，即"意义的内爆"，"意

---

① ［美］威廉姆·戴维德. 过度互联——互联网的奇迹与威胁. 李利军，译. 北京：中信出版社，2012. 33.

② 石义彬. 单向度、超真实、内爆：批判视野中的当代西方传播思想研究. 武汉：武汉大学出版社，2003. 265.

义内爆在媒体之中，媒体和社会内爆在大众之中。"[①] 美国批判理论家道格拉斯·凯尔纳（Dougoas Kellner）指出："媒体信息和符号制造术四处播散，渗透到了社会领域，意义在中性化了的信息、娱乐、广告以及政治流中变得平淡无奇……面对信息的无休无止的狂轰滥炸，面对各种意图使人们去购买、消费、工作、选举、填写意见或参加社会活动的持续不断的鼓动和教唆，大众已经感到不堪其扰并充满了厌恶之情。于是，冷漠的大众变成了忧郁而沉默的大多数，一切意义、信息和教唆蛊惑均内爆于其中，就好像被黑洞吞噬了一样。"[②] 梵·库仑勃格和诺曼（Van Cuilenburg，Noomen）将上述现象称为信息无用：越来越大量的信息并不能回答所问的问题，但是生产者回答那些仍然需要被提出的问题。数字通信技术的蓬勃发展及其引发的高度互联，进一步消解了虚拟现实和客观真实之间的界限，成为加剧意义内爆的诱导性因素。在海量信息的不断侵袭下，"大众已经完全失去了主体哲学曾经赋予人的那种思想、意志和情感，他们不可能掌握自己的现实命运，而只能是服从于民意测验、统计学和所谓的公共性。他们在自我的麻木中只能选择沉默，把自我内爆为没有任何社会表达的'沉默的大多数'。"[③]

鲍德里亚曾说："信息越来越多，意义却是越来越贫乏。"还有人认为，信息爆炸意味着意义的消亡。而在流众传播时代，信息过载已不是虚张声势的提醒，而是令人烦躁不安的事实。在新媒体技术高度互联引发的流众传播中，"信息狂侵蚀了我们对于意义的容纳能力。把思维的弦绷在信息上之后，我们注意力的音符便短促起来。我们收集的是支离破碎的断简残篇。我们逐渐习惯于抱住知识的碎片而丧失对知识后面那智慧的感悟。"[④] 符号无处不在，无时不有，人类用符号展现自己、包装一切，并无可避免地陷入无意义符号的包围之中，最终可能导致意义崩溃，自我丧失。

① 转引自石义彬. 单向度、超真实、内爆：批判视野中的当代西方传播思想研究. 武汉：武汉大学出版社，2003. 265.
② 转引自百度百科. 信息内爆理论. http://baike.baidu.com/view/6799234.htm.
③ 转引自百度百科. 信息内爆理论. http://baike.baidu.com/view/6799234.htm.
④ 朱海松. 微博的碎片化传播——网络传播的蝴蝶效应与路径依赖. 广州：广东经济出版社，2013. 7.

三、成瘾的危害

过度互联不仅指系统和元素的过度连接，还可指流众对新媒体系统的过度使用。而过度沉溺于新媒体传播带来的快感和幻象，极有可能产生心理和生理上的异常，导致"网络成瘾综合征"（Intemet Ad. diction Disorder，简称LAD）。

"网络成瘾"是美国纽约精神病医师伊凡·戈德堡（Ivan Goldberg）在1994年借用DSM－Iv中关于药物依赖的判断标准最早提出的，用以说明病态的、强迫性的互联网使用现象。尽管对这一观点还存在不少争议，但几乎所有学者都认同网络成瘾现象是"病态的""依赖性的""过度的"和"不恰当的"行为。因此，也有学者将此类现象称为"病理性网络使用"。其中，"Young采用实证的方法研究网络成瘾，将其与DSM—IV中的病理性赌博进行比较，认为二者相似，从而提出了病态网络使用（Pathological InternetUse；PIU）的概念，同时制定了诊断网络成瘾的8项标准：沉溺于互联网；通过逐次增加时间获得满足感；难以抵制上网的诱惑和很难下网；停止使用网络产生消极的情绪体验和不良的生理反应；每次上网时间都比原定时间要长；上网对人际关系、工作等造成负面影响；隐瞒上网时间；将上网作为逃避问题和排遣消极情绪的方式。"[1] 上述研究为网络成瘾提供了可靠的判定标准。

与传统媒介相比，新媒体传播的成瘾几率要大很多，网络游戏、网络交际、网络色情、网络购物、网络赌博等均是"网络成瘾"的高发领域。网络成瘾正如"网络鸦片"一样，过度的"病理性网络使用"，会使流众产生严重的心理依赖和冲动控制障碍。如过度沉迷于媒介不能自拔、价值行为必须从媒介中寻找依据、沉迷于虚拟互动而回避现实互动、养成孤闭的性格。抑或是，长期沉迷致使流众的健康受到损害，常见病状如失眠、萎靡不振、食欲衰退等，甚至是破坏流众的心理、人格、性格，使流众大脑交感神经和协调神经功能失调，目光呆滞、反应迟钝、自我封闭，甚至产生自杀倾向。

网络成瘾的危害不局限于个人。大量流众长期沉溺网络新媒体，还会对社会文化和价值观产生深远的影响——网络赌博、色情等违法信息的大量传播，

---

① 王颖，房敏. 网络成瘾心理干预研究进展. 教书育人高教论坛，2007（33）.

会腐蚀文明社会长久以来养成的价值观念，诱导"一夜暴富"、好逸恶劳等行为，扰乱人类传统的性观念和伦理规范；网络游戏、购物和网络交友等行为的兴盛，也在慢慢退却工业时代的行为方式和价值导向，诱发娱乐至上、欲望至上和自我至上的社会观念。

第三节　流众素养的不足

流众是数字传播的主体，是决定数字传播效果的关键因素。流众素养的高低，不仅决定了具体传播效果的好坏，还关乎新媒体传播乃至信息社会的未来。因而，数字传播时代的流众素养，比大众传播时代的受众素养更为重要。流众在新媒体传播中扮演的角色及发挥的作用发生了重大的变化，流众不再只是信息的接收者，而是正在演变成为数字传播的主导者；他们不再只是信息传播的参与者，还是网络政治、经济、文化等诸多领域的直接参与者，是影响政治经济发展和信息社会走向的主导因素。

传播学研究中，"素养"一词多指"媒介素养"（Media Literacy），后者被归结为"文化素养"的组成部分。素养是衡量个体应对信息传播的综合评价指标。

当前学界对"媒介素养"的界定可谓众说纷纭，但仔细看来却又大同小异。概括起来，无外乎个体认识媒介、了解媒介、使用媒介的能力。但身处新媒体时代的流众素养，并非只是对新媒体的认识、了解、使用能力那么简单。之所以有如此判断，是因为数字技术和数字媒介的影响，已不再局限于传播和媒介范畴，而是演变为全世界和全人类共同关心的议题。因此，本书认为的流众素养是一种更为综合、更为全面的素养，它不仅包括流众对于数字媒体的认知和使用，还包括对新应用、新技术，以及对数字传播引发的方方面面影响的综合认知和驾驭能力。

想要达到上述境界，最根本的，是流众要更清楚地认识和驾驭自我，因为数字传播引发的所有的一切——光荣与梦想、救赎与毁灭，都是由流众推动发起的。流众驾驭了自我，也就掌控了数字传播的未来。然而，最难的事情莫过于自省，也正是因为自省意识缺失，才会导致流众传播陷入困境。

一、个体流众素养不足

新媒体传播是更多、更好、更快的世界，是分享、关爱的大本营，但这并不是说新媒体传播就不存在丑恶和灰暗。严格来说，新媒体给我们提供的只是信息与灵魂栖息的空间，只是我们与外界沟通、交往的工具，本无所谓善恶。滋生于网络中的诸多"假恶丑"现象只是现实社会的翻版，其根源还在于人性的阴暗面。归根结底，是流众素养的不足，污染了网络环境，导致了网络空间内各种失范行为。

（一）个体流众的行为失范

在社会学话语中，失范（anomie）作为一个学术概念，最早由涂尔干（Dur-kheim）提出。涂尔干将"社会事实"区分为"正常现象"和"病态现象"。前者是应该是什么就是什么的事实，而后者则是应该是什么却未表现为什么的事实，也就是所谓的"失范"。涂尔干认为，失范与"集体意识"关系密切，而"集体意识"是个体意识的统一和集合，是无数个体意识在社会层面妥协达成的最大公约数。在实际生活中，"集体意识"以道德规范和法律规范的形式，决定和影响个体思维和行动，是维护社会正常运转的重要因素。失范与集体意识和个体意识规范性的丧失有关："失范一是集体意识丧失了社会规定性，在日常生活中隐匿了起来，二是个体意识丧失了自我规定性和有限性的认识，使欲望本身从日常生活中突现出来。即失范意味着'社会在个体身上的不充分在场'和'社会的缺席'。"[①]

就流众传播而言，流众的行为失范主要源于对技术的非理性使用，即流众的责任与权利错位。"网络社会的开放性、多元性正好适宜道德相对主义的生长，与之相伴随，无政府主义和个人主义也盛行泛滥，造成了一系列道德行为的失范。"[②] 新媒体营造的是充满诱惑的世界，它不断满足又不断激发流众的好奇心和贪婪欲望，同时又以"匿名""去把关""虚拟化"的特征，消解流众在现实生活中应该承担的责任，激发流众"破坏旧世界"的冲动，诱导流

---

① 李一. 网络行为失范. 北京：社会科学文献出版社，2007.16.
② 曹海萍. 关于网络社会的伦理思考. 特区经济，2006（1）.

众贪婪地掠夺性地使用数字技术和数字传播，而无视保障流众传播有序健康发展的责任和使命，最终使流众陷入"道德困境"，引发失范行为。网络行为失范必然会产生一定的负面影响，如侵犯其他流众的权益，损害健康的网络文化和价值观念，污染社会环境，挑战正常的网络秩序，乃至社会规范和法律制度等。这其中的危害显然并不局限于流众本身，还有可能造成社会性问题和国家层面的困扰。

网络迷群——"迷"失的人群。迷是对某一对象持高度崇拜、认同和情感卷入的人的概称。迷的集合和群体，称为"迷群"。迷与消费行为和流行文化关系密切，迷的角色演变一般会经历消费者、崇拜者、狂热者和小规模生产者的递进过程。迷文化是一种特殊的流行文化，具有一定的部落性、组织性、参与性和生产性特征，虽然迷并不是新媒体时代的特有现象，却借助网络传播大为兴盛。迷文化在给流众带来群体归属、心理认同、崇拜热情和参与式快感的同时，也有可能导致流众陷入一定的迷失之中。如过度迷恋、追求某一文化符号和网络行为，可能导致流众情感迷失、心理抑郁、情绪低落、道德失衡，或是人格异化，行为失常，更有甚者，走向犯罪或自杀的歧途。

网络色情和暴力——"很黄很暴力"。网络色情是指网络空间内流传的色情文本、音视频、互动游戏及色情交易信息。网络色情具有裂变性、抗衰性、不可控性、扩散性、无序性、无方向性①等特点，是寄生在新媒体空间的一颗"毒瘤"，久久不能铲除。网络色情是超出道德规范和法律规定的不良社会行为，具有很强的腐蚀性、蔓延性和成瘾性，不仅危害流众的生理、心理健康，导致性爱观念异化，破坏道德规范系统和社会风气，还有可能引发流众堕落，走向性犯罪的深渊。

关于网络暴力，研究者有两种不同的理解方式：一种观点认为，"网络暴力指的是互联网络中宣扬血腥暴力、凶杀等的文字、图片、音视频、暴力软件和网络暴力游戏等暴力内容，以及由此而被青少年模仿引发的暴力斗殴、凶杀等案件，等等。"② 另一种观点认为，"网络暴力不同于现实生活中的暴力行

---

① 季境，张志超．新型网络犯罪问题研究．北京：中国检察出版社，2012..218.
② 曾静平，项仲平，詹成大，方明东．网络文化概论．西安：陕西师范大学出版总社有限公司，2013.76.

为，而是借助互联网平台用语言文字对他人进行攻击。"① 本书认为，无论是内容暴力，还是行为暴力都是网络暴力的表现形式，二者均存在潜在的危害性。数字空间内广泛散布的暴力性文字、图片、电影、游戏，均可能改变流众对现实社会的态度和认知，诱导流众模仿，引发暴力犯罪。而借助新媒体网络对他人进行恶意攻击、谩骂侮辱、造谣诋毁，已大大超出正常的评论范畴，严重侵扰了他人的正常生活和精神状态，显然有悖于流众社会责任的构建和新媒体传播的健康发展。这其中，近些年新出现的网络暴力现象——"人肉搜索"，就是流众为发泄私愤而充当"网络民兵"的越轨行为，部分"人肉搜索"对当事人人身安全及生活隐私构成了严重的损害，成为信息时代的一大危害。

网络谣言——"风起于青萍之末"。随着网络新媒体的日渐普及，谣言也开始借助数字传播滋生、蔓延，严重危害流众传播的健康发展。生存环境的急剧变化、信息公开不足以及整体社会公信力的下降，都加剧了流众内心的不安感，成为流众散播谣言的外部驱动力和潜在诱因。长期身处不安的网络环境中，散布谣言或成为部分流众无目的的惯性行为。当然，除身为媒介主体的组织流众把关不严外，个体流众恶意造谣、恶意传播也是网络谣言产生的重要原因。部分流众出于特定的目的，散播虚假信息，以达到特定的目的。这其中，"意见领袖"和"网络推手"的影响不容忽视，因为传播水平高、范围广，其散布谣言的危害性要远大于一般流众。《人民日报》曾评论称，网络谣言不仅败坏个人名誉，给受害人造成极大的精神困扰，更损害国家形象，影响社会稳定。网络谣言的危害不容小觑，必须依法惩处。

网络"三俗"——"庸俗、低俗、媚俗"。"大音希声，大雅为俗"。鲍德里亚曾说，"精英观念知识生产世界的映像（符号）"②，俗才是人类生活的常态。俗并非不可，但不可"庸俗、低俗、媚俗"。但随着商业主义的侵袭和网络文化的发展，"三俗"开始悄然入侵网络空间，成为网络文化的"丑陋的角落"。固然，网络"三俗"是草根话语与精英话语、主流话语对抗的手段和形式，但这正也是草根文化的"污浊之处"。一般来说，网络"三俗"传播往往

---

① 傅思明，李文鹏. 党政干部提升网络执政能力读本. 北京：东方出版社，2013. 93.
② 转引自刘建湖. 商业经济法论丛. 北京：人民邮电出版社，2013. 260.

借助扭曲、欺骗、突破社会道德底线等方式哗众取宠，部分事件甚至以揭露隐私、出卖人格为卖点，以此博取眼球。近年来，频频热炒的诸如"小月月""芙蓉姐姐""凤姐"等事件表明，网络"三俗"正大量滋生，蚕食公共道德和网络文化，危害社会发展和文明进步。

网络黑客——"数字空间的技术幽灵"。流众是数字技术和新媒体传播发展创新的推动者，也可能是数字传播技术的恶意使用者，而后者中的重要群体就是网络黑客。黑客一词源于英文 Hacker，是对以不正当手段入侵网络系统的群体和个人的统称。黑客计算机水平高超、技术一流，他们以个体兴趣、商业利益和政治动机为驱动力，以窃取数据库信息、敏感数据，篡改网址，攻克网络为手段，对正常的网络传播秩序、个人信息安全和公共网络安全产生很大的威胁。起初，黑客多为流众的自发行为，近些年陆续出现了有组织的黑客团体，他们或受雇于商业集团和政治势力，定期开展技术交流和经验分享活动，严重威胁国家网络安全。

网络抄袭——轻而易举的复制、粘贴。基于字符串和二进制算法的数字技术，实现了人类历史上最为便捷的复制效果，只要轻点鼠标，即可完成对文本、图片、音视频乃至大数据的复制，且数据被复制后无赝品和正品之别。这为流众的模仿、抄袭提供了技术便利。在学术研究、艺术创作等诸多领域内的网络抄袭事件屡禁不绝。网络抄袭之风盛行，不仅侵犯著作权人的合法权益，也危害科技创新和社会进步。

网络垃圾——恶意营销和无意识惯性并举。网络垃圾是新媒体传播带来的负面影响之一，主要包括垃圾邮件、垃圾广告、垃圾信息、重复信息以及无意义信息等。网络垃圾的产生与网络营销行为密切相关。为获取目标消费者，实现产品和服务的售卖，部分企业借助新媒体传播大肆传播垃圾邮件、弹窗广告和强制访问链接。相关行为不仅消耗网络流量和带宽，造成网络拥堵，还会降低系统处理能力和网络传播效率。流众在使用新媒体传播时下意识的操作习惯和行为模式，如发布无意义信息、随意地点击、转发、评论行为，也会产生大量的网络垃圾。流众的这种无意识行为不仅降低传播效率，浪费资源，还使流众付出珍贵的时间成本："媒介的民主化最终会导致我们每一个人同时成为业余评论家和编辑，由于越来越多的网络信息未经编辑、修改和核实，我们不得不对任何信息都持批判态度。免费的信息并不意味着我们可以不劳而获，最终，我们将为甄别和使用这些信息付出最昂贵的代价——时间。"①

网络犯罪——犯罪的形式和时空转移。由流众素养不足引发的负面影响中，网络犯罪的性质最为恶劣，影响也最为严重。"互联网技术迅速发展使得各种基于计算机网络的犯罪行为快速地滋生蔓延，愈演愈烈。甚至有人曾预言：未来信息化社会犯罪的形式将主要是计算机网络犯罪。"② 就其本质而言，网络犯罪是现实犯罪行为在网络空间中的延伸。与传统犯罪形式相比，网络犯罪具有跨国性、低龄化，技术水平高，隐蔽性强、危害性大等特点。网络犯罪手段多样，影响广泛，形式如网络盗窃、网络诈骗、网络赌博等，不仅危害个人信息及人身财产安全，还可能危及政权稳定和国家安全。

（二）个体流众的群体极化

与个体流众的失范行为相比，个体流众的群体失范影响显然更为严重。在传播学视野中，个体流众的群体行为失范主要表现为群体极化。后者是与集体智慧相反的一种数字传播现象，是流众传播两面性的重要体现。群体极化（group polarization）观点由美国芝加哥大学法学教授凯斯·桑斯坦（Cass. R. Sunstein）在《网络共和国——网络社会中的民主问题》一书中提出。桑斯坦指出，"群体极化一词所指的情形非常简单：团体成员一开始即有某种偏向，在商议后，人们朝偏向的方向移动，最后形成极端的观点。"③ 群体讨论会加强群体成员的已有态度，即原来赞成的成员更加赞成，反对的成员越发反对。这是因为"聚集成群的人，他们的感情和思想全部都转到同一个方向，他们自觉的个性消失了，形成了一种集体心理。处于这个心理群体的个人，容易受到暗示、传染、模仿等影响。"④ 桑斯坦提出，有说服力的论点和信息，社会比较，信心、确证和极端主义是群体极化现象出现的三个重要因素。而国内学者孙科炎和李婧在《行为心理学》一书中认为，群体极化之所以会发生，除了与从众心理有关，还与以下因素相关：（1）寻求亲密感。人们为了寻求

① ［美］安德鲁·基恩. 网民的狂欢——关于互联网弊端的反思. 丁德良，译. 海口：南海出版公司，2010. 44.

② 傅思明，李文鹏. 党政干部提升网络执政能力读本. 北京：东方出版社，2013. 179.

③ 转引自姜胜洪. 网络谣言应对与舆情引导. 北京：社会科学文献出版社，2013. 107.

④ ［法］古斯塔夫·勒庞. 乌合之众. 冯克利，译. 北京：中央编译出版局出版社，2000. 16.

彼此之间的亲密感，会尽可能地赞同别人的意见。（2）避免不和谐带来的压力。当真实情况与群体认知有差别时，人们也会为了避免认知不和谐带来的压力而坚持群体的看法，以寻求安全感。（3）信念偏差。群体的意见既然是多数人的意见，那么人们就有理由相信这个意见的正确性。①

除上述因素外，群体极化还有一种与流众自身相关诱发因素——那就是李普曼所认为的："公众与生俱来是非理性的，其大脑机能中存在的'固定的成见'（stereotypes），使得它常常通过人的感情、习惯和偏见来认识客观世界；同时，它在现实交往中是被动的，它只能凭人家的报道所提供的情况来采取行动。"② 一般而言，"群体极化可以区分为两种情况，一种叫冒险偏移，另一种叫谨慎偏移。群体极化使一个群体更加谨慎还是更加冒险取决于全体初始的倾向。如果全体人在一开始倾向于谨慎，那么结果就是更加谨慎，反之，则更加冒险。"③

群体极化还与古斯塔夫·勒庞的群体心理研究有一定的共通之处。勒庞提出，"聚集成群的人，他们的感情和思想全都采取同一个方向，他们自觉的个性消失了，形成了一种集体心理。""在集体心理中，个人的才智被削弱了，从而他们的个性也被削弱了，异质性被同质性所吞没，无意识的品质占了上风。"④ 这一过程中，从众心理、传染现象和群体暗示，使聚集的人群变成了"乌合之众"。

桑斯坦认为，群体极化也会在网络中出现。"在网络和新的传播技术的领域里，具有相同意向的人们所组成的团体参与彼此之间的讨论，最后他们的想法和原先一样，但是，形式上变得更加极端"⑤。桑斯坦写道："新技术，特别是互联网，使得具有相同观点的人聚集在一起并且孤立他人越来越容易，并且也容易使他们听不到那些不同的观点。仅仅这一原因，他们就培育了群体极化

---

① 孙科炎，李婧. 行为心理学. 北京：中国电力出版社，2012. 156.

② ［英］罗杰·迪金森，拉马斯瓦米·哈立德拉纳斯，奥尔加·林耐. 受众研究读本. 单波，译. 北京：华夏出版社，2006. 7.

③ 刘儒德. 教育中的心理效应. 武汉：华东师范大学出版社，2013. 301.

④ ［法］古斯塔夫·勒庞. 乌合之众——大众心理研究. 冯克利，译. 桂林：广西师范大学出版社，2007. 45 – 50.

⑤ 转引自姜胜洪. 网络谣言应对与舆情引导. 北京：社会科学文献出版社，2013. 107.

的基础，并且对于民主和社会和平都构成了潜在的危险。"①

其实，网络空间内的群体极化现象可能更容易产生，这与流众传播的机制有很大的关系：

首先，新媒体网络中的信息量非常巨大，以至于流众在处理海量信息时，往往束手无策，只能选择性地关注自己认同和感兴趣的信息，这是因为"他们也可以非常方便地根据兴趣在网络上自由切换，悠游自在地遨游在浩瀚的网络海洋中。网络空间中的选择性越大，同构性也就越大，不同意见与立场的冲突在特定的网络空间中就会越来越少。"②

其次，流众作为生产者，在数字空间内所生产的信息也只能是贴近自身背景或人生经历的内容，流众偏向于选择与自身观点一致的群体进行交流，这种机制会强化流众原本所持有的观点和态度，导致极化发生。

再次，流众传播便捷的交互机制和信息传播机制，为观点的辩论和对立双方的互动提供了舞台，这使流众可以随时随地进行主题的辩论，而对立双方辩论的次数越多、时间越久、程度越深，就会产生愈发严重的群体极化现象。同时，新媒体倾向于链接观点相近、立场一致的同类信息，网络常常把具有一定相似度的信息呈现在流众面前，这也在客观上为个体流众的群体聚集和观点极化提供了便利条件。

最后，网络缺少把关和审查，为极端言论的生存提供了一定的便利。长期接触此类观点的流众易受极化观点影响。他们会在特定网络社区聚集讨论，发表观点和意见，形成同质性的群体，严重者或形成极端主义。而线上的极端现象，则可能成为线下群体性事件的导火索，引发勒庞提出的"乌合之众"效应——长期暴露在极端化的网络环境中，部分流众大量关注极端信息，发表极端言论，甚至在网络中组织策划系列极端行动，却因为审查缺失而屡屡逍遥法外，"他们中的大多数，无疑在某种程度上在某些时段，是以丧失其主体性和

---

① Cass Sunstein, Republic.corn 2.0, Princeton and Oxford: Princeton University Press, 2007, P. 60. PP. 60—61. PP. 63—64. 转引自姜胜洪. 网络谣言应对与舆情引导. 北京：社会科学文献出版社，2013. 107.

② 姜胜洪. 网络谣言应对与舆情引导. 北京：社会科学文献出版社，2013. 108.

批判性的状态出现的。这样的状态，某些时候就是丧失人性的状态"①，这加剧了这部分流众在极端行为中的不屑一顾姿态，成为引发恶性群体性事件的重要心理因素。

二、组织流众素养缺失

（一）组织流众行为失范

流众传播中，作为一定组织、团体和利益集团代表的组织流众，也会存在一定的失范行为。之所以会这样，部分是由于组织流众的决策者决策失误，非本意地发布了不良信息，引发了意料之外的社会后果；而大部分情况是流众组织受利益驱使，刻意为之。如商业型组织流众发布恶俗信息、虚假广告、垃圾邮件，它们只为吸引更多的注意力，以达到商品营销的目的；或发布病毒链接，绑架网络浏览器，强制流众阅读相关内容；或为非法链接提供庇护，暗地里通过网络销售非法产品或非法服务；或者设立购物陷阱，欺骗消费者钱财等。此类的组织流众失范行为多为商业利益，其后果也多表现在经济层面。

近些年，组织流众的失范行为陆续出现了一系列新的形式。所谓的"网络水军""网络打手""网络推手""删帖公司"就是代表。虽然表述稍有差异，但这些所谓的推手公司，本质上都可归为一点：即以网络新媒体管理的漏洞和新媒体传播的弊端为牟利工具。由于在法律层面和政府管理层面，对相关失范行为还缺乏统一、明确的规定和惩治条款，因而此类型现象又被学者称为数字空间的"灰色地带"或"网络灰社会"②。此类组织型流众是新媒体传播秩序的扰乱者和数字传播健康发展的阻碍因素，它们在网络中组建庞大的"水军"体系，煽风点火，制造热点，窃取他人隐私，误导舆论走向，严重危害新媒体文化和流众传播的健康发展。

还有一种机构型失范行为——"网络革命"。这一行为要比上述两种现象影响更大、牵涉面更广，程度也更为深刻。当然，这里称之为"失范"，是相

---

① 夏德元．电子媒介人的崛起——社会的媒介化及人与媒介关系的嬗变．上海：复旦大学出版社，2011.144.

② 网络灰社会：网络公关，是推手也是打手．http：//www.nbweekly.Corn/Print/Article/11468_0.shtml.

对于原有的社会规范和社会秩序而言的。在特定情况下，此类"失范"亦有可能是正面事件。但就目前已发生的"网络革命"来看，影响多为负面。除"网络革命"外，组织流众的失范行为还有"网络窃听""网络间谍"等，相关行为是国家或政治势力之间的斗争在数字空间内的延伸。

（二）数字媒介社会责任缺失

媒介的使命不止于信息传播和商业主义，还应承担一定的社会责任。在大众传播的发展历程里，屡屡出现媒介为追求商业主义和经济利益而逃避社会责任的现象。为此，20世纪40年代，美国《时代》周刊老板亨利·鲁斯（Henry Lute）发起成立了由芝加哥大学校长哈钦斯（R. Hutehins）领导的"新闻自由委员会"（也称"哈钦斯委员会"），该委员会负责"检验美国新闻界成功或失败的地方与情形，找出在哪些情况下自由表达要受到限制，无论这些限制是来自读者广告商的压力，还是来自拥有者的不明智或管理上的懦弱，并通过政府审查的形式实现"。[①] 1947年，该委员会发布《一个自由而负责的新闻界》调查报告，并明确提出社会责任理论。调查报告列出了新闻界应该维持的主要的新闻标准：第一，一个负责任的新闻业应该"在赋予事件意义的情形下，对当前事件提供一种完整的、真实的、全面与理性的叙述"；第二，它应该"成为交流意见与批评的论坛"，并且成为"公共表达的共同载体"；第三，新闻界应该给予"社会中的既存团体一种具有代表性的图像"，而且也应该表达并阐明"社会的目标与价值"。[②] 后人在此基础上不断修正、发展，形成了比较完整的社会责任体系，相关原则如"媒体应对新闻报道负法律责任；对新闻报道的真实性、全面性负责；为维护受众的知情权和参与权负责；承担监督侵害公共利益的责任；有责任接受公众的监督与批评等。"[③] 这些标准构成了新闻专业主义的基本内容，成为大众传播时代衡量媒体社会责任的主要评价指标。

但随着电子媒介、数字媒介的不断发展和媒介工业的日渐繁荣，传媒又渐

---

① 转引自许静. 传播学概论. 北京：北京交通大学出版社，2013. 142.
② 许静. 传播学概论. 北京：北京交通大学出版社，2013. 142.
③ 刘建明. 当代新闻学原理. 北京：清华大学出版社，2005. 375－388.

渐滑入了过度商业化和娱乐化的泥沼。当下，部分媒介借助"黄色新闻""市井新闻""娱乐新闻"激发社会大众的集体无意识心理，严重偏离了引领社会风尚、道德规范和价值标准的轨道。其实，早在上世纪，尼尔·波兹曼就敏锐捕捉到这种造成高品质信息普遍衰落的趋势——随着"电视的娱乐元素在整个当代文化中的扩散，随之而来的是现场享受、动感音响、即时消遣、简单肤浅、戏剧化等娱乐氛围弥漫于电视媒介。"① 波兹曼认为，"这些娱乐价值已经渗透进新闻报道、教育、政治，甚至是宗教领域，无处不在的'信息娱乐'取代了真正有价值的信息。由此看来，电视令广阔的信息环境变得贫瘠，因为它强调耸人听闻和奇闻轶事，以快餐文化为核心的信息内容充斥频道，如此经营付出了惨重的代价——公正无私、严密而理性的分析已荡然无存。"② 其他学者也"谴责信息娱乐化、分众化、追逐丑闻报道的新闻业和众所周知的媒介恶行造成了许多公共领域那些令人悲哀的现状——选民的玩世不恭、参与积极性不高，政客和公民之间的'隔阂'，公共论坛的日渐衰弱"。③

步入新媒体传播阶段后，投身数字浪潮的大众媒介化身为组织流众，成功实现了数字化转型。数字技术还催生了新型媒介，进一步促进了媒介种类和人类传播图景的繁荣。但与此同时，作为组织流众，机构型数字传播媒介依然面临责任缺失的问题。主要表现在：

其一，弱把关使匿名谎言和造谣获得了生存空间。而流众传播时代的机构型数字媒介，过分注重信息的时效性和丰富性，忽视把关责任，随意转载信息，为谣言扩散推波助澜。事实也证明，网络媒体虚假信息的数量和频次要远高于传统大众媒体。相关行为不仅扰乱流众传播秩序，还损害数字媒介的公信力。

其二，公民新闻、业余记者的出现，使未经专业训练的个体流众成为重要的信息源，成为机构型数字媒体信息转载、发布的重要来源，而此类信息往往

---

① ［英］弗兰克·韦伯斯特. 信息社会理论（第三版）. 曹晋，梁静，李哲，曹茂，译. 北京：北京大学出版社，2011. 251.

② ［英］弗兰克·韦伯斯特. 信息社会理论（第三版）. 曹晋，梁静，李哲，曹茂，译. 北京：北京大学出版社，2011. 251.

③ ［加］罗伯特·A. 海科特，威廉姆·K. 凯偌尔. 媒介重构公共传播的民主化运动. 李异平，李波，译. 广州：暨南大学出版社，2011. 69.

受制于流众个体素养，缺乏系统性、专业性、客观性和中立性的操作和规范，时常有虚假或不确切消息出现，甚至还掺杂别有用心之人的刻意行为。此类信息被机构型数字媒介转载后，即刻被放大传播，危害甚重。

其三，与传统大众传播相比，机构型数字媒介的集中程度和垄断程度要高得多，具有全球影响力的跨国数字媒介屈指可数，这为利益集团的刻意操纵提供了便利，部分新闻就这样以垄断覆盖的方式，欺骗大众，蒙混过关。

其四，流众传播时代的数字媒介内容更强烈的政治经济学驱动力。数字媒介对娱乐化、商业化的追求不但没有停滞，反而更加变本加厉。受之影响，数字媒介的信息往往以一种更加娱乐化和隐蔽化的形式呈现，并将其理念渗透于特定的工具理性之中，引导个体流众"不自觉地走进大众文化包装精美的价值观及假象中，成为被动、驯化、非理性批判的主体。"①

其五，虽然流众传播促使数字媒介走向繁荣，但眼前的繁荣"不能等同于观点、审美观、价值观和政策的多元化"②。受流众传播冲击，部分传统媒介结构面临生存危机，甚至已经倒闭，对于流众而言，专业大众传播媒介的倒闭，并不总是标志着其挑战传统的胜利，还可能意味着高质量传播机构的失去。

第四节　外部环境和机制的弊端

一、政治控制依然存在

我们说流众传播是去中心、无把关、更自由的传播方式，但这并不意味着政治对流众传播的控制就不存在。其实，现阶段流众的自由传播只是相对的自由，从根本上依然受制于国家和政治势力的控制。这是因为，从诞生伊始，互联网及数字传播就是作为政府支持的项目出现，并逐步演化成现在的发展状态的。

从现实角度来看，国家依然直接或间接控制着数字网络的绝大部分核心资

---

① ［英］罗杰·迪金森，拉马斯瓦米·哈立德拉纳斯，奥尔加·林耐. 受众研究读本. 单波，译. 北京：华夏出版社，2006. 13.

② ［加］罗伯特·A. 海科特，威廉姆·K. 凯儒尔. 媒介重构公共传播的民主化运动. 李异平，李波，译. 广州：暨南大学出版社，2011. 7.

源，互联网的国际出入口、骨干网络的节点、光纤网络的建设及整个数字网络更新的配套规划、施工及维护，几乎全都是由政府或政府控制的部门和企业包揽的。几乎所有的数字新技术、新应用的研发、推广和普及，都或多或少地由政府参与，或必须经过政府的审批、扶持，才能得以迅速发展；数字通信领域的顶尖科技人才，也是在政府控制的教育模式或教育机构中得以深造、成才的。

各国政府均将数字空间视为国家主权的重要组成部分，并出台系列政策、制度及法律条款，以促进、保障境内的数字网络按照符合本国最大利益的方向发展。大部分国家还采用技术干预、网络审查等多种手段，直接干预数字空间的发展。因此，相较于大众传播，政治对数字传播的控制依然没有减少。各国政府均在尝试尽最大努力去控制新媒体，即便在具体的数字媒介传播过程中，政治的控制力度依然不减。

国家对流众传播控制的表现有：

首先，在大多数国家，适用于大众传播媒介的传播政策依然被用于规制新媒体信息传播行为，新媒体机构及其个人对相关条款的触犯，依然与传统媒介一样会受到处罚。

其次，针对新媒体传播过程中出现的新现象、新技术、新应用，各国往往会根据自身情况，制定新的政策和法律，并将之规制在本国经济、社会发展阶段能够接受的范围内。

再次，即使在新媒体传播时代，大部分国家依然对新闻运营实行许可证制度。未经许可的新媒体信息经营行为被视为非法，将面临被取缔的命运。即便个体流众发起的自媒体传播行为，也要受到国家法制、政治制度的制约。任何越轨行为，都将面临处罚，甚至是审判。

许多研究也证实了上述观点。一些学者认为，网络新媒体不仅不会削弱威权主义国家政权，反而会加强威权主义对政权和大众的控制。如郑永年在《技术赋权》一书中提到的，学者香提·卡拉希尔（Shanthi Kalathil）和泰勒·鲍尔斯（Taylor Boas）认为："在互联网时代，威权主义国家丝毫没有过时。"① 这是因为，在规划互联网的发展上，以及在规定社会、经济和政治行

---

① Shanthi Kalathil and Taylor C. Boas, Open Networks, Closed Regimes: The Impact of the Internet on Authoritarianal Rule (Washington, DC.: Carnegie Endowment for International Peace, 2003), p. 136.

为使用互联网的方式上，威权主义国家扮演了一个关键角色。詹姆斯·博伊尔（James Boyle）认为，国家能够在互联网中建立多种"监督"技巧，并因此达到有效的互联网审查。① 劳伦斯·莱斯格（Lawrence Lessig）也认为，在世界上的任何地方，政府都最有可能管控互联网，管控的方式是控制底层代码和塑造它运行的合法环境。② 莱斯格认为，"代码"是四个基本要素的结合，即法规、社会规范、市场和互联网自身的结构；"代码"可以在网络空间塑造行为。代码编写者创设了大多数互联网特征，这些特征以允许或禁止的方式来限制其他行为，而政府几乎主导了以上所有行为。

二、商业垄断愈发严重

流众传播面临的另一个外部威胁，是商业主义和垄断主义的侵袭。在数字传播异常发达的今天，"信息的制作处理和传播已经变成了主要由私有公司管理的高度集中的运作。"③ 与传统媒介相比，垄断集团对数字媒体的控制更加严重。有研究表明，"另类网站的'爆炸'没有改变群众性社会运动和企业巨头之间传播权的平衡关系，后者正在形成对因特网和传统媒介的主宰。"④ 历史也证明，此前没有任何一个时代，能够产生如此具有全球影响力的跨国媒介集团，Google、Facebook、Twitter、Youtube 等世界性数字传播巨头的兴起，已远远超过了 BBC、NBC、新闻集团在最辉煌时期的全球影响力。网络跨国巨头对全球新媒体市场的垄断程度之高、对全球流众的影响之大，不仅前所未有，甚至远远超乎我们的想象。

"对数字信息传播过程的商业性控制势必导致对知识传播的限制。"⑤ 这些公司的高管稍微动一下手指，人类的信息传播图景就将被改写。这种情形导致

---

① 转引自 Gudrun Wacker, "The Internet and Censorship in China," in Christopher R. Hughes and Gudrun Wacher, eds., China and the Internet：Politics of the Digital Leap Forward (London：Routledge Curzon, 2003), p. 58－52.

② Lawrence Lessing, Gode and Other Laws of Cyberspace. New York：Basic Books, 1999.

③ Bagdikian, B. (1992) The Media Monopoly, 4th edn, Boston：Beacon Press.

④ ［加］罗伯特·A. 海科特，威廉姆·K. 凯佐尔. 媒介重构公共传播的民主化运动. 李异平, 李波, 译. 广州：暨南大学出版社, 2011.7.

⑤ ［美］尼古拉斯·卡尔. 互联网如何毒化了我们的大脑. 刘纯毅, 译. 北京：中信出版社, 2010.178.

了私有垄断与社会信息安全和国家控制力的对抗，而对抗"加深了日益增长的全球和国家的控制力危机。这是未来的挑战。"①

具体到传播机制和过程，商业垄断逻辑对新媒体信息传播的影响更为明显。新媒体网络的整体结构，包括链接数量、信息质量、图片位置、访问地址及页面设计等诸多因素，都遵循了某种"权力规则"，商业主义就是其中最重要的考量因素。几乎所有的门户网站、搜索引擎、自媒体空间都在为争夺流众眼球，赚取更多广告点击量而努力；几乎所有的网络新闻策划、信息发布、搜索引擎以及所谓的"免费服务"都是有目的的商业行为。这也意味着，流众在新媒体空间内接触到的每一条信息、每一次筛选行为，乃至每一次鼠标点击都会受到商业主义的侵扰。其中的危险在于，商业主义和垄断集团以一种貌似客观、科学、人性化的外衣，将新媒体传播的商业化特质包裹严实，几乎难以察觉。

下文我们将以新媒体网络的特有传播类型——搜索引擎为例，分析一下新媒体传播的商业逻辑。

"在一个无限选择的时代，统治一切的不是内容，而是寻找内容的方式"。② 数字空间无界无疆，其信息和链接数量实在是太巨大了，以至于所有人步入其中都会面临迷失的危险。在这浩瀚无垠的数字空间内确定自己的坐标、准确搜寻目标链接和目标信息就显得尤为重要。搜索引擎的出现解决了流众迷失的问题，成为数以流众在数字空间冲浪的"灯塔"。遇到搜索难题时，大部分流众都会使用搜索引擎，对于搜索结果，大部分流众都不会质疑，并会认为这是数字逻辑和科学计算的结果。但实际情况却并非如此，几乎所有的搜索引擎运算搜都必须遵循一定的商业逻辑和权力法则。虽然谷歌声称其采用的"PageRank"技术能够将"最佳的搜索"结果推送至页面顶端，但竞价排名、关键词广告、技术授权依然是谷歌公司的主要收入来源。其中的商业法则必然会对搜索结果产生巨大的影响。也正因如此，才有学者称"Google 的 PageRank 不仅是一种搜索引擎，它更是一种权力机器，眼下，它正决定着人、事和

① 转引自［英］罗杰·迪金森，拉马斯瓦米·哈立德拉纳斯，奥尔加·林耐. 受众研究读本. 单波，译. 北京：华夏出版社，2006. 12.

② 何威. 网众传播——一种关于数字媒体、网络化用户和中国社会的新范式. 北京：清华大学出版社，2011. 81.

思想的存在。"①

搜索引擎影响数字传播的另一个表现是搜索引擎优化者（Search Engine Optimizer，SEO）的出现，后者是搜索引擎作弊的另外一种形式。SEO 通过特定的文字、图片或版面设计，迎合搜索引擎的运算规则，以提高其在搜索结果中的排名位置。"结果用户发现在搜索引擎排名靠前的网页不一定就是高质量的、相关的网页，而是商业味非常浓的作弊网页。"② 此外，"围绕搜索引擎和协作过滤等信息过滤机制的探讨也有相似的情况。批评者指出，这些过滤机制更容易让个人陷入自我满足与自我麻醉中，人们不知道自己真的需要什么，也不愿探索未知、远离常规。"③

除正常的搜索引擎业务外，谷歌在 2004 年还推出了一项极具雄心壮志的"谷歌出版计划"（后来改名为"谷歌图书搜索计划"），立志让谷歌用户可在网上搜索到每一本书的电子文本。这一表面上看似有百益而无一害的计划却遭到了质疑。"哈佛大学图书馆馆长罗伯特·达恩顿（Robert Darnton）批评称：'像谷歌这样的企业盯着图书馆的时候，他们看到的可不只是学问的殿堂，他们看到的是随时可以挖掘的潜在资产，或是他们叫做'内容'的东西。尽管谷歌公司在'促进信息利用'方面'一直都在追求值得赞扬的目标'，但是准许一个营利性企业拥有垄断地位，而且他们垄断的'不是铁路运输或钢铁生产，而是使用信息的通路'，这会让我们承担极大的风险。"④ 上述批判说明，商业主义与信息传播、与媒介规律、与人类文明进步之间，存在固有的矛盾。商业主义对于数字传播发展的促进作用固然重要，也毋庸置疑，但仅有商业主义或紧靠垄断主义来主导流众传播，必然潜藏巨大的危险，这是我们应该避免和警惕的地方。

① ［德］弗兰克·施尔玛赫. 网络至死. 邱袁炜，译. 北京：龙门书局，2011. 97.

② 朱海松. 微博的碎片化传播——网络传播的蝴蝶效应与路径依赖. 广州：广东经济出版社，2013. 41.

③ 何威. 网众传播——一种关于数字媒体、网络化用户和中国社会的新范式. 北京：清华大学出版社，2011. 107.

④ ［美］尼古拉斯·卡尔. 互联网如何毒化了我们的大脑. 刘纯毅，译. 北京：中信出版社，2010. 178.

三、制度环境落后流众传播发展

数字媒介和流众并非生存在真空环境中,其运转和发展必然会受到诸多外部因素,特别是制度环境的制约。匹配的制度环境,有利于流众传播发展。反之,则会阻碍流众传播发展。纵观当前各国的数字传播政策,大部分国家对新媒体传播的规制和引导都或多或少地落后于新媒体的发展状态。当然,多重因素导致了这一现象的产生:一方面,数字通信技术的发展异常迅速,几乎每一天都有新的应用、新的技术产生,这些技术和应用被引入到传播领域后,对数字传播的机制和形式产生了深刻而快速的影响,要想政策和规则环境跟上这些变化几乎是难以完成的事情,因而数字传播的政策及规制总是落后于技术进步。另一方面,规制和政策的制定,通常建立在行业成熟、大量调研反馈和多方利益博弈的基础之上,其中的每一个环节都需要大量时间,这也是导致制度环境落后于数字传播发展的重要原因。

总结来看,当前制度环境落后于流众传播发展主要表现在两个方面:

一是制度环境空白。根据程度的不同,数字传播规制空白的表现又可分三种情况:

一种是对整个数字传播规制的空白,主要表现为数字传播专门立法的缺失。当前,部分国家依然采取传统法律、规范的相关条款去治理新媒体网络中屡屡出现的越轨、违法和犯罪行为,导致部分网络违法行为无法可依,无法量刑。

另一种是制定了专门的数字传播法规和制度,但相关法规却显著落后于数字传播发展,导致新出现的数字传播领域存在法律空白,如对网络隐私、网络黑客、个人信息安全保护的界定,对网络造谣、诽谤的惩处,以及对社会化网络传播中出现的侵权问题界定不清等。

第三种情况是对数字传播已有专门立法和针对特定领域的专项立法和规定,但相关制度、规范较为分散、独立,尚未形成互补机制,导致法律与法律之间、法规与法规之间、条款与条款之间存在真空地带。

二是规制环境落后。主要表现为法律、规范以及社会观念落后于数字传播的发展状态。同样以立法为例,传统法律规范的诸多观念、共识和条款已不能适用于流众传播中出现的新问题、新情况,导致已有法律无法判别数字传播中的新现象。如数字传播中的版权问题，"网络民主化也使我们对原创者的看法发生了巨大的变化。在一个读者和作者越来越难以区分，以及作品的真实性越来越难以辨别的世界里，原创者和知识产权的观念遭到了严重破坏。"① 因此，传统的版权观念及版权法规已经不能适应新媒体传播的文化环境。

英国学者苏·查曼（Suw Charman）和米歇尔·赫勒蔚（Michael Holloway）在"Copyright in a Collaborative Age"一文中分析了维基文化的产权归属与传统产权观念的冲突问题："第一，维基文化在运作时由于网民的合作参与，很难定义知识产权的归属；第二，从英国的法律看，无法将版权归属界定为'公众'，因此有网民合作的产品会遭遇法律定位的尴尬；第三，与公司或个人相比，维基文化的产物很难以实体的名义拥有和使用版权；第四，网民富于流动性，他们没有钱也没有意愿雇请专业的知识产权律师帮助处理版权事务。因此，无论是让使用维基写作的网民用版权法来保护自己，还是用现有的版权法去约束和制裁他们，都是不具备现实可行性的。"② 因此，两位学者断定："版权法已不符合社会的需要和期望，更无法解决人们运用新技术创造的现代合作模式问题，版权法的制定者当初一定没有预料到这种情形……现在是让法律制定者学会与网民合作，制定出适应新形势的版权法的时候了。"③

关于版权问题认识的矛盾，只是流众在数字传播时代面临的诸多困惑的冰山一角。类似的困惑还有很多，如网恋、人肉搜索、网络恐怖主义、网络攻击等问题，都与传统的观念认识存在一定的冲突。而解决这些困苦和冲突的关键，则在于及时更新现有的观念、制度和法律，使之不至于被流众传播的快速发展甩得太远。

当然，数字传播的制度环境并非只有法律规范，政治管理、行业自律、商业规则、媒介伦理、社会道德规范以及大众的观念等诸多领域，也是数字传播外部环境的重要组成部分，这些领域均存在与新媒体网络立法相类似的问题，亟需修补和规范。

① ［美］安德鲁·基恩. 网民的狂欢——关于互联网弊端的反思. 丁德良，译. 海口：南海出版公司，2010. 22.
② 转引自王士宇，翟峥，［新西兰］劳伦斯·西蒙斯. 解读新媒体. 北京：世界知识出版社，2013. 141.
③ 王士宇，翟峥，［新西兰］劳伦斯·西蒙斯. 解读新媒体. 北京：世界知识出版社，2013. 141.

四、数字鸿沟加剧信息流动失衡

流众传播面临的另外一个威胁，来自数字技术本身。因为技术和权力一样，往往掌握在部分人手中。虽然掌握数字技术的人群在不断扩大，但这并不能掩盖数字技术产生的不平衡状态。数字技术"对一些社会群体进行赋权，而对另一些社会群体则没有"①，这导致了数字鸿沟的产生。

多伦多学派先驱哈罗德·英尼斯（Harold Innis）曾多次提及，重大技术发明会造成"知识垄断"（knowledge monopolies）。英尼斯说："掌握某种技术的人，其权势将不断累积，且必然形成某种同盟关系，并与未能掌握这门技术所带来的专业知识的人形成对立关系。"② 因为，"随着经济越来越信息化，接触不到信息的人会被边缘化，并在经济上处于明显的劣势。"③ 德国学者弗兰克·施尔玛赫（Frank Schirrmacher）也分析称："看看互联网，看看那些新旧媒体的较量，制度和权威，我们就可以清晰地意识到，达尔文主义已经是这个新的信息社会的重要内容。"④

进入网络传播时代以后，数字鸿沟问题就引起了诸多研究者的兴趣，也引起了国际社会和各国政府的注意。其中，学者范戴伊克（van Dijk）提出了四个界定维度："第一层次是意愿接入（motivational access），是指在实际接入到互联网之前想要拥有计算机并接入到互联网上的动机；第二层次是设施接入（material access），是指拥有全套设备和连接可以接入到互联网上；第三层次是技能接入（skill access），它分为三个方面的内容，即操作技能、知识技能和战略技能（是指人们在社会中为某特定目标利用计算机和互联网技术的能力）；第四层次是应用接入（usage access），这是整个技术接入过程的最后一环，也是接入的目的所在，关注的是人们对互联网的实际使用情况。"⑤

上述四维度为辨别数字鸿沟的程度、明确数字鸿沟的标准提供了理论支

---

① 郑永年. 技术赋权——中国互联网、国家与社会. 北京：东方出版社，2014. 114.
② 转引自 Neil Postman. 技术垄断——文明向技术投降. 蔡金栋，梁薇，译. 北京：机械工业出版社，2013. 7.
③ ［美］詹姆斯·E·凯茨，罗纳德·E·莱斯. 互联网使用的社会影响. 郝芳，刘长江，译. 北京：商务印书馆，2007. 19.
④ ［德］弗兰克·施尔玛赫. 网络至死. 邱袁炜，译. 北京：龙门书局，2011. 108.
⑤ 张丽芳，刘姗姗，陈智，张铭洪. 网络经济学. 北京：中国人民大学出版社，2013，215.

撑。但从数字传播的诞生和运行机制上看，流众之间产生数字鸿沟还暗藏着一系列深层原因。一方面，数字技术的诞生和数字媒介的设计本身就是有偏向的，因为"'设计新的媒体技术带有其制造者的社会文化特征的烙印——制造者以男性占主导、受过良好教育、讲英文并且是特定国家中的优势种族成员'。（Van Dijk，1999，p. 152）对大多数女性、受教育程度低的人以及少数民族人群来说，这种风格不具吸引力。"① 另一方面，数字媒体提供的内容、面向的用户本来就是特定的消费阶层（一般是经济富有，且有一定知识层次的人），而社会底层群体、低教育程度群体及少数民族则被数字媒体忽视。商业因素的侵入也加大了富有者和穷人之间的差距，"即使是由广告支撑的'自由'媒介也是偏向于富有阶层的文化利益和政治利益，因为他们才是广告商最想覆盖的目标。"②

　　数字鸿沟造成的影响主要表现为两个方面：一方面是个人之间的信息鸿沟，另一方面是国家之间的信息鸿沟。

　　个人间的信息鸿沟受到个人的年龄、性别、学历、收入、民族、地区、行业、经济实力及社会背景等诸多因素的影响，突出表现为个人对数字媒体的接触、使用和传播技能方面的差异，最终导致个人在信息接收方面形成巨大的鸿沟，并对个人的社会观念、知识习得和行为规范产生一定的影响。具体到流众个体，数字鸿沟表现为话语体系、话语权和关注点的差异。新浪微博用户"琢磨先生"对微博用户的层级划分很好地说明了这一点："微博的层级：第一层被牢牢地掌控在娱乐明星手里。第二层被各行业的领袖投行的教父级明星经济学家占据。第三层被营销账号占领，是各山寨水军聚集的地方。第四层是各种情调的小资活跃的地方。第五层明星企业的中高层。第六层草根领袖。第七层资深草根。第八层草根。第九层受苦受难受迫害的群体。"③

　　国家间的信息鸿沟是不同国家对"现代信息网络技术占有和应用的不平

　　① ［美］詹姆斯·E·凯茨，罗纳德·E·莱斯.互联网使用的社会影响.郝芳，刘长江，译.北京：商务印书馆，2007. 40.
　　② ［加］罗伯特·A.海科特，威廉姆·K.凯偌尔.媒介重构公共传播的民主化运动.李异平，李波，译.广州：暨南大学出版社，2011. 6.
　　③ 朱海松.微博的碎片化传播——网络传播的蝴蝶效应与路径依赖.广州：广东经济出版社，2013. 43.

衡所导致的社会经济不平衡。"① 国家间的数字鸿沟不仅反映出不同国家信息技术发展水平和普及程度的差别，还反映出国际间数字传播秩序的不平等，形成了所谓的数字空间内的"南北问题"和"东西问题"。与本书"流众的数字画像"一节得出的结论吻合——以美国为首的西方发达国家在全球的数字传播中占据主导地位，发达国家几乎垄断了数字网络的所有基础资源和技术优势，而美国著名传播学者赫伯特·席勒（Herbert Schiller）也得出类似结论："信息高速公路只不过是美国商人所操纵并从中牟利的一种新媒体。"② 事实也验证了这一判断，据联合国的统计，占全球 1/5 人口的发达国家拥有全球生产总值的 86%，互联网用户总数占全世界的 93%；而收入最低的一些国家只拥有全球生产总值的 1%，上网用户数只占总用户数的 0.2%。③ 其实，数字鸿沟只是数字时代资源分配差别的一个表象，其背后隐藏的是更为显著的"制度鸿沟""资源鸿沟"和"发展鸿沟"，如不加以遏制，势必加剧国家间社会贫困和社会分裂现象，最终可能导致国际秩序陷入混乱的局面。

---

① 段尧清. 政府信息公开：价值、公平与满意度. 北京：中国社会科学出版社，2013. 86.
② 转引自［美］詹姆斯·E·凯茨，罗纳德·E·莱斯. 互联网使用的社会影响. 郝芳，刘长江，译. 北京：商务印书馆，2007. 38 – 39.
③ 转引自段尧清. 政府信息公开：价值、公平与满意度. 北京：中国社会科学出版社，2013. 86.

第六章　流众传播的前景

关于数字技术及新媒体网络未来如何发展，已有诸多预测。用计算机专业术语来说，"大数据""云计算""物联网""人工智能"是明显可期的技术应用和发展趋势。对于传播学研究来说，Web3.0、Web4.0……直至 WebN.0，或许是可以推测的发展路径。但事实真的如此吗？以人为本的流众传播，同样会面临技术主导下的新媒体传播所面临的困难和境遇吗？流众究竟该在未来的数字传播中扮演怎样的角色？流众传播终究又会走向何方？

本章将从人类愿景和中国语境两个角度，对流众传播的远景稍作描绘。

第一节　流众传播的人类愿景

有研究者发现，媒介环境学家在观察媒介时通常使用的观察方法是"后视镜原则"，即通过充分了解过往媒介形态的特性，洞察目前和未来媒介形态的偏向。麦克卢汉明确提出："我们透过后视镜看现在。我们倒退走步入未来。"[①] 据此，我们在总结人类历史上诸多传播类型发展趋势的基础上，提出流众传播会无限趋向于自由传播。但自由传播究竟会是怎样一幅景象？没有经历过的人们恐怕难以给出细致全面的描述，但这并不妨碍我们结合对自由传播的猜想和向往，作出趋势性的预判。

本书认为，未来的流众传播将在以下几个方面有所变化：

媒介与人的结合将更紧密。这一趋势主要表现在两个方面：人的媒介化和

---

① ［美］保罗·利文森. 数字麦克卢汉. 何道宽，译. 北京：社会科学文献出版社，2001. 247.

媒介的人性化。只有人与媒介紧密结合，才能实现真正随心随意、随时随地、随感随想、畅通无阻的自由传播。人体与媒介的结合，使以人体为介质的信息传播行为得以实现。当下，人与媒介集合已经开始萌芽，可穿戴设备的出现将媒介置身于人体，并将结合人体的生理特点开发更为人性化的媒介功能；同时，可穿戴设备的出现也开启了人体的媒介化历程，借助人体传递信息不再单纯是动物性的生理反应。对此，"互联网女皇"玛丽·米克（Mary Meeker）在《2013 年互联网趋势报告》中表示，"可穿戴技术正作为一类重大科技变革而兴起，它将像上世纪 80 年代的个人电脑和目前的笔记本电脑及平板电脑那样推动创新。"而比可穿戴设备更为激进的是，已有神经学家尝试将芯片植入人体，并通过数字信号和生理信号的转换成功实现了初级的神经互动。[①] 据此，我们可以大胆预测，基于人类生理信号的传播形式，或将在不远的将来成为现实。到那时，人体就是媒介，"机器成了我们"[②]。因而，未来的媒介就不会仅仅是"人体的延伸"那么简单了。只是那时的流众，也将不再仅是"比特流"的流众，可能已经幻化为"神经信号或大脑信号流"的流众了。

人与人、人与物、物与物的互联将更密切。腾讯 CEO 马化腾曾在《通往未来互联网的 7 个路标》一文中，细数了他认为的未来数字传播可能面临的 7 种情形，其中首要的变化就是连接一切。马化腾认为，未来的网络将不仅是人和人之间连接，人和设备、设备和设备，甚至人和服务之间的连接都将有可能成为现实。这与当下国际社会正在倡导的"智慧地球"建设同出一辙，其本质终究是要用一种更为智能的方法，实现更为广泛的人与人、人与物、物与物之间的连接和交互，以实现全球范围内的互联互通，实现更为透彻的感知和交互，创造更快速、高效的传播，形成更多更好的社会价值。

技术革新与媒介变形的节奏将更迅速。英特尔创始人戈登·摩尔（Gordon Moore）曾提出预言 IT 行业发展的摩尔定律："当价格不变时，集成电路上可容纳的元器件的数目，约每隔 18—24 个月便会增加一倍，性能也将提升一倍。

---

① 转引自胡春阳. 寂静的喧嚣 永恒的联系——手机传播与人际互动. 上海：三联出版社，2012. 120.

② 转引自胡春阳. 寂静的喧嚣 永恒的联系——手机传播与人际互动. 上海：三联出版社，2012. 120.

换言之，每一美元所能买到的电脑性能，将每隔 18—24 个月翻一倍以上。"①
然而，新媒体传播的发展并不只是芯片，其速度也并不局限于摩尔定律限定的
节奏，数字存储技术、通信技术和网络技术也将瞬息万变。同时，数字媒介迭
新的频率也会更高。目前来看，从新闻门户到论坛、博客，到即时通讯、社会
化网络，再到微博、微信、APP，"新新媒介"出现的频率在不断地缩减，普
及的速度却在快速提升，衰落的节奏也同样令人应接不暇。未来，这样的趋势
只会更加明显，技术对媒介发展和形态变化的影响也将更为显著，信息传播的
形式、机制、效率、范围都将随之改变。对于流众传播而言，或许未来唯一不
变的可能只有这种变化的趋势了。

信息的存储与传播将更自由。自由传播一直是人类追求的目标，人类不断
创新媒介的形式，不断改革传播的制度，不断丰富信息的内容，都是为了更加
便捷、更加高效、更加随心所欲地传递信息。从人类传播历史的发展轨迹中，
可以明显感受到这种逐步趋向自由的态势。当下的数字传播，只是打开了自由
传播大门的一道缝隙，让我们看到从中透出的一线自由光芒。我们有理由相
信，随着数字传播技术的不断发展，自由之门终将被叩响，并会渐渐被打开。
但自由并不意味着无拘无束和随心所欲，相反，绝对的自由更加凸显绝对规范
的重要性。未来的传播自由必将是合理规制下的自由，是流众自我约束下的
自由。

憧憬未来，容易让我们充满遐想，以为未来的一切都是美好而光明的。但
未来原是昨天的明天。我们正在经历的今天，其实就是正在逐步缩减的未来。
因此，流众传播在当前条件下面临的困境和掣肘因素，未来依然会继续存在，
而且随着技术的进步、传播节奏的加快、传播张力的扩张，流众面临的困境也
许会更为艰难。这就像未来学家阿尔温·托夫勒在"未来的震荡"学说中所
描绘的："未来的震荡是一种时间现象，它是社会变动急剧加速的产物。它是
发源于依附在旧文化基础上的一种新文化的附加物，是人们在自己所生活的社
会里所遇到的文化震荡。但它的作用和影响却要严重得多。"②

---

① 百度百科：摩尔定律．http：//baike.baidu.com/link？url＝PD8TIfiJcyo0vMZVx42gU2nvF5pbH7
GBGA0eVZrIaBCHo0Eh3xeZQpKfZHa6JIxUgqq5qQGWmzLwFs25loih7a

② ［美］阿尔温·托夫勒．未来的震荡．任小明，译．成都：四川人民出版社，1985.6.

　　比尔·盖茨曾在《通向未来之路》一书提出，"在不远的将来，我们不会面临新媒介技术的对抗；相反，它们将渐渐地融入我们的环境，并变得无影无形。"① 这句话提醒我们，要始终保持对数字技术的警醒意识，避免沦为新媒体传播和数字技术的"奴隶"。我们需要做的，就是在这种震荡中，抗击一波未平一波又起的数据洪流，克制欲望，保持自我，挣扎求生。

　　要避免悲剧发生，对社会和个体的规制就显得非常有必要。从社会层面而言，趋利避害，面向未来，"正如我们需要用交通法规类约束驾驶行为以避免交通事故，我们也需要用规章制度来引导网络行为。"② 未来的规制制度必须更加完善、更加科学、更加具有针对性和前沿性。对个体流众而言，"未来是湿的"③，是充满未知和挑战的战场。"'要么适应，要么灭亡'。……然而身处比特洪流的我们，面对着因自己的发明创造而改变的环境，除了适应，别无他法。新的环境充满机遇，我们是抓住机遇还是为其所累，抉择全然掌握在我们自己的手中。"④ 数字传播未来发展的历史之光"照耀在未来的各种可能身上"⑤。我们有理由坚信，"人的理性可以引导技术，使它朝着人性化的方向不断前进。"⑥ 因为，作为传播主体、作为流众的人，始终是信息传播的主导者和控制者，未来的数字传播属于流众，就像胡泳在翻译克莱·舍基的《未来是湿的》一书时，对"HCE"（Here Comes Everybody 的缩写）的解释、"此即人人"，"人人皆来"。也恰如科幻小说《湿件》描述的后工业时代人类进化的前景：届时，人的主体性愈加突出，人际关系愈加紧密，毕竟"人才是主语"。数字传播本属于流众，而将新媒体交给流众，信任流众，规范流众，数

　　① ［美］罗杰·费德勒．媒介形体变化——认识新媒介．明安香，译．北京：华夏出版社，2000.149.

　　② ［美］安德鲁·基恩．网民的狂欢——关于互联网弊端的反思．丁德良，译．海口：南海出版公司，2010.193.

　　③ 由美国学者舍基提出，意在说明人和人可以超越传统的限制（物理的、地理的），基于爱、正义、共同的喜好和经历，灵活而有效地采用多种社会性工具并联结起来。一起分享、合作乃至展开集体行动。

　　④ ［美］威廉姆·戴维德．过度互联——互联网的奇迹与威胁．李利军，译．北京：中信出版社，2012.213.

　　⑤ ［美］乔纳森·奇特林．互联网的未来——光荣、毁灭与救赎的预言．康国平，刘乃清等，译．北京：东方出版社，2011.2.

　　⑥ 夏德元．电子媒介人的崛起——社会的媒介化及人与媒介关系的嬗变．上海：复旦大学出版社，2011.205.

字传播的危局就有可能化解。这也就是为什么本书要跳出新媒体技术的视角，提出流众传播的原因。

第二节　流众传播的中国语境

对于流众传播而言，中国是一个特殊的语境。"自上个世纪末，中国开始频繁使用'社会主义初级阶段'概念定义其制度性质和发展阶段。近年来，'制度转型'成为中国一个广为流行的关键词，解释中国在经济、政治和社会方面的种种新现象。"① 这种情况下，中国对互联网和数字媒体的管理也被贴上了"中国特色"的标签，成为中国政府治理网络的理由。但另一方面，还有一些人对中国的数字媒介寄予很高的期望，并赋予数字传播特殊的使命。他们希望方兴未艾的数字革命，能够成为推动中国社会、经济、文化和政治转型的引擎，成为推动中国社会进步的决定性力量。事实上，中国社会的转型始终没有停止。以互联网为代表的数字传播革命，正在开启中国政府和社会大众在数字空间的互动，推动中国社会、经济和文化的不断进步。

互联网和数字传播对中国社会和中国民众的影响空前。当前网络新媒体已成为中国民众相对自由和宽松的言论传播平台。也正是借助新媒体，所谓的"围观改变中国""网络哄客""网络大V"和舆论领袖，才找到适宜的生存空间。当然，中国民众也对网络媒体抱以极高的信任度，他们在网络空间内戏谑、解构官方话语，并将无法在传统渠道表达的诉求在网络空间曝光，寄希望借助网络维护自身权益和社会公平正义。他们还希望通过频繁的网络互动与讨论，营造强大的舆论压力和外部环境，以推动政治、经济改革。新加坡学者郑永年曾这样评论互联网在中国的作用："在中国，互联网似乎扮演了这两种功能：它既是媒体的一种新形式，又是社团的一种新形式。互联网不仅仅是一种传播社会不满的沟通手段；它也有助于新的社会组织的形成。互联网是一个新的领域，国家和社会在这个新领域中互动，追逐着它们的利益。"② 可以说，与西方国家相比，网络新媒体在中国表现出更为强烈的政治性色彩，成为中国

---

① 朱嘉明. 互联网文明与中国制度转型. 文化纵横，2014（2）.
② 郑永年. 技术赋权——中国互联网、国家与社会. 北京：东方出版社，2014.66.

民众监督公权力的前沿阵地。现实情况也的确如此，中纪委"打虎"行动而掀起的网络反腐旋风，正不断彰显网络汇集民意以及对政治风向的影响力。因此，郑永年判断，"今天，互联网已经是中国人的社会和政治意识一个愈发重要的来源。"①

互联网对中国社会进行了赋权。"一种流行的观点认为，互联网能够减少中国共产党在很多领域的影响。……首先，社会对互联网的使用促进了公共辩论和问题传播。互联网已经展现出其扮演中国政治监督者的潜力。其次，通过扩大旧有联合准则，促进现有组织的活动并创造一种新的联合模式——虚拟社区，互联网塑造了社会组织。最后，互联网在抗争的动力中引入了新的要素。"② 当然，也有中国学者不认同这种观念，他们认为："互联网只是一种工具，对它不能抱有乌托邦式的幻想。在民主进程中，最重要的因素仍然是人。"③

对于中国政府而言，网络新媒体绝不仅仅只是威胁那么简单，它还可以为我所用。中国政府在网络新媒体治理方面，也表现出令其他国家艳羡的驾驭能力和治理水平。在中国，网络新媒体被用于电子政务、信息公开和政策宣传，政府利用网络向公众传播政治议程，借助新媒体塑造领袖形象，诸如"习大大""彭麻麻""什锦八宝饭"等网络形象的成功塑造，拉近了中国领导人与社会公众之间的心理距离，为社会大众与国家领导人搭建了一个良性的互动平台。近年来，政务微博的爆棚和网络明星官员的涌现，也说明了中国政府与社会、官员与大众的互动也在朝着规范化和常态化的方向演进。

中国政府特别强调网络主权和网络安全，通过外交、政策和技术等多种手段，保护自身的网络合法权益。有西方学者认为，网络新媒体很有可能"加强中国的威权主义政权，而不是削弱它"。如香提·卡拉希尔（Shanthi Kalathil）和泰勒·鲍尔斯（Taylor Boas）认为："在互联网时代，威权主义国家丝毫没有过时。"④ 他们认为，中国政府在数字技术和数字网络的引入和发展

① 郑永年. 技术赋权——中国互联网、国家与社会. 北京：东方出版社，2014. 55.

② Guobin Yang, "The Internet and Civil Society in China: A Preliminary Assessment," Journal of Contemporary China, 12: 36 (August, 2003), pp. 5453 – 475.

③ 转引自南开大学哲学系编. 南开哲学·第2辑. 天津：南开大学出版社，2006. 179.

④ Shanthi Kalathil and Taylor C. Boas, Open Networks, Closed Regimes: The Impact of the Internet on Authoritarianal Rule (Washington, DC.: Carnegie Endowment for International Peace, 2003), p. 136.

方面扮演了非常关键的设计者、主导者和控制者角色。中国政府可以轻而易举地干预、引导和控制新媒体的发展。

当然，数字网络的蓬勃发展，也给中国政府带来了困扰。网络媒体"起到了打破'城堡政治'的作用，迫使官员开始回应社会的需求，增加了政治透明度和政治开放性，网络问政、网络参政和网络反腐等已成为中国政治领域的关键词。"① 尤其是，随着中国改革开放的不断深化，对立、异见的观念开始涌入，原本隐藏在底层的社会矛盾集中爆发，借助网络表达诉求的群体不断增多，针对社会不公和腐败行为的网络抗议更加频繁，常年流窜于境外的敌对势力也开始借助网络向国内渗透……这些都向中国政府提出了严峻的挑战，迫使中国政府对网络新媒体进行多种"正式的"和"非正式的"② 管控，并力图"将互联网带给国家的任何形式的不良影响最小化"③。

自由是相对的。自由与规制本是无法分割的矛盾对立面。对中国新媒体而言，管制同样是必要的。当下的中国正处于转型的十字路口，各方势力都想趁社会转型分一杯羹，这更加凸显出规制的必要性。但网络的规制是一个考验智慧的议题，如何把握好网络媒体本身的双刃性，处理好发展与约束、国家与社会、朋友与敌人、国内与国外等一系列矛盾，是决定中国新媒体发展，乃至中国社会发展的关键。

很多学者认为，"从渐进的自由化中发生变革是中国更为现实的正确变革方案"④，中国未来取决于国家与社会在网络空间的互动。作者对此深表认同，因为"真正意义上的政治和权力体系的变革，利益结构的调整，不一定需要'急风暴雨'的冲突，可以通过潜移默化的悄然方式实现。"⑤ 眼下的中国，已然在发生改变。未来的中国，也必定会走向开明和宽容。中国数字新媒体的繁荣和流众传播的发展，只能依靠流众自身的能动性和公平、科学、合理、健全的制度。

---

① 郑永年．技术赋权——中国互联网、国家与社会．北京：东方出版社，2014.18
② 郑永年．技术赋权——中国互联网、国家与社会．北京：东方出版社，2014.13
③ 郑永年．技术赋权——中国互联网、国家与社会．北京：东方出版社，2014.170.
④ 郑永年．技术赋权——中国互联网、国家与社会．北京：东方出版社，2014.7
⑤ 朱嘉明．互联网文明与中国制度转型．文化纵横，2014（2）．

结　语

第一节　结论和贡献

一、结论

狄更斯说："这是最好的时代，这是最坏的时代。"对于身处信息社会的流众而言，同样如此。徜徉于数字海洋的流众，在新媒体传播中获取了空前自由的传播自主权，同时扮演了"生产者""消费者""娱乐者""表演者""交往者"的角色。只要拥有数字信号，流众不仅可以随时随地发布信息，还可以随时参与数字生活，他们似乎在虚拟空间里找到了"第二人生"，他们在其中游戏着、工作着，快乐着、痛苦着，安静着、嘶吼着，专注着、撕裂着，仿佛数字空间就是另外一个真实的世界。

虚拟的数字空间的确是一个独立而又真实的世界。这里不仅有现实生活中的喜怒哀乐、悲欢离合，还有真真切切的感受和体验。数字空间是现实环境在虚拟空间的映射。现实世界中的一切都能在数字空间中找到翻版，只要真实世界拥有的，这里仿佛都拥有：网络政权、网络社区、网络家园、网络恋爱、网络交易、网络表演、网络赌博、网络情色……数字空间的神奇之处，在于它能不断满足你欲望。无论结果好坏，数字空间都给了流众最为真实的感受。

数字媒体的真实性还体现在其对现实的影响。政治方面，它成功地实现了对流众进行赋权，赋予流众和社会与国家、政权抗衡的力量和空间，扩大了公共辩论的空间和领域，并成为推动民主进步的重要影响力量；经济方面，它促进了新媒体经济的产生，促使经济生产的形式发生了新的变化；文化方面，它不仅改变了知识生产的方式，促进网络亚文化和草根文化的兴起，还带来了文化冲突、传承和融合的挑战。

当然，数字技术和数字传播为流众开创精彩纷呈新世界的同时，也一并打开了新媒体传播的"潘多拉魔盒"——由于技术自身固然存在的双刃性，一味陶醉于数字传播和数字技术营造的美好幻境，有可能使我们忘记数字传播潜在的危险：长期沉溺于数字传播可能对流众的生理机能造成严重损害，这种损害不仅仅是物理性的，还可能伤害到流众的大脑和神经，使流众的思维陷入固化模式；沉溺于数字传播，还可能抑制社会创新，甚至威胁人类正常的生活秩序和千百年来积淀的文明成果。此外，数字网络引发的过度互联，使数字环境变得脆弱不堪，这意味着崩溃随时都有可能发生。新媒体营造的数字幻象令我们着迷，使我们陷入成瘾的深渊，导致我们行为失范、媒介社会责任缺失。数字传播引发的鸿沟，将流众划分为不同的阶层，将世界分为不同的区域。数字鸿沟割裂世界，威胁既有的社会秩序和国际秩序。当然，数字媒介依然没能逃脱公权力控制的命运。公权机器依然在借助新媒体推行"文化霸权"，使我们陷入无意识的"单向度"之中。

上述困境好似使流众陷入了绝望，但未来取决于流众如何抉择。"我们仍然能用明智的行动来影响数字媒体的未来。如果这一论断是正确的，那么，想要单纯依赖技术来解决技术所引发的社会问题就显得过于天真了。另一方面，我们也不能把技术创造出的精神工具和社会资源都视做洪水猛兽，以免陷入虚无主义的泥淖。"① 希望仍在，我们该如何应对？那就是发挥流众作为人，作为数字传播主体的能动性，使流众成为数字传播和新媒体传播的主导，将数字传播真正归还到流众手中，这也就是为什么本书提出有必要在新媒体传播时代深化受众观念，提出流众的概念和流众传播的原因。这也是信息社会赋予流众和流众传播的使命所在。

肩负历史的重任，流众要避免成为美国心理学家乔治·米勒（George Miller）笔下的单纯的"食信息动物"②，就要极尽所能地发挥自身的能量，发挥

①　[美]霍华德·莱茵戈德. 网络素养：数字公民、集体智慧和联网的力量. 张子凌，老卡，译. 北京：电子工业出版社，2013. 3.
②　[德]弗兰克·施尔玛赫. 网络至死. 邱袁炜，译. 北京：龙门书局，2011. 98.

流众的主体性和独立性，认清自己，约束自己，也约束他人，在全社会形成开放、动态、理性、安全的稳定社会结构。要实现这一点，我们必须牢记弗洛姆的一句话："唯有当我们有能力可以有自己的思想时，表达我们思想的权力才有意义；唯有当内在的心理状况能使我们确立自己的个体性时，摆脱外在权威性控制的自由才能成为一项永恒的收获。"①

二、贡献

本书的贡献主要有：

一是结合数字传播的特点和受众内涵的变化，尝试建构符合新媒体用户特点的概念——流众。将流众区分为组织流众和个体流众，从批判和量化视角，尝试构建了流众的内涵、外延和特征，并从哲学视角分析了流众的主体性和主体间性，视为流众为数字传播的主体，为破解传统受众主客对立的观念提供了化解渠道。

二是开辟了考察新媒体传播的主体视角。从主体和流众的视角，尝试构建流众传播的概念和体系，从自我管理、社会资本获取和社会资本交换三个角度分析了流众传播的动因。在结合已有的新媒体传播模式的基础上，提出了流众传播的三个阶段：广播独白、交往互动和自由传播，并根据组织流众和个体流众在流众传播中扮演的角色和地位，提出流众传播中可能存在的九种信息传播模式，并从传播主体和机制等视角分析了流众传播的特点，重点分析了流众传播的人本性、主动性和自在性特征，为避免人类在数字传播时代陷入"技术虚无主义"的泥沼，提供了可供参考的主体路径。

三是系统分析了流众传播和数字媒介对政治、经济、文化和传媒等诸多领域的影响，分析了数字技术和数字传播存在的弊端和不足，为数字传播和新媒体研究提供了辩证化的研究视角。

四是物理传播学视角的尝试。尝试融合物理学和传播学相关理论，提出"信息流"和"信息势能"的概念，结合"传播是信息的流动"这一根本性观念，借助物理学中的"势能"和"压强"原理，构建流众概念，实现了对流众"传受一体"的科学化阐释。

---

① ［美］埃里希·弗洛姆. 对自由的恐惧. 许合平，朱士群，译. 北京：国际文化出版公司，1988. 170.

第二节　余论和不足

一、余论

首先，本书尝试提出的物理传播学，只是提出了传播学科发展和新领域拓展的可能性，这一提法的可研价值及更为全面的学术话语建构，尚需要学界方家进一步验证和拓展。

其次，本书尝试预测的自由传播、数字传播的发展趋势以及整个人类传播的发展态势，依然是未知，还需要更多的探索。

再次，对于如何避免新媒体传播的双刃性，如何发挥流众的主体作用，本书的研究仍显不足；对如何从流众个体素养和社会规范角度对流众传播发展作出限定，如何平衡自由传播与规制之间的关系，仍有待深入研究。

二、不足

受制于作者学养和视野，本书存在以下不足：

一是本书只是从理论和质化角度，尝试对新媒体用户及其传播作主体化构建。本书提出的流众和流众传播的概念，缺乏数据调查和实证支撑，对流众和流众传播的特征、机制归纳缺少实证和调查佐证。

二是本书对数字媒体、数字传播以及人类未来的传播形态预测不足，对数字传播下一阶段的认识模糊，对提出的自由传播概念没有形成具象化的描述和表达，对人类未来的传播媒介、传播形态和传播机制认识，还有一定的进步空间。

三是对于如何化解流众面临的困境，只作出了原则性和趋势性的判断，没有给出具体的建议和措施。

以上不足有待进一步研究和完善。

参考文献

中文文献：

[1] ［英］阿兰·巴纳德. 人类学历史与理论. 王建民，刘源，许丹，译. 北京：华夏出版社，2006.

[2] ［法］阿芒·马特拉，［法］米歇尔·马特拉. 传播学简史. 孙五三，译. 北京：中国人民大学出版社，2008.

[3] ［法］埃里克·麦格雷. 传播理论史——一种社会学的视角. 刘芳，译. 北京：中国传媒大学出版社，2009.

[4] ［美］埃瑟·戴森. 2.0 版——数字化时代的生活设计. 胡泳，范海燕，译. 海口：海南出版社，1998.

[5] ［英］安·格雷. 文化研究：民族志方法与生活文化. 许梦云，译. 重庆：重庆大学出版社，2009.

[6] ［美］安德鲁·基恩. 网民的狂欢——关于互联网弊端的反思. 丁德良，译. 海口：南海出版公司，2010.

[7] ［美］奥尔波特（Allport，F.）. 社会心理学. 赵演，译. 上海：商务印书馆，1931.

[8] ［西班牙］奥尔特加·加塞特. 大众的反叛. 刘训练，佟德志，译. 长春：吉林人民出版社，2011.

[9] ［英］奥利弗·博伊德－马雷特，克里斯·纽博尔德. 媒介研究的进路：经典文献读本. 汪凯，刘晓红，译. 北京：新华出版社，2004.

[10] ［美］保罗·莱文森. 软边缘：信息革命的历史与未来. 熊澄宇等，译. 北京：清华大学出版社，2002.

[11] ［美］保罗·莱文森. 手机. 何道宽，译. 北京：中国人民大学出版社，2004.

[12] ［美］保罗·莱文森. 数字麦克卢汉. 何道宽，译. 北京：社会科学文献出版社，1997.

[13] 北京师范大学文艺学研究中心 . 文化与诗学 2012. 北京：北京大学出版社，2012.

[14] ［美］彼得斯 . 交流的无奈：传播思想史 . 何道宽，译 . 北京：华夏出版社，2003.

[15] 毕研韬、马康明 . 传播学先驱们的军情背景 . 科技智囊，2011（8）.

[16] 边燕杰，张文宏 . 经济体制、社会网络与职业流动 . 中国社会科学，2001（2）.

[17] 卞冬磊，张红军 . 媒介时间的来临：电子传播媒介的时间的想象 . 新闻学研究，2007
（90）.

[18] 伯提·阿拉苏塔里 . 受众接受研究的发展历程 . 侯晓艳，译 . 罗以澄 . 新闻与传播评
论（2005 年卷）. 武汉：武汉出版社，2006.

[19] 卜彦芳 . 传媒经济理论 . 北京：中国广播电视出版社，2012.

[20] 曹海萍 . 关于网络社会的伦理思考 . 特区经济，2006（1）.

[21] ［美］查尔斯·霍顿·库利 . 人类本性与社会秩序（第二版）. 包凡一，王源，译 .
北京：华夏出版社，1999.

[22] 车文博 . 当代西方心理学新词典 . 长春：吉林人民出版社，2001.

[23] 陈崇山 . 施拉姆的理论对我的指引 . 新闻与传播研究，2012（4）.

[24] 陈向明 . 质的研究方法与社会科学研究 . 北京：教育科学出版社，2000.

[25] 陈新民 . 解读戴维·莫利民族志受众研究 . 科学·经济·社会，2004（2）.

[26] 崔保国 . 新媒体、老媒体谁主沉浮 . 中国青年科技，2005（2）.

[27] ［美］大卫·理斯曼 . 孤独的人群 . 王昆，朱虹，译 . 南京：南京大学出版社，2002.

[28] ［美］大卫·柯克帕特里克 . Facebook 效应 . 沈路，梁军，催铮等，译 . 北京：华文
出版社，2011.

[29] ［英］戴维·莫利 . 电视、受众与文化研究 . 史安斌，主译 . 北京：新华出版社，
2005.

[30] 戴元光 . 影响传播学发展的西方学人 . 北京：中国大百科全书出版社，2012.

[31] ［美］丹尼尔·贝尔 . 意识形态的终结——五十年代政治观念衰微之考察 . 张国清，
译 . 南京：江苏人民出版社，2001.

[32] ［英］丹尼斯·麦奎尔，［瑞典］斯文·温德尔 . 大众传播模式论（第二版）. 祝建
华，译 . 上海：上海译文出版社，2008.

[33] ［英］丹尼斯·麦奎尔 . 后知之明的益处——对使用与满足理论研究的反思 . 载于
［英］罗杰·迪金森，拉马斯瓦米·哈里德拉纳斯，奥尔加·林耐，编 . 受众研究读
本 . 单波，译 . 北京：华夏出版社，2006.

[34] ［英］丹尼斯·麦奎尔 . 麦奎尔大众传播理论（第四版）. 崔保国，李琨，译 . 北京：
清华大学出版社，2006.

[35]［英］丹尼斯·麦奎尔．受众分析．刘燕南，李颖，杨振荣，译．北京：中国人民大学出版社，2006.

[36] 邓建国．强大的弱连接——中国WEB2.0网络使用行为与网民社会资本关系研究．上海：复旦大学出版社，2011.

[37] 邓惟佳．迷与迷群：媒介使用中的身份认同建构．北京：中国传媒大学出版社，2010.

[38] 丁未．新媒体与赋权——一种实践性的社会研究．国际新闻界，2009（10）.

[39] 丁正洪．社会化生存——社会化媒体十大定律．北京：中信出版社，2014.

[40] 东鸟．网络战争——互联网改变世界简史．北京：九州出版社，2009.

[41] 董山民．杜威与李普曼的"公众"之争的启示．武汉理工大学学报，2012（2）.

[42] 段鹏．传播效果研究——起源、发展与应用．北京：中国传媒大学出版社，2008.

[43] 段鹏．传播学基础：历史、框架与外延．北京：中国传媒大学出版社，2006.

[44] 段尧清．政府信息公开：价值、公平与满意度．北京：中国社会科学出版社，2013.

[45]［美］E·M·罗杰斯．传播学史——一种传记式的方法．殷晓蓉，译．上海：上海译文出版社，2005.

[46]［美］Erik Qualman．颠覆——社会化媒体改变世界．刘吉熙，译．北京：人民邮电出版社，2010.

[47] 范东升编著．拯救报纸．广州：南方日报出版社，2011.

[48] 范家琛．众筹商业模式研究．企业经济，2013（8）.

[49]［德］斐迪南·滕尼斯．共同体与社会：纯粹社会学的基本概念．林荣远，译．北京：北京大学出版社，2010.

[50]［德］弗兰克·施尔玛赫．网络至死．邱袁炜，译．北京：龙门书局，2011.

[51]［英］弗兰克·韦伯斯特．信息社会理论（第三版）．曹晋，梁静，李哲，曹茂，译．北京：北京大学出版社，2011.

[52] 傅思明，李文鹏．党政干部提升网络执政能力读本．北京：东方出版社，2013.

[53] 宫承波．新媒体概论．北京：中国广播电视出版社，2012.

[54]［法］古斯塔夫·勒庞．乌合之众——大众心理研究．冯克利，译．桂林：广西师范大学出版社，2012.

[55]［法］古斯塔夫·勒庞．乌合之众．冯克利，译．北京：中央编译出版局出版社，2000.

[56] 郭庆光．传播学教程（第二版）．北京：中国人民大学出版社，2011.

[57] 郭小聪．约瑟夫·奈软实力说与美国大众文化的历史渊源．国际关系学院学报，2011（5）.

［58］郭玉锦，王欢．网络社会学．北京：中国人民大学出版社，2009.

［59］［德］哈贝马斯．公共领域．汪晖，译．天涯，1999（3）.

［60］［德］哈贝马斯．公共领域的结构转型．曹卫东，王晓珏，刘北城，宋伟杰，译．上海：学林出版社，1999.

［61］［美］哈罗德·D·拉斯韦尔．世界大战中的宣传技巧．张洁，田青，译．北京：中国人民大学出版社，2003.

［62］［美］汉诺·哈特．传播学批判研究——美国的传播、历史和理论．何道宽，译．北京：北京大学出版社，2008.

［63］何威．网众传播——一种关于数字媒体、网络化用户和中国社会的新范式．北京：清华大学出版，2013.

［64］贺一鹏．浅析网络的生产性受众．湘潭大学硕士学位论文．2008.

［65］［美］赫伯特·马尔库塞．单向度的人．张峰，吕世平，译．重庆：重庆出版社，1987.

［66］［美］亨利·詹金斯．融合文化——新媒体和旧媒体的冲突地带．杜永明，译．北京：商务印书馆，2012.

［67］洪贞玲，刘昌德．线上全球公共领域？网路的潜能、实践与限制．资讯社会研究，2004（6）.

［68］侯文华，郑海超．众包竞赛：一把开启集体智慧的钥匙．北京：科学出版社，2012.

［69］胡春阳．寂静的喧嚣永恒的联系——手机传播与人际互动．上海：三联出版社，2012.

［70］胡翼青．传播学：学科危机与范式革命．北京：首都师范大学出版社，2004.

［71］胡翼青．对"魔弹论"的再思考．国际新闻界，2009（8）.

［72］胡泳．信息渴望自由．上海：复旦大学出版社，2014.

［73］胡正荣，段鹏，张磊．传播学总论（第二版）．北京：清华大学出版社，2008.

［74］黄蓓蕾．简述受众观念发展史．东南传播，2007（4）.

［75］黄会林．影视受众论．北京：北京师范大学出版社，2007.

［76］黄卓越．英国文化研究：事件与问题．北京：三联书店，2011.

［77］惠敏．当代美国大众文化的历史解读．山东大学博士学位论文．2009.

［78］［美］霍华德·莱茵戈德．网络素养：数字公民、集体智慧和联网的力量．张子凌，老卡，译．北京：电子工业出版社，2013.

［79］季境，张志超．新型网络犯罪问题研究．北京：中国检察出版社，2012.

［80］［法］加布里埃尔·塔尔德．传播与社会影响．特里·N·克拉克，编．何道宽，译．北京：中国人民大学出版社，2009.

[81] [荷] 简·梵·迪克. 网络社会——新媒体的社会层面 (第二版). 蔡静, 译. 北京: 清华大学出版社, 2014.

[82] 姜胜洪. 网络谣言应对与舆情引导. 北京: 社会科学文献出版社, 2013.

[83] 金惠敏. 积极受众论——从霍尔到莫利的伯明翰范式. 北京: 中国社会出版社, 2010.

[84] 金吾伦, 郭元林. 运用复杂适应系统理论推进国家创新系统建设. 湖南社会科学, 2004 (6).

[85] [德] 卡尔·曼海姆. 意识形态与乌托邦. 黎鸣, 李书崇, 译. 上海: 上海三联书店, 2011.

[86] [德] 卡尔·曼海姆. 重建时代的人与社会: 现代社会结构研究. 张旅平, 译. 南京: 凤凰出版传媒集团、译林出版社, 2011.

[87] [美] 凯斯·桑斯坦. 网络共和国: 网络社会中的民主问题. 黄维明, 译. 上海: 上海世纪出版集团, 2003.

[88] [美] 克莱·舍基. 未来是湿的——无组织的组织力量. 胡泳, 沈满琳, 译. 北京: 中国人民大学出版社, 2009.

[89] 匡文波. 网民分析. 北京: 北京大学出版社, 2003.

[90] 雷强. 网络领导. 北京: 国家行政学院出版社, 2012.

[91] 李彪. 舆情: 山雨欲来——网络热点事件传播的空间结构和时间结构. 北京: 人民日报出版社, 2011.

[92] 李斌. 社会学. 武汉: 武汉大学出版社, 2009.

[93] 李德昌. 信息人社会学——势科学与第六维生存. 北京: 科学出版社, 2007.

[94] 李家宝. 中外文化精神十讲. 北京: 高等教育出版社, 2009.

[95] 李明海, 郝朴宁. 中外电视史纲要. 重庆: 西南师范大学出版社, 2007.

[96] 李沁. 第三媒介时代的传播范式——沉浸传播. 北京: 清华大学出版社, 2013.

[97] 李文明, 吕福玉. 网络文化通论. 北京: 学习出版社, 2012.

[98] 李雪静. 众筹融资模式的发展探析. 上海金融学院学报, 2013 (6).

[99] 李一. 网络行为失范. 北京: 社会科学文献出版社, 2007.

[100] 李永刚. 我们的防火墙——网络时代的表达与监管. 南宁: 广西师范大学出版社, 2009.

[101] 李哲. 大学生微博使用情况的调查与思考——以衡水学院为例. 衡水学院报, 2012 (5).

[102] [英] 利萨·泰勒, 安德鲁·威利斯. 媒介研究: 文本、机构与受众. 吴靖, 黄佩, 译. 北京: 北京大学出版社, 2004.

[103] 连水兴.从"乌合之众"到"媒介公民":受众研究的"公民"视角.现代传播,2010（12）.

[104] 梁勇,张文红.用排列的方式分析网络信息传播模式.北京印刷学院学报,2003（6）.

[105] 廖圣清.20世纪90年代的西方大众传播学研究.新闻大学,2005（3）.

[106] 廖圣清.20世纪90年代西方大众传播学研究.上海:复旦大学出版社,2012.

[107] 廖圣清.西方受众研究新进展的实证研究.新闻大学,2009（4）.

[108] 林牧茵.重塑民主理论之公众形象——李普曼的重要著作《幻影公众》.美国问题研究,2009（2）.

[109] [美]林文刚编.媒介环境学:思想沿革与多维视野.何道宽,译.北京:北京大学出版社,2007.

[110] 刘建湖.商业经济法论丛.北京:人民邮电出版社,2013.

[111] 刘建明.当代新闻学原理.北京:清华大学出版社,2005.

[112] 刘强.融合媒体受众采纳行为研究.上海:上海交通大学出版社,2012.

[113] 刘儒德.教育中的心理效应.武汉:华中师范大学出版社,2013.

[114] 刘晓红.西方传播政治经济学研究.上海:上海人民出版社,2007.

[115] 刘燕南,史利.国际传播受众研究.北京:中国传媒大学出版社,2011.

[116] 刘燕南.《受众分析》:解读与思考.现代传播,2006（1）.

[117] 卢凤兰.媒介消费:阅听人与社会.台北:扬智文化事业股份有限公司,2005.

[118] 卢凤兰.阅听人论述.台北:秀威资讯科技股份有限公司,2008.

[119] 卢岚兰.阅听人与日常生活.台北:五南图书出版股份有限公司,2007.

[120] 卢岚蓝.媒介消费:阅听人与社会.台北:扬智文化出版公司,2005.

[121] 路俊卫.电视文本的意义建构与传输——约翰·费斯克电视文化理论解读.东南传播,2010（4）.

[122] 吕述望.中国没有互联网.看历史,2013（10）.

[123] [加]罗伯特·A.海科特,威廉姆·K.凯佩尔.媒介重构公共传播的民主化运动.李异平,李波,译.广州:暨南大学出版社,2011.

[124] 罗钢,刘象愚.文化研究读本.北京:中国社会科学出版社,2011.

[125] [英]罗杰·迪金森,拉马斯瓦米·哈里德拉纳斯,奥尔加·林耐.受众研究读本.单波,译.北京:华夏出版社,2006.

[126] [英]罗杰·西尔弗斯通.电视与日常生活.陶庆梅,译.南昌:江西人民出版社,2004.

[127] [美]罗杰斯.传播科技学理.庄克仁,译.台北:中正书局,1989.

［128］［加］洛根. 理解新媒介延伸麦克卢汉. 何道宽，译. 上海：复旦大学出版社，2012.

［129］马丁·阿洛. 受众位置的再度确定. 奥利弗·博伊德－巴雷特，克里斯·纽博尔德. 媒介研究的进路——经典文献读本. 汪凯，刘晓红，译. 北京：新华出版社，2004.

［130］［美］马丁·杰. 法兰克福学派史. 单世联，译. 广州：广东人民出版社，1996.

［131］马费成. 网络信息序化原理：Web2.0 机制. 北京：科学出版社，2012.

［132］马国良，南存微，彭旋子. 新营销战——社会化网络营销实战解密. 北京：机械工业出版社，2012.

［133］［澳］马克·吉布森. 文化与权力：文化研究史. 王加为，译. 北京：北京大学出版社，2012.

［134］［美］马克·波斯特. 第二媒介时代. 范静晔，译. 南京：南京大学出版社，2000.

［135］［美］马克·利维. 信息传播与交流的未来发展. 宋小卫，摘译. 新闻与传播研究，1997（1）.

［136］［德］马克思·霍克海默. 批判理论. 重庆：重庆出版社，1989.

［137］马克思恩格斯选集（第 2 卷）. 北京：人民出版社，1995.

［138］［德］马克斯·霍克海默，西奥多·阿道尔诺. 启蒙辩证法——哲学片段. 渠敬东，曹卫东，译. 上海：世纪出版集团、上海人民出版社，2006.

［139］［德］马克斯·舍勒. 知识社会学问题. 艾彦，译. 南京：译林出版社，2012.

［140］［英］奥利弗·博伊德－巴雷特，克里斯·纽博尔德. 媒介研究的进路——经典文献读本. 汪凯，刘晓红，译. 北京：新华出版社，2004.

［141］［美］马克斯韦尔·麦库姆斯. 议程设置：大众媒介与舆论. 郭镇之，徐培喜，译. 北京：北京大学出版社，2008.

［142］［加］马歇尔·麦克卢汉. 理解媒介——论人的延伸. 何道宽，译. 北京：商务印书馆，2000.

［143］［美］曼纽尔·卡斯特. 千年终结. 夏铸九，王志弘，译. 北京：社会科学文献出版社，2003.

［144］［美］曼纽尔·卡斯特. 网络社会的崛起. 北京：社会科学文献出版社，2000.

［145］孟庆兰. 网络信息传播模式研究. 图书馆学刊，2008（1）.

［146］［荷］莫尔：赛博空间的奥德赛. 麦永雄译. 桂林：广西师范大学出版社，2007.

［147］南歌子. 浮游的蜘蛛：网络空间中的栖居、移动、游戏与美. 南京：江苏人民出版社，2011.

［148］［美］Neil Postman. 技术垄断——文明向技术投降. 蔡金栋，梁薇，译. 北京：机械工业出版社，2013.

[149] [美] 尼古拉·尼葛洛庞帝. 数字化生存. 胡泳, 范海燕, 译. 海口: 海南出版社, 1996.

[150] [英] 尼古拉斯·艾伯柯龙比, 布莱恩·朗赫斯特. 变化的受众——变化的研究范式. 杨玲, 译. 陶东风. 粉丝文化读本. 北京: 北京大学出版社, 2009.

[151] [美] 尼古拉斯·卡尔. 互联网如何毒化了我们的大脑. 刘纯毅, 译. 北京: 中信出版社, 2010.

[152] [英] 尼克·史蒂文森. 认识媒介文化: 社会理论与大众传播. 王文斌, 译. 北京: 商务印书馆, 2001.

[153] 彭虹. 涌现与互动——网络传播表现与动力机制的研究. 西南民族大学学报 (人文社科版). 2007 (10).

[154] 彭兰. 网络传播概论. 北京: 中国人民大学出版社, 2001.

[155] [美] 乔纳森·奇特林. 互联网的未来——光荣、毁灭与救赎的预言. 康国平, 刘乃清等, 译. 北京: 东方出版社, 2011.

[156] 乔胜辉, 余林. 网络交往的心理研究述评. 克拉玛依学刊, 2011 (5).

[157] 乔同舟. 复杂性理论视野下的互联网涌现现象. 四川大学硕士学位论文. 2006.

[158] [美] 赛佛林·坦卡德. 传播理论: 起源、方法与应用 (第5版). 郭镇之, 徐培喜等, 译. 北京: 中国传媒大学出版社, 2006.

[159] 上海市科学技术协会. 2007年公众科普年报. 上海: 上海科学普及出版社, 2008.

[160] 邵培仁, 杨丽萍. 媒介地理学: 媒介作为文化图景的研究. 北京: 中国传媒大学出版社, 2010.

[161] 单波. 评西方受众理论. 国外社会科学, 2002 (1).

[162] 单波. 在主体间交往的意义上建构受众观念——兼评西方受众理论. 载于中国社科院新闻研究所, 河北大学新闻传播学院. 解读受众: 观点、方法与市场——全国第三届受众研究学术研讨会论文. 石家庄: 河北大学出版社, 2001.

[163] 申凡主. 传播学原理. 武汉: 华中科技大学出版社, 2012.

[164] 申金霞. 自媒体时代的公民新闻. 北京: 中国广播电视出版社, 2013.

[165] 石义彬. 单向度、超真实、内爆: 批判视野中的当代西方传播思想研究. 武汉: 武汉大学出版社, 2003.

[166] [美] 斯蒂芬·李特约翰. 人类传播理论 (第七版). 史安斌, 译. 北京: 清华大学出版社, 2004.

[167] [美] 斯坦利·巴兰、丹尼斯·戴维斯. 大众传播理论: 基础、争鸣与未来 (第三版). 曹书乐, 译. 北京: 清华大学出版社, 2004.

[168] 苏令银. 主体间性思想政治教育研究. 上海：上海三联书店，2012.

[169] 孙科炎，李婧. 行为心理学. 北京：中国电力出版社，2012.

[170] 孙世杰. 做一个智慧的校长. 重庆：西南师范大学出版社，2011.

[171] [以色列] 泰玛·利贝斯（Tamar Liebes），[美] 艾利休·凯茨（Elihu Katz）. 意义的输出：《达拉斯》的跨文化解读. 刘自雄，译. 北京：华夏出版社，2003.

[172] [美] 泰玛·利比斯（Tamar Liebes）. 赫佐格《论借来的体验》在"主动受众"争鸣中的地位. 伊莱休·卡茨，约翰·杜伦·彼得斯，泰玛·利比斯，艾薇儿·奥尔洛夫. 媒介研究经典文本解读. 常江，译. 北京：北京大学出版社，2011.

[173] [美] 唐·泰普斯科特. 数字化成长（3.0版）. 云帆，译. 北京：中国人民大学出版社，2009.

[174] 唐五湘等. 知识经济与企业管理创新. 北京：社会科学文献出版社，2000.

[175] 陶东风主编. 粉丝文化读本. 北京：北京大学出版社，2009.

[176] 涂光社. 因动成势. 北京：百花文艺出版社，2001.

[177] 屠忠俊，吴廷俊. 网络新闻传播导论. 武汉：华中科技大学出版社，2002.

[178] 王金水. 网络政治参与与政治稳定机制研究. 北京：中国社会科学出版社，2013.

[179] 王凯. 网络亚文化现象理论解析. 西南政法大学硕士学位论文. 2010.

[180] 王明月. 微博传播对人际关系的影响研究. 浙江大学硕士学位论文. 2012.

[181] 王士宇，翟峥，[新西兰] 劳伦斯·西蒙斯. 解读新媒体. 北京：世界知识出版社，2013.

[182] [美] 威廉姆·戴维德. 过度互联——互联网的奇迹与威胁. 李利军，译. 北京：中信出版社，2012.

[183] 位常娥. 两种满足模式的比较——传播的传递观与仪式观下的使用与满足模式. 新闻传播，2009（10）.

[184] 位迎苏. 伯明翰学派的受众理论研究. 北京：中国传媒大学出版社，2011.

[185] 魏屹东等. 当代科技革命与马克思主义. 太原：山西科学技术出版社，2003.

[186] 文长辉. 媒介消费学. 北京：中国传媒大学出版社，2007.

[187] [加] 文森特·莫斯可. 传播：在政治和经济的张力下——传播政治经学. 胡正荣等，译. 北京：华夏出版社，2000.

[188] [加] 文森特·莫斯可. 传播政治经济学. 胡春阳，黄红宇，姚建华，译. 上海：上海译文出版社，2013.

[189] 文卫华，李冰. 众筹新闻：社会化网络时代调查报道的新探索. 中国记者，2014（3）.

[190] 文卫华．新媒体环境下的受众收视特点探析——以美国电视连续剧《越狱》的网上迷群为例．中国传媒大学博士学位论文．2009．

[191] 翁秀琪．大众传播理论与实证．台北：三民书局，1993．

[192] ［美］沃尔特·李普曼．公众舆论．阎克文，江红，译．上海：世纪出版集团，2006．

[193] ［美］沃尔特·李普曼．幻影公众．林牧茵，译．上海：复旦大学出版社，2013．

[194] ［美］沃纳·赛佛林，小詹姆士·W·坦卡德．传播理论：起源、方法与应用．郭镇之，主译．北京：中国传媒大学出版社，2006．

[195] ［美］沃纳丁·赛弗林，小詹姆斯·W·坦卡德．传播学的起源、研究与应用．陈韵昭，译．福州：福建人民出版社，1985．

[196] 吴予敏．功能主义及其对传播研究的影响之审思．新闻大学，2012（2）．

[197] 吴志文，申凡．试论互联网状态下传播类型的重新划分．广西师范大学学报（哲学社会科学版），2011（4）．

[198] 武汉大学新闻与传播学院组．新闻与传播评论·2001年卷．武汉：武汉大学出版社，2002．

[199] ［美］W．塞弗林，J．w．坦卡特．传播学的起源、研究与应用．福州：福建出版社，1985．

[200] 奚洁人．科学发展观百科辞典．上海：上海辞书出版社，2007．

[201] 夏德元．电子媒介人的崛起——社会的媒介化及人与媒介关系的嬗变．上海：复旦大学出版社，2013．

[202] ［美］小约翰（Littlejohn，S．W．）．传播理论．陈德民等，译．北京：中国社会科学出版社，1999．

[203] 肖峰．论技术的非人性效应及其根源．人文杂志，1994（5）．

[204] 谢立中．西方社会学经典读本．北京：北京大学出版社，2008．

[205] 谢新洲，田丽，安静．舆论引擎网络事件透视．北京：北京大学出版社，2013．

[206] 谢耘耕，徐浩然．传媒领袖大讲堂（第二辑）．上海：上海交通大学出版社，2013．

[207] 新经济年代，2009（11）．

[208] 星客．重新理解媒介——解开传播、社会网络与群体秩序之谜．北京：中信出版社，2013．

[209] 熊澄宇，廖毅文．新媒体伊拉克战争中的达摩克利斯之剑．中国记者，2003（5）．

[210] 熊慧．范式之争：西方受众研究"民族志转向"的动因、路径与挑战．国际新闻界，2013．

[211] 许静．传播学概论．北京：北京交通大学出版社，2013．

[212] 许正林. 欧洲传播思想史. 上海：上海三联书店，2005.

[213] 薛可，余明阳. 人际传播学. 上海：同济大学出版社，2007.

[214] 闫方洁. 西方新马克思主义的消费社会理论研究. 上海：上海人民出版社，2012.

[215] 严三九. 新媒体概论. 北京：化学工业出版社，2011.

[216] 杨保军. 试论新闻传播主体的双重构成及其关系，今媒介，2005（10）.

[217] 杨东篱. 伯明翰学派的文化观念与通俗文化理念研究. 济南：山东大学出版社，2011.

[218] 杨继红. 新媒体生存. 北京：清华大学出版社，2008.

[219] 杨玲. 媒介、受众与权力：詹金斯的"融合文化"理论. 山西大学学报（哲学社会科学版），2011.

[220] 杨寿堪，李建会. 现代科学主义与人本主义哲学的基本特征及走向. 学术月刊，2011（11）.

[221] 姚力，蒋云峰. 大众文化的时间困境. 吉林大学学报（社会科学版），2002（2）.

[222] ［美］伊莱休·卡茨，约翰·杜伦·彼得斯，泰玛·利比斯，艾薇儿·奥尔洛夫. 媒介研究经典文本解读. 北京：北京大学出版社，2011.

[223] 殷寄明. 说文解字精读. 上海：复旦大学出版社. 2009.

[224] 殷俊等. 新媒体产业导论. 成都：四川大学出版社，2009.

[225] 殷乐. 媒介融合环境下欧美受众研究的范式转换. 新闻与传播研究，2010（6）.

[226] 银华基金. 警惕《过度互联》. 第一财经日报. 2014.11.24.

[227] ［加］英尼斯. 帝国与传播. 何道宽，译. 北京：中国人民大学出版社，2003.

[228] 于长江. 从理想到实证——芝加哥学派的心路历程. 天津：天津古籍出版社，2006.

[229] 喻国明. 解读新媒体的几个关键词. 广告大观（媒介版），2006（5）.

[230] 喻国明. 全民 DIY：第三时代网络盈利模式. 新闻与传播（人大复印报刊资料），2006（2）.

[231] ［美］约翰·菲斯克. 解读大众文化（第二版）. 杨全强，译. 南京：南京大学出版社，2006.

[232] ［美］约翰·费斯克. 电视文化. 祁阿红，张鲲，译. 北京：商务印书馆，2005.

[233] ［美］约翰·费斯克. 理解大众文化. 王晓珏，宋伟杰，译. 北京：中央编译出版社，2006.

[234] ［美］约翰·费斯克等. 关键概念：传播与文化研究词典（第二版）. 李彬，译注. 北京：新华出版社，2004.

[235] ［英］约翰·塔洛克. 电视受众研究——文化理论与方法. 严忠志，译. 北京：商务印书馆，2004.

[236] [美] 约翰·H·霍兰. 隐秩序——适应性造就复杂性. 上海：上海科技教育出版社，2000.

[237] [美] 约瑟夫·T·克拉珀. 大众传播的效果. 奥利弗·博伊德 - 巴雷特，克里斯·纽博尔德. 媒介研究的进路——经典文献读本. 汪凯，刘晓红，译. 北京：新华出版社，2004.

[238] 曾静平，项仲平，詹成大，方明东. 网络文化概论. 西安：陕西师范大学出版总社有限公司，2013.

[239] 詹明信. 晚期资本主义的文化逻辑. 上海：上海三联书店，1997.

[240] [美] 詹姆斯·E·凯茨，罗纳德·E·莱斯. 互联网使用的社会影响. 郝芳，刘长江，译. 北京：商务印书馆，2007.

[241] 张国良. 20 世纪传播学经典文本. 上海：复旦大学出版社，2006.

[242] 张国良. 传播学原理（第二版）. 上海：复旦大学出版社，2009.

[243] 张华. 伯明翰文化学派领军人物述评. 济南：山东大学出版社，2008.

[244] 张慧元. 大众传播理论解读. 苏州：苏州大学出版社，2005.

[245] 张丽芳主编；刘姗姗，陈智，张铭洪副主编. 网络经济学. 北京：中国人民大学出版社，2013.

[246] 张嫱. 新媒介环境中的受众研究——以虚拟社区中的追星族为例. 清华大学博士学位论文. 2007.

[247] 张文俊. 数字新媒体概论. 上海：复旦大学出版社，2009.

[248] 张志林，陈丹，黄孝章. 数字出版人才培养研究. 北京：商务印书馆国际有限公司，2011.

[249] 赵洁，曹芳华. 2.0 营销传播互动整合营销传播策略. 厦门：厦门大学出版社，2009.

[250] 赵苹，陈守龙，郭爽. 企业信息战略管理. 北京：清华大学出版社，2006.

[251] 赵庆寺. 青年网络亚文化的文化逻辑. 当代青年研究，2010（1）.

[252] 赵勇. 大众文化理论新编. 北京：北京师范大学出版社，2011.

[253] 郑永年. 技术赋权——中国互联网、国家与社会. 北京：东方出版社，2014.

[254] 中国传媒大学电视与新闻学院. 新闻传播学前沿，2006. 北京：中国传媒大学出版社，2007.

[255] 锺布，黄煜，周一凝. 新媒体时代的网络新闻研究前沿. 传播与社会学刊，（总）29.

[256] 周葆华. 大众传播效果研究的历史考察 [博士学位论文]. 上海：复旦大学，2005.

［257］ 周葆华. 效果研究：人类传受观念与行为的变迁. 上海：复旦大学出版社，2008.

［258］ 周葆华. 转型年代：效果研究的聚焦与哥伦比亚学派的兴起. 国际新闻界，2010（4）.

［259］ 周鸿铎. 传媒经济学教程. 北京：中国书籍出版社，2011.

［260］ 朱海松. 网络的破碎化传播——传播的不确定性与复杂适应性. 北京：国市场出版社，2010.

［261］ 邹军. 看得见的声音——解码网络舆论. 北京：中国广播电视出版社，2011.

英文文献：

［1］ Abelson, R. Are Attitudes Necessary. In B. T. King and E. McGimies （eds.）. Attitudes, Conflict, and Social Change. New York：Academic Press，1972.

［2］ Abercrombie, N&Longhurst, B. Audiences：A Sociological Theory of Performance and Imagination. London：Sage，1998.

［3］ Abercrombie, N. &Longhurst, B. （1998）. Audience. London：Sage Pubheations, p81.

［4］ Alan M. Rubin, "Ritualized and Instrumental Television Viewing", p69.

［5］ Alasuutari, P. （Ed.）. Rethinking the Media audience. London：Sage，1999.

［6］ Alasuutari, P. Three Phases of Reception Studies. In McQuail, D. McQuail's Reader in Mass Communication Theory. London, Thousand Oaks&New Delhi：SAGE，2002：325 – 333.

［7］ Ang, I. Desperately Seeking the Audience. London：Routledge & Kegan Paul，1991.

［8］ Ang, I. Living Room Wars：Rethinking Media Audiences for A Postmodern World. London& New York：Routledge，1996.

［9］ Bagdikian, B. （1992）The Media Monopoly, 4th edn, Boston：Beacon Press.

［10］ Ball-Rokeach, S. J. &Cantor, M. G. Media, Audience, and Social Strucure. Newbury Park, Beverly Hills, London & New Delhi：SAGE Publications, The Publishers of Frofessional Social Science，1986.

［11］ Berger, C. R. &Chaffee, S. H. Handbook of Communication Science. New York, CA：publications，1987.

［12］ Bermejo, F. The Internet Audience：Constitution & Measurement. New York：Peter Lang，2007.

［13］ Biocca, F. A. &Anderson, J. A. Opposing Conceptions of the Audience：the Active and Passive Hemisphere of Mass Communication Theory. Communication Yearbook，1988：51 – 80.

［14］ Bird, S. E. The Audience in Everyday Life：Living in a Media World. NewYork& London：Routledge，2003.

［15］ Bourdieu P. The forms of Capital. In Handbook of Theory and Research for theSociology of Education, ed. J. G. Richardson, New York: Greenwood, 1985.

［16］ Brooker, W & Jermyn, D. The Audience Studies Reader. London & New York: Routledge Taylor&Francis Group, 2003.

［17］ Bryant, J. &Zillmann, D. Perspectives on Media Effects. Hillsdale, NJ&London: Lawrence Erlbaum Associates, Publishers, 1986.

［18］ Butsch, R. Audiences and Publics, Media and Public Spheres. In Virginia Nightingale. The Handbook of Media Audience. Malden, Oxford&West Sussex: Wiley-Blackwell, 2011: 149 – 168.

［19］ Butsch, R. The Citizen Audience: Crowd, Publics, and Individuals. New York& London: Routledge Taylor& Francis Group, 2008.

［20］ Cass Sunstein, Republic. corn 2.0, Princeton and Oxford: Princeton University Press, 2007, P. 60. PP. 60—61. PP. 63—64.

［21］ Chaffee, S. H. George Gallup and Ralph Nafziger: Pioneers of Audience Research. Mass Communication&Society, 2000, 3 (2/3): 317 – 327.

［22］ Christopher R. Kedzie, Communication and Democracy: Coincident Revolutions and the E-mergent Dictator's Dilemma (Santa Monica, CA: Rand, 1997)

［23］ Coleman, Jarose S. Social capital reconstruction of society. American Jonrnalof Sociology, 1988 (4): 95—121. : 84.

［24］ Couldry, N. The Necessary Future of the Audience…and How to Research it. In Nightingale, V. The Handbook of Media Audience. Malden, Oxford&West Sussex: Wiley-Blackwell, 2011: 213 – 229.

［25］ Couldry, N. Theorising Media As Practice. Social Semiotics, 2004, 14 (2): 115 – 132.

［26］ David T. Hill and Krishna Sen, "The Internet in Indonesia's New Democracy," Democratization, Vol. 7No. 1 (Spring 2000), pp. 119 – 136.

［27］ Deacon, D. &Keightley, E. Quantitative Audience Research: Embracing the Poor Relation. In Nightingale, V. The Handbook of Media Audience. Malden, Oxford& West Sussex: Wiley-Blackwell, 2011: 302 – 219.

［28］ Denis McQuail: Mass Communication Theory: An Introduction. London: SAGE Publications I, td. 2000. 93.

［29］ Emily Salvaterra, K. T. Hanson, Gonzalo Brenner, dan Hannah Jackson, "Caught in the Net: The Internet and Compulsion," Neuroanthropology Blog, May 28, 2009.

[30] Ettema, J. S. &Whitney, D. C. Audiencemaking: How the Media Create the Audience. Thousand Oaks: SAGE Publications, 1994.

[31] Ferguson, D. A. , Greer, C. F. &Reardon, M. E. Uses and Gratifications of MP3 Players by College Students: Are iPods More Popular than Radio? . Journal of Radio Studies, 2007, 14 (2): 102 – 121.

[32] Finnegan, R. (1988). Literacy and Orality: Studies in the Technology of Communication, p. 38. Oxford: Basil Blackwell.

[33] Gitlin, T. Media sociology: The Dominant Paradigm. In McQuail, D. McQuail's Reader in Mass Communication Theory. London, Thousand Oaks&New Delhi: SAGE, 2002: 25 – 35.

[34] Granovetter, M. S. , The Strength of Weak Ties, 1973, P. 1360.

[35] Gudrun Wacker, "The Internet and Censorship in China," in Christopher R. Hughes and Gudrun Wacher, eds. , China and the Internet: Politics of the Digital Leap Forward (London: Routledge Curzon, 2003), pp. 58 – 52.

[36] Gunter, B. &Machin, D. Media Audiences (Volume1, History of Audience Study). Los Angeles, London, New Delhi, Singapore&Washington DC: SAGE, 2011.

[37] Gurevitch, M. , Bennett, T. , Curran, J. & Woollacott, J. (eds). Culture, Society and the Media. London: Methuen. 1982.

[38] H. Haken, hffonnation and Self—Organization: AMaeroseopic Approach to Complex Systems, Ber—lin, Springer—Verlag, 1988, P. 11.

[39] Hall, S. The television discourse; encoding and decoding. In In McQuail, D. McQuail's Reader in Mass Communication Theory. London, Thousand Oaks& New Delhi: SAGE, 2002: 302 – 308.

[40] Haythornthwaite, C. , and Wellman, B. 2002. The Internet in Everyday Life: an Introduction. In The Internet in Everyday Life, eds. B. Wellman and C. Haythornthwaite. Oxford: Blackwell.

[41] Hermes, J. A Concise History of Media and Cultural Studies in Three Scripts: Advocacy, Autobiography, and the Chronicle. In Downing, J. D. H. , McQuail, D. , Schlesinger, P. &Wartella E. The SAGE Handbook of Media Studies. Thousand Oaks, London&New Delhi: SAGE, 2004: 251 – 270.

[42] Hyman, H. &Sheatsley, P. Some Reasons Why Information Campaigns Fail. Public Opinion Quarterly, 1947 (11): 412 – 423.

［43］ Jenkins, H. , Purushotma, R. , Weigel, M. , Clinton, K. &Robison, A. J. Confronting the Challenges of Participatory Culture: Media Education for the 21st Century. The MIT (Massachusetts Institute of Technology) Press, 2009.

［44］ Jenkins, H. Convergence Culture: Where Old and New Media Collide. New York &London: New York University Press, 2006.

［45］ Jensen, J. Fandom as pathology: The Consequences of Characterization. In McQuail, D. McQuail's Reader in Mass Communication Theory. London, Thousand Oaks&New Delhi: SAGE, 2002: 342 – 354.

［46］ Jensen, K. B. &Rosengren, K. E. Five Traditions in Search of the Audience. In Blumler, J. G. et al. European Journal of Communication. London: Sage, 1990, 5 (2 – 3): 207 – 238.

［47］ Joseph A. Schumpeter, Capitalism, Socialism and Democracy (New York& Row Publishers, 1975), 269.

［48］ Kees Brants (2005). Guest Editor's introduction: the internet and the public sphere. Politicalcommunication, 22: 143—146.

［49］ Lawrence Lessing, Gode and Other Laws of Cyberspace. New York: Basic Books, 1999.

［50］ Lindlof, T. R. The Qualitative Study of Media Audience. Journal of Broadcasting& Electronic Media, 1991, 35 (1): 23 – 43.

［51］ Livingstone, S. M. Making Sense of Television: The Psychology of Audience Interpretation. 2nd edition. New York: Routledge, 1998.

［52］ Livingstone, S. M. Making Sense of Television: The Psychology of Audience Interpretation. Oxford: Pergamon, 1990.

［53］ Marris, P. &Thornham, S. Media Studies: A Reader. 2nd edition. Edinburgh: Edinburgh University Press Ltd, 1996.

［54］ MattRichel, "Attached to Technology and Pagying a Price", New York Times, June 6, 2010. 52.

［55］ McCombs, M. E. &Shaw, D. L. The Agenda-setting Function of Mass Media. Public Opinion Quarterly, 1972, 36 (2): 176 – 187.

［56］ McQuail, D · (1997) · Audience Analysis · London: Sage Publications, pp. 5.

［57］ Morley, D. Unanswered Questions in Audience Research. The Communication Review, 2006 (9): 101 – 121.

［58］ Neuman, W. R. The future of the mass audience. Cambridge&New York& Melbourne: Cambridge University Press, 1991.

[59] Nicholas Carr. Is Google Making Us Stupid? http：//blog. sina. com. cn/s/blog_ 49e321af 0100gchv. html.

[60] NicolisG, Prigoginel. Self-organization innon-equilibrium syslem, from dissipative structure stoorder through fluctuations. New York：Wiley, 1977. 60.

[61] Nightingale, V. The Handbook of Media Audience. Malden, Oxford&West Sussex：Wiley-Blackwell, 2011.

[62] Park, R. E. The Crowd and the Public. In Elsner, H. , Elsner, C. &Levine, D. N. Robert E. Park The Crowd and the Public and Other Essays. Chicago&London：The University of Chicago Press, 1972.

[63] Quan—Haase, A. , Wellman, B. , Capitalizing on the Net：Social Contact, Civic Engagement, and Sense of Community, TheInternet in Everyday Life, 2002. PP. 291—324.

[64] Renckstorf, K. , McQuail, D. & Jankowski, N. Media Use as Social Action：A European Approach to Audience Studies. London：John Libbey, 1996.

[65] Robert A. Dahl, Democracy and Its Critics (New Haven, CT：Yale University Press, 1989).

[66] Rogers E. M. &Singhal A. (2003), "Empowerment and Communication：Lessons Learn—ed from Organizing for Social Change", Communication Yearbook, 27：67—85.

[67] Rubin, A. M. The Uses-and-Gratifications Perspective of Mdedia Effects. In Bryant, J. & Zillmann, D. Media Effects：Advances in Theory and Research. 2nd edition. Mahwah, NJ：Lawrence Erlbaum Associates, 2002：525 –548.

[68] Schramm, W. The Science of Human Communication. New York & London：BASIC BOOKS, Inc. , Publishers, 1963.

[69] Schramm, W. , Lyle, J. &Parker, E. Television in the lives of Our Chidren. Palo Alto, Calif：Stanford University Press, 1961.

[70] Schramm, W. The Beginnings of Communication Study in the United States. In Everett M. Rogers&Francis Balle (eds.). The Media Revolution in America and in Western Europe (Volume II in the Paris-Stanford Series). Norwood, New Jersey：Ablex Publishing Corporation, 1985：200 –211.

[71] See Bertman, Jerry and Daniel J. Weitzner, Technology and Democracy. Social Reseach, 1997, 64 (3)：1313 –1320.

[72] Shanthi Kalathil and Taylor C. Boas, Open Networks, Closed Regimes：The Impact of the Internet on Authoritarianal Rule (Washington, DC. ：Carnegie Endowment for International Peace, 2003), p. 136.

［73］ Short, J., Williams, E., &Christie, B. The Social Psychology of Telecommunications. London: John Wiley&Sons（1976）.

［74］ Snyder, R. W. The Vaudeville Circuit: A Prehistory of the Mass Audience. IN Ettema, J. S. &Whitney, D. C. Audiencemaking: How the Media Create the Audience. Thousand Oaks: SAGE Publications, 1994: 215 – 231.

［75］ Sproull, L., &Kiesler, S.（1991）. Connections: New Ways of Working in the Networked Organization. Cambridge, MA: MIT Press.

［76］ Thomas L. Friedman, The Lexus and the Olive Tree: Understanding Globalization（New York: Anchor Books, 2000）, PP. 62 – 63.

［77］ Webster, J. G. &Phanlen, P. F. The Mass Audience Rediscovering the Dominant Model. Mahwah, NJ: Lawrence Erlbaum Associates, Publishers, 1997.

［78］ Webster, J. G. &Phanlen, P. F. Victim, Consumer, or Commodity? Audience Models in Communication Policy. Ettema, J. S. &Whitney, D. C. Audiencemaking: How the Media Create the Audience. Thousand Oaks: SAGE Publications, 1994: 19 – 37.

［79］ Webster, J. G. The Audience. In Gunter, B. &Machin, D. Media Audiences（Volume1, History of Audience Study）. Los Angeles, London, New Delhi, Singapore& Washington DC: SAGE, 2011: 77 – 94.

［80］ Wellman, B. 2002. Little Boxes, Glocalization, and Networked Individualism. In Digital Cities II: Computational and SociologicalApproaches, eds. M. Tanabe, P. Besselaar and T. Ishida, 10 – 25. Berlin: Springer—Verlag.

［81］ White, L. Jr.（1978）. Medieval Technology and Social Change, p. 28. New York: Oxford U niversity Press.

［82］ Wicker, A. An Examination of the "Other Variable" Explanation of AttitudeBehavior Inconsistency, 1971.

［83］ Will Schrammm and Will E. Porter: Men, Women, Messages, and Media: Understanding Human Communication（second edtion）, 1982, Pearson Education, Inc., p. 17.

［84］ Zelizer, B. Explorations in Communication and History. London&New York: Routledge Taylor&Francis Group, 2008.